TRADITION CLASSIQUE

ET MODERNITÉ

CAHIERS DE LA VILLA « KÉRYLOS », N° 13
BEAULIEU-SUR-MER (ALPES-MARITIMES)

COLLOQUE

TRADITION CLASSIQUE
ET
MODERNITÉ

ACTES

PARIS

DIFFUSION DE BOCCARD

11, rue de Médicis

2002

© Académie des Inscriptions et Belles-Lettres, Paris

ISSN : 1275-6229
ISBN : 2-87754-138-X

TRADITION CLASSIQUE
ET
MODERNITÉ

**Actes du 12ᵉ colloque
de la Villa Kérylos
à
Beaulieu-sur-Mer
les 19 & 20 octobre 2001**

Sous le haut patronage de

Monsieur Jack LANG
Ministre de l'Éducation nationale

et

Monsieur Pierre MESSMER
Chancelier de l'Institut de France

Sous la présidence de
Monsieur Jean LECLANT
*Conservateur de la Villa Kérylos
Secrétaire perpétuel de l'Académie des Inscriptions et Belles-Lettres*

et la direction de
Monsieur Alain MICHEL
Membre de l'Académie des Inscriptions et Belles-Lettres

ALLOCUTION D'OUVERTURE

C'est une joie pour moi, Chers Collègues et Amis, de vous accueillir dans la magnifique Villa Kérylos, ce joyau de la Côte d'Azur, et d'ouvrir ainsi ce qui va être notre XIIe colloque, consacré cette année à « Tradition classique et modernité », sous la présidence d'honneur de M. le Ministre Jack Lang et de M. Pierre Messmer, Chancelier de l'Institut de France, représenté par son directeur administratif, M. Éric Peuchot.

Veuillez me permettre tout d'abord de remercier les hautes autorités qui veulent bien nous honorer de leur présence, les participants du colloque et tous ceux qui veulent bien assister à la présente réunion.

Vous savez tous comment, dans les années 1900, plus précisément de 1902 à 1908, est née cette Villa, du rêve commun de deux passionnés de la Grèce antique : un humaniste exceptionnel, Théodore Reinach, futur membre de l'Académie des Inscriptions et Belles-Lettres, et l'architecte Emmanuel Pontremoli, grand prix de Rome et futur membre de l'Académie des Beaux-Arts.

Né à Saint-Germain-en-Laye en 1860, Théodore Reinach appartenait à une famille de banquiers de Frankfurt installés en France sous la Monarchie de Juillet. Il était le plus jeune de trois frères surdoués qui ont mérité le surnom de « frères Je Sais Tout » ; J : Joseph l'aîné fut député et collaborateur de Gambetta, S : Salomon, un immense érudit, normalien, membre de l'École française d'Athènes, directeur du musée des Antiquités nationales ; quant au benjamin T : Théodore, dix-neuf fois cité au concours général, il obtient vite un double doctorat : une thèse de droit (*De l'état de siège*) et une autre en lettres (sur *Mithridate Eupator*). Son érudition est à la mesure de ses curiosités si multiples : archéologue, papyrologue, épigraphiste, philologue, numismate et musicologue ; il commente la « constitution d'Athènes », traité d'Aristote, s'intéresse aux sarcophages lyciens, participe aux fouilles de Delphes, déchiffre le système de notation musicale grecque, en retranscrivant les hymnes à Apollon, harmonisés à sa demande par Gabriel Fauré ;

il sera reçu à l'Académie des Inscriptions et Belles-Lettres en 1909, sera député de la Savoie de 1906 à 1914, professeur à la Sorbonne puis au Collège de France, directeur de la *Gazette des Beaux-Arts*.

En 1900, il avait acquis un terrain à la Pointe des fourmis (un cap de Beaulieu-sur-Mer), site éminemment évocateur de l'Hellade, entre l'azur du ciel et le bleu de la mer, sous l'extraordinaire lumière méditerranéenne. Théodore Reinach décide alors de faire édifier la présente Villa à la grecque ; il la nommera « Kérylos », une sorte de martin-pêcheur, l'hirondelle des mers, cité dans une glose.

L'architecte est Emmanuel Pontremoli, le petit-fils d'un rabbin originaire du Nord-Piémont, qui, après un passage à l'École des Arts décoratifs de Nice, sa ville natale, avait remporté le grand prix de Rome et travaillé sur les chantiers de fouilles en Asie Mineure (à Pergame et à Didymes). Auteur de nombreuses constructions officielles et de grands hôtels particuliers à Paris, Pontremoli entrera en 1922 à l'Académie des Beaux-Arts et dirigera l'École des Beaux-Arts de 1934 à 1938.

Pour la décoration de la Villa furent appelés les meilleurs artistes et artisans du Faubourg-Saint-Antoine : A. Karbowsky et Gustave-Louis Gaulmes pour les fresques inspirées de scènes antiques, l'ébéniste parisien Bettenfeld. La réalisation de cette œuvre — on parle de huit millions de francs or — a été rendue possible par la fortune de l'épouse de Théodore Reinach, Fanny Kann, légataire universelle de ses oncles Charles et Jules Ephrussi, grands amateurs d'art, d'une famille de financiers originaires d'Odessa.

En 1928, Théodore Reinach, qui se plaisait à travailler dans sa bibliothèque, face à la mer, décéda brusquement. Pour préserver l'œuvre majeure de sa vie, son testament confiait la Villa grecque Kérylos à l'Institut de France.

Depuis, la Villa s'est affirmée comme un centre très vivant de culture et d'humanisme. Témoignages par excellence de la Belle Époque dans la région privilégiée qu'est notre Côte d'Azur, Kérylos et son jardin constituent une vraie parcelle de Grèce ourlant notre rivage, rappelant tout à la fois Délos la Marine, ouverte sur les flots glorieux de la Méditerranée, et Delphes la Rocheuse, face à la haute falaise d'Eze.

Pour achever de vous situer l'organisation et l'histoire de la Villa Kérylos, il me reste à vous indiquer que, depuis le 1er mars dernier, le Chancelier Pierre Messmer et la Commission administrative centrale de l'Institut de France ont confié, par une délégation de service public, la gestion de la Villa Kérylos au Groupe « Culture Espace » en précisant que la vocation culturelle de cette perle de la tradition humaniste devait être respectée. Grâce à l'aide du directeur administratif de l'Institut de France, M. Éric Peuchot, et en particulier du service des Fondations de l'Institut de France où œuvre Mme Camille Bouvier — que je tiens tous deux à remercier —, j'espère que la présente réunion continuera d'une part d'apporter un message de science et de culture à la Côte d'Azur et d'autre part de fournir à l'hellénisme et aux études classiques le meilleur appui.

Parmi les activités culturelles qui font le renom de la Villa Kérylos, se distingue la série de ses colloques internationaux. Celle-ci a été inaugurée en septembre 1990 par mon prédécesseur Bernard Chenot, secrétaire perpétuel de l'Académie des Sciences morales et politiques, sur le thème « Platonisme et néo-platonisme » ; rapidement publié, le volume des Actes est aujourd'hui épuisé. Depuis, nos colloques se sont centrés sur deux thèmes majeurs : l'hellénisme d'une part et d'autre part la Méditerranée, cette mer éblouissante, mère des civilisations. En ce qui concerne le domaine de l'hellénisme, nos sessions ont tendu à répondre à deux exigences : d'une part réunir d'éminents spécialistes pouvant faire profiter de leurs expériences un large public cultivé, d'autre part montrer l'intérêt actuel des recherches menées sur l'Antiquité classique. Notons que le premier colloque de 1990 « Platonisme et néo-platonisme » comportait un sous-titre : « Antiquité et Temps modernes » ; le 4e colloque de 1993 s'intitulait « le Romantisme et la Grèce » ; les colloques plus récents ont porté le 8e (1997) sur « la tragédie antique », le 10e (1999) sur « la comédie » ; l'an dernier (11e colloque, 2000), c'était « Histoire et historiographie dans l'Antiquité », réalisé par mon excellent confrère et ami le professeur François Chamoux.

Telle est la perspective dans laquelle se range la présente réunion, qu'a bien voulu se charger d'organiser notre confrère le professeur Alain Michel. Je lui adresse le témoignage de ma profonde gratitude. Sous le titre « Tradition classique et modernité », il s'agit d'ouvrir des pistes de réflexions sur la présence du monde classique dans notre culture actuelle. Tout d'abord il convenait de préciser les voies du passage de l'héritage ; je suis reconnaissant à mon confrère le professeur Jean Irigoin, éminent philologue, de nous présenter d'entrée de jeu l'histoire de la transmission des textes. Le programme vous montre comment Alain Michel a su, avec un grand dévouement, dresser un tableau aux touches très diverses : rhétorique et poétique, art et littérature, théâtre, esthétique, science ; j'exprime ma reconnaissance à nos collègues, qui ont répondu à son appel.

Pour conclure, je voudrais vous redire combien j'espère qu'une nouvelle fois le charme si subtil de la Villa Kérylos offrira à nos collègues unis dans le même amour de la Grèce (la Grèce antique mais aussi celle de l'humanisme éternel) les meilleures conditions d'un travail fructueux.

Ainsi, bienvenue et vœux chaleureux pour la réussite de ce 12e Colloque de la Villa Kérylos.

Jean LECLANT
Secrétaire perpétuel
de l'Académie des Inscriptions et Belles-Lettres
Conservateur de la Villa Kérylos

AVANT-PROPOS

Je n'ai rien à ajouter aux paroles si bienveillantes de Monsieur le Secrétaire perpétuel. Je dois pourtant le remercier, ainsi que ses collaborateurs, des admirables conditions de travail qui nous ont été réservées.

Je voudrais seulement remercier moi aussi tous ceux qui ont accepté de participer à notre colloque et expliquer dans quel esprit nous en avons préparé le programme.

Étant donné le sujet qui avait été choisi, nous devions naturellement parler de la réception des œuvres antiques dans notre littérature moderne. Le sujet était riche. Mais il nous est apparu que, pour le traiter dans une perspective plus exacte, il fallait partir des sources, avant même le temps de la latinité, et étudier depuis les Grecs comment elles nous sont parvenues à travers l'histoire, si l'on peut dire dans les modernités successives, en distinguant selon quelles méthodes scientifiques ou quelles poétiques elles sont arrivées jusqu'à nous et à notre temps. Bien entendu, on ne s'est jamais borné à la simple imitation, qui aurait pu être stérilisante. La mémoire elle-même a toujours gardé une fécondité créatrice, dont on doit distinguer les mouvements.

C'est dans cet esprit que nous avons organisé nos séances, en suivant à la fois la chronologie et les principales questions qui se sont posées jusqu'à notre temps. Elles ont gardé jusqu'à nous toute leur valeur et leur importance dans la vie des lettres, des arts et de la culture.

Encore une fois, je dis à tous notre profonde reconnaissance.

Alain MICHEL

LA TRANSMISSION DES TEXTES ET SON HISTOIRE

Le titre donné aux Entretiens cette année, « Tradition classique et modernité », couvre quantité d'options, comme l'atteste le programme que vous avez en main. Pour moi, je n'ai pas eu à hésiter. D'office, Alain Michel a établi le titre de mon intervention, « La transmission des textes et son histoire », donnant ainsi au mot « tradition » son sens étymologique latin issu du verbe *tradere*, « transmettre », cet infinitif français étant lui-même le calque de *transmittere*, « envoyer au-delà », « faire passer ». Voilà bien la différence fondamentale qui sépare les monuments de l'Antiquité et les œuvres littéraires composées au cours de cette longue période. Les premiers, quand des fouilles archéologiques les dégagent, sont semblables à eux-mêmes en dépit des dégradations qu'ils ont subies ; ce qu'il en reste est authentique. En revanche, les œuvres littéraires qui nous sont parvenues supposent une transmission continue, de copie en copie, avec les risques de fautes qu'implique toute reproduction manuelle. Or l'exemplaire complet le plus ancien que nous possédons de ces œuvres est généralement postérieur d'un millénaire au temps où vivait l'auteur, souvent plus en grec, parfois moins en latin ; jamais nous n'avons affaire à l'autographe ni à l'édition originale, ce qui ne m'empêchera pas de citer dans un moment un exemplaire exceptionnel connu depuis trois mois seulement. La transmission est continue, mais beaucoup de ses étapes restent obscures ou même nous échappent faute de documentation. Retracer l'histoire du texte est une tâche indispensable pour qui prétend éditer une œuvre, c'est-à-dire chercher à en atteindre l'état original à partir des témoins qui nous l'ont transmise — des manuscrits médiévaux le plus souvent.

Tout cela est fort intéressant et mériterait d'être développé. Mais, compte tenu du temps limité dont je dispose, il m'a paru judicieux de me limiter à deux sujets plus étroitement liés aux notions de tradition classique d'une part, de modernité de l'autre. Je parlerai donc, dans un premier temps, de ce que le XXe siècle, notamment dans ces toutes dernières années, a vu apparaître comme nouveautés relevant des textes antiques, et je montrerai comment ces découvertes ont contraint les spécialistes à repenser des problèmes qu'ils pouvaient croire résolus de longue date et à réviser les solutions communément admises. Dans un second temps, je me propose d'indiquer par quelques exemples comment des techniques récentes sont applicables à l'étude de ces textes dont elles améliorent la connaissance et la compréhension. Il ne faut pas s'étonner si, dans leur grande majorité, les cas que je mentionnerai sont empruntés à la Grèce plutôt qu'à Rome. C'est d'abord question de compétence : je suis helléniste. C'est aussi parce que le monde grec, avec son extension dans toute la Méditerranée orientale et avec ses prolongements byzantins, nous a légué un patrimoine littéraire sans commune mesure avec celui de la République et de l'Empire romains.

I. Les découvertes récentes

Du patrimoine littéraire de l'Antiquité, seule une partie — une petite partie — nous est parvenue. A titre d'exemple je mentionnerai le cas des trois grands poètes tragiques d'Athènes. D'Eschyle, le Moyen Âge byzantin ne nous a transmis que sept tragédies sur un total de quatre-vingt-dix pièces (comprenant quelques drames satyriques). Pour Sophocle, la proportion est plus faible, soit sept tragédies sur un total de cent trente, alors qu'elle est plus grande pour Euripide, dix-huit pièces (dont un drame satyrique) sur quatre-vingt-huit. La proportion varie de 5 % à 20 %. Mais il ne faut pas oublier que la production totale des trois Tragiques ne représente à son tour que le quart des pièces jouées au long de leur siècle, soit mille deux cents. Finalement, la transmission continue ne porte que sur 2,5 % de la production, un bien faible échantillonnage dont il faut toujours avoir conscience : 97,5 % de la production dramatique d'Athènes au Ve siècle ne nous sont pas parvenus.

Cette transmission s'est faite par écrit. Certes, il n'est pas question de nier la possibilité d'une tradition orale des textes à l'origine, mais il faut admettre que l'écriture en a facilité très tôt la composition. D'où la question : quand les Grecs ont-ils connu et pratiqué l'écriture ? Il y a cinquante ans, j'aurais répondu : dans la seconde moitié du VIIIe siècle av. notre ère. En fait, il faut remonter cette datation d'au moins 700 ans, bien avant la date traditionnelle — vers 1200 — de la guerre de Troie. Cette affirmation péremptoire réclame une brève explication. Au début du XXe siècle, on a retrouvé en Crète, à Cnossos, des documents écrits avec deux types d'écriture différents, mais apparentés. En raison de la disposition des signes, ces types d'écriture ont été qualifiés de linéaires, l'addition d'une lettre, A ou B, distinguant le plus ancien du plus récent. Par la suite, des documents en linéaire B ont été retrouvés en Argolide, à Mycènes et à Tirynthe ; au sud-ouest du Péloponnèse, à Pylos ; et enfin en Béotie, à Thèbes. En 1953, un jeune architecte, Michael Ventris (1922-1956), qui passe pour avoir été officier du chiffre pendant la guerre, a montré, avec l'aide de l'helléniste John Chadwick, que les documents en linéaire B étaient rédigés en grec, un état ancien de la langue qu'on est convenu d'appeler « mycénien » [1]. La durée d'emploi de cette écriture, un syllabaire et non un alphabet, s'étend, en gros, de 1450 à 1200. Le mycénien a apporté jusqu'à présent des documents d'archives variés, mais aucun texte littéraire.

A la suite de cette découverte, les historiens ont été contraints de modifier profondément leur chronologie du deuxième quart du IIe millénaire et leurs hypothèses sur l'arrivée des ancêtres des Grecs dans la Méditerranée orientale. Les linguistes et les comparatistes ont disposé d'attestations de mots grecs bien antérieures à Homère, ce qui leur a permis, entre autres progrès, de préciser ou de corriger les étymologies correspondantes ; les phonéticiens ont vu se matérialiser les occlusives vélaires à appendice labio-vélaire (k^w, g^w, gh^w) jusqu'alors seulement postulées par leur triple traitement en grec. Quant à ceux qui s'intéressent aux origines de la religion grecque, les quelque 250 tablettes retrouvées en Béotie, à Thèbes, tout récemment (1993-1996), leur ont apporté, en lieu et place d'hypothèses souvent contradictoires, des listes d'offrandes d'origine végétale (orge, vin et olives) destinées à une triade divine agraire composée de la Terre Mère, de Zeus protecteur des récoltes et de Korè ; à elle seule, la mention de deux de ces noms suffit pour évoquer des relations avec les mystères d'Éleusis du Ier millénaire, où Korè est la fille de Déméter, un nom composé — la « Mère Dé » — dont les grammairiens grecs interprétaient la première partie comme le nom de la terre ou celui de l'orge (*dêai*) [2]. De tels exemples montrent ce que le déchiffrement du mycénien commence à nous apprendre sur les racines de l'hellénisme archaïque.

---

1. « Evidence for Greek dialect in the Mycenaean archives », *Journal of Hellenic Studies* 73, 1953, p. 84-103 ; *Documents in Mycenaean Greek*, Cambridge, 1956, 2e éd. 1973.

2. Un colloque sur ce sujet a été organisé à Rome par l'Accademia dei Lincei les 24 et 25 février 2000 (« I culti primordiali della grecità alla luce delle scoperte di Tebe »).

Parlant en introduction des œuvres antiques qui nous sont parvenues, j'ai mentionné la continuité de la tradition assurée de copie
en copie. Mais il arrive aussi que la transmission des œuvres de
l'Antiquité soit interrompue par une coupure très longue. En voici
un premier exemple. L'éruption du Vésuve, en l'an 79 de notre ère,
a enseveli dans une grande villa d'Herculanum une bibliothèque
philosophique grecque à dominante épicurienne. Dégagée au milieu
du XVIIIe siècle, cette bibliothèque n'a pas fini de révéler tous ses
secrets, comme j'aurai l'occasion de le montrer dans la seconde
partie de mon exposé, mais pendant 1 700 ans elle était restée
muette et sans descendance. La coupure est aussi longue pour le
second exemple, une autre série de livres en relation avec la philosophie épicurienne, des livres d'un type exceptionnel, gravés tels
quels, et comme placardés, sur le mur d'un portique de 80 m de longueur. Diogène, un notable de la ville d'Oinoanda en Lycie, avait
voulu, au début du IIe siècle de notre ère, offrir à ses concitoyens le
moyen de s'initier à la doctrine d'Épicure en lisant des œuvres dont,
pour une large part, il était lui-même l'auteur. Les premiers restes
de ces inscriptions ont été découverts en 1884 et dans les années suivantes par de jeunes membres de l'École française d'Athènes :
64 fragments ont été publiés par l'un d'eux, G. Cousin, en 1892 dans
le *Bulletin de Correspondance hellénique* (t. 16, p. 1-70). En 1895,
deux Autrichiens, R. Heberdey et E. Kalinka, ont retrouvé 24 nouveaux fragments et publié l'ensemble de la découverte, avec de
grandes améliorations, deux ans plus tard dans le même périodique
(t. 21, p. 346-443). Toutes les éditions qui ont suivi, de 1907 à 1967,
sont fondées sur la publication de 1897. C'est seulement en 1968
qu'un jeune savant britannique, Martin Ferguson Smith, a repris des
recherches de surface qui, au bout de trente années, lui ont permis
de découvrir 125 nouveaux fragments. L'édition qu'il a donnée en
1993 reproduit la totalité des fragments retrouvés à cette date [3]. Par
suite de difficultés diverses, les fouilles qui s'imposaient n'ont duré
que dix jours, en 1997 : elles ont fourni 10 fragments de plus, mais
n'ont pu être reprises depuis lors. A l'heure actuelle, 30 % de l'ensemble des inscriptions sont retrouvés et il ne fait pas de doute
qu'une grande partie du reste est encore enfouie dans le sol ou se
trouve remployée dans des monuments plus récents.

---

3. Diogenes of Oinoanda, *The Epicurean inscription* (La Scuola di Epicuro, Suppl.
n° 1), Naples, 1993 ; traduction en français par A. Étienne et D. O'Meara, *La philosophie
épicurienne sur pierre. Les fragments de Diogène d'Oenoanda*, Fribourg-Paris, 1996.

Le siècle qui vient de s'achever a vu la découverte de bibliothèques antiques ou byzantines d'importance variable, en Égypte et dans le Proche-Orient, notamment au cours de la Seconde Guerre mondiale et peu après. Il faut mentionner entre autres les huit papyrus patristiques de Toura, notamment ceux d'Origène publiés par le regretté Jean Scherer, la bibliothèque gnostique de Nag Hammadi (en copte), et les livres trouvés dans les grottes du désert de Juda, dites grottes de la mer Morte, dont une petite partie est en grec.

Grâce aux découvertes papyrologiques faites dans les sables de l'Égypte, des auteurs de la Grèce archaïque, classique ou hellénistique sont reparus progressivement depuis plus d'un siècle. Le cas le plus spectaculaire est celui du poète comique Ménandre, dont l'œuvre a exercé une forte influence, un siècle et demi plus tard, sur celle du poète latin Térence. Nous n'avions de Ménandre que de courts fragments transmis par des citateurs. A partir de 1907 et au long des soixante années qui ont suivi, la situation s'est modifiée : plusieurs comédies, l'une presque complète, ont été restituées par des livres antiques, depuis un papyrus de la Sorbonne postérieur de moins d'un siècle à la mort du poète, jusqu'à des cahiers scolaires de la fin de l'Antiquité.

Dans un genre littéraire différent, il faut évoquer un cas tout récent. Cette année même vient d'être publié un recueil d'épigrammes de Posidippe, un Macédonien originaire de Pella venu s'installer à Alexandrie dans le premier tiers du IIIe siècle av. notre ère. Par des sources diverses nous connaissons de lui une vingtaine de ces petits poèmes, notamment un sur la construction du Phare d'Alexandrie, l'une des sept merveilles du monde. Et voici que deux érudits italiens, Guido Bastianini et Claudio Gallazzi, avec la collaboration de l'anglais Colin Austin, nous font connaître une centaine d'épigrammes de Posidippe, quelque six cents vers au total, copiées sur seize colonnes consécutives d'un rouleau de papyrus peu de temps, quelques décennies au plus, après leur composition [4]. C'est le premier recueil d'épigrammes d'un même auteur qui nous soit parvenu. En raison des techniques utilisées dans le déchiffrement de ce rouleau de 1,60 m de longueur, comme pour la présentation de l'édition elle-même, j'aurai l'occasion de reparler de cette publication dans la seconde partie de mon exposé.

---

4. Posidippo di Pella, *Epigrammi (P. Mil. Vogl. VIII 309)*, G. Bastianini et C. Gallazzi éd. avec la collaboration de C. Austin, Milan, 2001.

Trouvailles fortuites à l'occasion de travaux publics, découvertes plus ou moins attendues sur un chantier de fouilles, des nouveautés ont modifié de manière notable l'idée que nous nous
faisions de certains aspects de la littérature grecque et de son
expansion. En voici deux exemples. A la fin de l'hiver de 1961-1962,
un chantier d'autoroute a mis au jour en Macédoine, au nord de
Thessalonique, une tombe d'une grande richesse datant du milieu
du IVe siècle av. notre ère, au temps du roi Philippe II. Parmi les
objets recueillis se trouvait un petit rouleau cylindrique, un
fragment de livre grec carbonisé que rendait encore lisible le
contraste brillant/mat entre le noir de la matière végétale et le noir
de l'encre. Premier livre grec découvert dans la péninsule Balkanique, ce fragment est aussi le plus ancien livre grec parvenu jusqu'à
nous. Le texte qu'il porte est le commentaire d'une cosmogonie
orphique en vers que les spécialistes s'accordaient pour dater d'une
époque tardive, un demi millénaire au moins après la date de
l'exemplaire découvert.

Ce changement de datation, imposé par la date même du livre
retrouvé, se rencontre pour d'autres œuvres littéraires. Les romans
grecs, appartenant à un genre considéré comme plus ou moins
décadent, étaient attribués à l'Antiquité tardive ou, en d'autres
termes, au début de la période byzantine (Ve et VIe s.), et cela jusque
dans les années 1920 et même au-delà. Des fragments de papyrus
retrouvés ultérieurement, dont plusieurs sont attribués au IIe siècle
d'après leur écriture, prouvent que la date de rédaction de la
plupart des romans doit être avancée de trois cents ou quatre cents
ans, ce qui n'est pas sans conséquence pour l'histoire des mentalités
et pour l'évolution du goût au cours de la période impériale.

A ce décalage dans le temps fait pendant une expansion dans
l'espace. En septembre 1977, à la veille de l'attaque et de l'occupation
soviétiques, les fouilles françaises d'une fondation grecque située au
lieu-dit Aï Khanoum — au Nord-Est de l'Afghanistan, aux confins du
Tadjikistan et du Pakistan, dans une région disputée aujourd'hui
même entre les Taliban et les troupes de l'Alliance du Nord — ont
permis de dégager dans le sol d'une pièce deux fragments de livres
grecs conservés dans des conditions exceptionnelles. Je ne parlerai
que du premier, reproduit sur la figure 1. Entre deux couches de boue
séchée, les restes d'un rouleau de papyrus ouvert à plat ne subsis-
taient qu'à l'état de poudre impalpable, mais l'encre s'était déposée à
l'envers sur la face inférieure de la couche de boue supérieure où sub-
sistaient, comme sur la face supérieure de la couche inférieure, la
trace des fibres du papyrus originel. On a là, sur quatre colonnes

FIG. 1. — Papyrus philosophique d'Aï Khanoum (milieu du IIIᵉ s. av. J.-C.).

mutilées, les restes d'un dialogue philosophique de type platonicien où il était traité de la théorie des idées ; ces restes ont été publiés en 1987 par Claude Rapin et Pierre Hadot (*Bulletin de Correspondance hellénique* 111, p. 225-266). Que l'auteur soit Aristote jeune ou l'un des deux successeurs de Platon, Speusippe et Xénocrate, peu importe. En un temps où le roi Asoka donne d'un de ses décrets une version bilingue gréco-araméenne gravée dans le rocher près de Kandahar et quand commence à se développer l'art gréco-bouddhique du Gandhara, la pensée grecque se trouve aux portes de l'Inde. Ce contact est-il resté sans influence ? La question mérite d'être posée.

A côté des produits de fouilles, si divers, les bibliothèques monastiques d'origine byzantine réservent d'heureuses surprises. En 1960, L. Politis retrouve deux cents manuscrits grecs anciens, qu'on croyait disparus, au monastère de Saint-Nicanor, près de Zavorda, aux confins de la Macédoine et de la Thessalie. Plus récemment, en 1975, au couvent de Sainte-Catherine du Sinaï, un lot important de restes de manuscrits, parfois des manuscrits entiers, est découvert dans une réserve oubliée de la bibliothèque ; les plus anciens remontent au IVᵉ siècle, dont plusieurs folios du fameux *Sinaiticus* de la Bible, aujourd'hui conservé à Londres. Enfin, quelques centaines de manuscrits enlevés dans des monastères de Macédoine — la Macédoine grecque — au cours des guerres gréco-bulgares ont été retrouvés à Sofia ces dernières années ; certains autres circulent dans le commerce.

Il ne faudrait pas croire, à m'écouter, que la tradition de la littérature latine est morte. Certes, elle n'a pas connu le renouvellement que les papyrus d'Égypte ont apporté à la tradition grecque, mais elle présente des traits originaux. Les manuscrits latins, beaucoup plus nombreux que les manuscrits grecs d'époque byzantine, sont aussi, dans l'ensemble, beaucoup plus proches du temps de rédaction de l'œuvre qu'ils transmettent. Il suffit de comparer le cas de Virgile, connu par plusieurs manuscrits du IVᵉ siècle, et celui d'Homère, dont le plus ancien témoin complet est du milieu du Xᵉ siècle ; moins de quatre cents ans d'écart pour l'auteur de l'*Énéide*, plus d'un millénaire et demi pour celui de l'*Iliade* et de l'*Odyssée*. Les bibliothèques occidentales réservent encore de belles surprises à ceux qui savent les sonder, comme la découverte de vingt-six sermons inédits de saint Augustin, faite en 1991 par François Dolbeau à la bibliothèque de Mayence, en Allemagne [5].

---

5. Voir aussi du même F. Dolbeau, « Découvertes récentes d'œuvres latines inconnues (fin IIIᵉ-début VIIIᵉ s.) », *Sacris erudiri* 38, 1998-1999, p. 101-142.

Mais il s'agit là, dans l'ensemble, d'œuvres assez tardives ; la tragédie d'*Alceste*, d'auteur inconnu et dite de Barcelone parce que le papyrus est conservé dans cette ville, est un des rares exemples latins comparables aux découvertes grecques faites en Égypte.

L'écart temporel entre l'auteur et les plus anciens exemplaires de son œuvre dont nous disposons est donc beaucoup plus grand dans la tradition grecque que dans la tradition latine, ce qui ne facilite pas la tâche de l'éditeur helléniste : plus le nombre des copies successives aujourd'hui perdues est élevé, plus le nombre des fautes entraînées par la reproduction manuelle est grand. Que peut-on faire pour atteindre un état du texte plus ancien que les témoins qui nous l'ont transmis ? Le premier moyen est d'établir une généalogie des manuscrits, de façon à atteindre leur ancêtre commun et à en reconstituer le texte ; je reviendrai dans la seconde partie de mon exposé sur des techniques de classement récemment mises en œuvre. Un autre moyen est d'utiliser les traductions anciennes, quand elles existent : traductions latines faites en Occident du IVe au VIe siècles, parfois même plus tôt (Cicéron est un excellent traducteur) ; traductions orientales des Ve et VIe siècles en syriaque ou en arménien, à partir du IXe siècle en arabe ou en hébreu. La plupart de ces traductions ont été faites, directement ou indirectement, sur des modèles grecs antérieurs aux manuscrits dont nous disposons. Pour certains types de texte (philosophie, sciences, médecine), les versions orientales nous font connaître à l'occasion des œuvres ou des parties d'œuvres disparues dans le texte grec original. Et toujours elles permettent, en raison de leur antériorité, de corriger des fautes survenues entre temps dans la tradition grecque. Une belle série d'exemples montrant l'importance des versions orientales a été présentée à l'Académie des Inscriptions et Belles-Lettres, à la fin du mois de juin 2001, par Véronique Boudon. Je n'en citerai qu'un. Le médecin et philosophe Galien de Pergame a écrit un court traité auto-bibliographique intitulé *Sur mes propres livres*. Ce traité ne nous était connu que par un manuscrit grec daté des environs de l'an 1400. Véronique Boudon a découvert à la bibliothèque de Meshed, en Iran, dont un catalogue a été publié en 1966, un manuscrit du XIIe siècle (Ve s. de l'Hégire) de la traduction arabe de l'ouvrage de Galien faite au IXe siècle par le célèbre et fécond traducteur de Bagdad, Hunayn ibn Ishaq ; cette traduction comble des lacunes importantes du texte grec et permet de le corriger en maints endroits, ce qui ne peut surprendre puisque le modèle grec utilisé par Hunayn était antérieur de plus d'un demi millénaire au manuscrit grec dont nous disposons aujourd'hui.

Le rôle des versions orientales est exclusif lorsque l'original grec est perdu. La « Collection des Universités de France », dite aussi « Collection Budé », a publié ces dernières années plusieurs ouvrages où le texte grec a fait place à un texte arabe ou arménien. Je citerai les livres IV à VII des *Arithmétiques* de Diophante d'Alexandrie, le fondateur de l'algèbre, connus seulement dans une version arabe de Qusta ibn Luqa établie à Bagdad vers le milieu du IXᵉ siècle (2 vol. parus en 1984) ; divers traités sur *Les miroirs ardents* ne sont transmis, à une dizaine de pages près, que par des traductions arabes (t. I des *Catoptriciens grecs* paru en 2000). Il arrive aussi qu'une version arménienne du VIᵉ siècle permette de compléter d'une douzaine de pages les *Progymnasmata* (« Exercices préparatoires ») du rhéteur Aelius Théon, dont la fin manque dans la tradition grecque, et d'apporter des améliorations importantes au reste du texte (livre paru en 1997).

II. Les techniques nouvelles et leurs applications aux œuvres antiques

Les développements de l'informatique et les nouvelles techniques de laboratoire, si éloignées qu'elles paraissent de l'Antiquité classique, n'ont pas laissé indifférents hellénistes et latinistes. Là encore, je me contenterai de vous offrir un choix d'applications aux textes.

Il y a tout juste trente ans, un généreux donateur offrit un million de dollars à l'American Philological Association et il fut décidé d'affecter cette somme à la confection d'un nouveau dictionnaire grec destiné à remplacer le fameux Liddell-Scott, publié en 1843 et dont la neuvième édition, établie par les soins de Sir Henry Jones avec l'assistance de Roderick McKenzie, était parue de 1925 à 1940. Un colloque se réunit à l'automne de 1972 en Californie, à l'Université d'Irvine, pour arrêter les modalités de l'entreprise, un *Thesaurus Linguae Graecae* (hommage au *Thesaurus Graecae linguae* d'Henri Estienne [1572]) qui porterait sur tous les textes grecs, littéraires, épigraphiques et papyrologiques, jusqu'à l'an 600 de notre ère. Dans une première étape, les dépouillements iraient d'Homère jusqu'au IIᵉ siècle ap. J.-C. Comme on était alors aux débuts des applications de l'informatique aux sciences humaines, il fut décidé de substituer aux fiches traditionnelles une banque de données informatisée.

L'entreprise fut menée à Irvine, sous le contrôle du professeur Theodor F. Brunner et la direction de Luci Berkovitz. Les enregistrements étaient exécutés en Extrême-Orient par une main-d'œuvre bon marché ignorant le grec, mais attentive ; le travail était revu à Irvine avec le plus grand soin.

Au début de 1977, tous les textes correspondant à la première étape étaient enregistrés. En décembre de la même année était publié un volume intitulé *Canon of Greek Authors*. On y trouvait indiqué avec précision, pour la période considérée, l'état de l'enregistrement auteur par auteur, avec mention de l'édition utilisée. On apprenait ainsi que, sur un total de 20 millions de mots enregistrés, Galien venait en tête avec plus de 2 millions et demi de mots, deux autres auteurs, Plutarque et Aristote, dépassaient le million, Platon restant sensiblement en arrière avec un peu plus de 600 000 mots.

En 1986, le dépouillement, pratiquement achevé jusqu'à l'an 400, était en cours pour les deux siècles suivants, avec lesquels l'entreprise atteindrait son terme. Une deuxième édition du *Canon* fut alors publiée : le total des mots enregistrés était alors de 57 millions, dépassant largement l'évaluation de 30 millions avancée en 1977 ; l'apport de la littérature chrétienne avait été sous-estimé.

Je passerai directement à l'état actuel : la 5e édition (version E) du *Thesaurus Linguae Graecae*, publiée en 1999, recense 76 millions de mots, total bien supérieur aux 40 millions prévus en 1977 pour l'achèvement de l'entreprise. Au lieu des bandes magnétiques mises à la disposition des spécialistes, auteur par auteur ou œuvre par œuvre, au début de l'entreprise, l'édition se présente sous la forme d'un unique CD-ROM qui ne pèse pas 20 g et contient toute la littérature grecque avec des pointes vers la période byzantine. Pour un prix d'abonnement de l'ordre de 4 000 F par an pour une institution (ou un prix d'achat de 200 F pour le disque piraté dans un pays voisin, m'a-t-on dit !), l'helléniste dispose d'une bibliothèque grecque plus complète qu'il ne l'aurait jamais rêvé et prête, grâce à des logiciels adéquats, à répondre à toutes les questions, des plus simples aux plus complexes, qui lui passeraient par la tête.

Les latinistes disposaient d'un remarquable dictionnaire, le *Thesaurus Linguae Latinae* (ainsi dénommé en souvenir du *Latinae linguae thesaurus* de Robert Estienne [2e éd., 1543]), entreprise allemande plus que centenaire (1894) mais parvenue seulement à la lettre *p*. Ils ont mis un certain temps à envisager de créer une banque de données comparable à celle du *TLG*, comme on le nomme communément. Une première réalisation a été le fait d'une institution privée, le *PHI* (The Packard Humanities Institute), dont l'enregistrement, d'une moindre envergure que celle du *TLG*, comporte environ 5 millions de mots. A sa suite, mais non à son exemple, des maisons d'édition publiant de grandes collections (« Bibliotheca Teubneriana », « Corpus Christianorum ») ont donné un caractère commercial à des entreprises du même genre. A titre de comparaison, la première édition de la *Bibliotheca Teubneriana Latina* (1999), publiée sous le contrôle de Paul Tombeur, compte moins de 7 millions de mots (contre 20 millions pour le *TLG* de 1979) et la *BTL 2*, annoncée pour 2002, atteindra près de 8 millions et demi de mots alors que la 5ᵉ édition du *TLG* (1999) en est à 76 millions. Une initiative originale est due à Paolo Mastandrea, qui a publié en 1995 *Poesis*, un CD-ROM rassemblant tous les vers latins, de Livius Andronicus (IIIᵉ s. av. n. è.) à Eugène de Tolède (VIIᵉ s. ap.), et envisage maintenant d'y ajouter la poésie latine médiévale ; on est loin du *Gradus ad Parnassum* des siècles passés. De son côté, l'éditeur du *Thesaurus Linguae Latinae*, qui est aussi celui de la « Bibliotheca Teubneriana », annonce la sortie pour 2002 d'un CD-ROM reproduisant les lettres A à D de ce dictionnaire. Les latinistes, on le voit, rattrapent leur retard.

Pour en revenir au grec, si précieux et admirable que soit le *TLG*, il souffre d'un défaut congénital dont il faut avoir conscience et qu'il faudra guérir. Le même défaut se retrouve dans les banques de données latines, mais je me contenterai d'évoquer le cas du grec, que je connais mieux. On sait que les œuvres de l'Antiquité, transmises par des copies successives faites à la main, sont victimes de fautes qui doivent être corrigées. Dans les éditions critiques, comme celles qui ont servi aux enregistrements du *TLG*, le bas de la page est occupé par un apparat, ensemble de renseignements relatif aux corrections et aux conjectures que comporte le texte ; le lecteur attentif sait tout de suite si tel mot ou telle construction est une modification apportée au texte des manuscrits par un éditeur ou par un philologue. Le texte enregistré dans le *TLG* ne fait pas ces distinctions. L'utilisateur du CD-ROM est dans l'incapacité de discerner s'il a affaire au texte transmis par la tradition ou à une conjecture parmi d'autres ; les relevés auxquels il fait confiance courent le risque d'être entachés du subjectivisme de l'éditeur, comme le montrent, entre autres, les deux éditions de Sophocle publiées, ces dernières années, par de savants hellénistes britanniques, respectivement dans la « Bibliotheca Teubneriana » et dans la série des « Oxford Classical Texts » (secondairement dans la « Loeb Classical Library »). Certes, il reste à l'utilisateur, sur les points qui lui paraissent litigieux ou gênants, la possibilité d'aller rechercher dans une édition critique les renseignements que le *TLG* ne lui fournit pas. Mais en aura-t-il toujours le courage ou le temps ?

Je voudrais maintenant, sans faire une démonstration en règle, vous montrer les facilités et les moyens supplémentaires qu'apporte l'usage d'un texte informatisé. Et, puisque j'ai le plus souvent parlé de grec, je ferai appel à une découverte toute récente concernant le latin, puisqu'elle a été présentée en juillet dernier, il y a moins de trois mois, au congrès de papyrologie de Vienne, en Autriche.

La bibliothèque philosophique retrouvée au milieu du XVIIIe siècle à Herculanum — il y a été fait allusion au début de cet exposé — se présentait sous la forme de rouleaux de papyrus carbonisés. Nécessairement antérieure à l'an 79, date de l'éruption du Vésuve, cette bibliothèque avait été constituée vers le milieu du Ier siècle av. notre ère et ne paraît pas s'être enrichie par la suite. Tous les rouleaux retrouvés sont grecs, à de très rares exceptions près, comme le n° 395, réduit en tout petits fragments sur lesquels on discerne quelques lettres latines, très rarement un mot entier ou presque entier. Les restes de ce rouleau, déroulé ou plutôt disséminé en 1805, sont disposés dans 17 cadres, mais en raison de leur état misérable ils n'avaient pas retenu l'attention des spécialistes jusqu'à ces tout derniers temps. Après une douzaine d'années de patiente recherche, le professeur norvégien Knut Kleve a montré en juillet dernier, au congrès de papyrologie, qu'on a affaire aux restes d'un rouleau de papyrus contenant le livre II du poème de Lucrèce *De rerum natura* [6]. Je passerai ici sur les procédés photographiques que Knut Kleve a mis en œuvre et qui à eux seuls mériteraient un exposé. Je me contenterai de montrer l'aide et la confirmation décisive que l'informatique lui a apportées.

Sur le fragment C du cadre 17, on lit, disposées verticalement, les lettres ci-dessous, suivies à chaque ligne d'un trait oblique indiquant une fin de vers (voir aussi la fig. 2) :

UM/

TAS/

UM/

Les fins de vers en UM ou en TAS sont fréquentes dans la poésie latine. Les séquences UM TAS et TAS UM le sont un peu

---

6. J'exprime ma gratitude à M. Alain Blanchard, directeur de l'Institut de Papyrologie de la Sorbonne, qui dès son retour de Vienne m'a fait connaître la découverte de Knut Kleve et m'a ensuite fourni une copie des pages remises par celui-ci aux congressistes, d'où est tirée la figure 2.

Fig. 2. — Lucrèce, *De rerum natura* II, fragment 17 C.

moins. Mais la triple séquence UM TAS UM se rencontre seulement six fois dans la poésie latine antérieure au début de notre ère (date limite imposée par la constitution de la bibliothèque) : une fois dans Térence et dans Virgile, deux fois dans Lucrèce (livre I, v. 109-111, et livre II, v. 1081-1083) et dans Ovide.

Au-dessus de ces trois fins de vers, on discerne vers la gauche des restes, fort réduits, de trois lettres, un point médian séparant la deuxième de la troisième :

CE . M

Or le vers 1080 du livre II de Lucrèce se termine par les mots

INDICE . MENTE

Le fragment 17 C contient donc la fin des quatre vers II 1080-1083.

Les recherches ainsi faites à partir de quelques lettres sur toute la poésie latine antérieure au début de notre ère ont été assurées par le logiciel américain *PHI Workplace*. Les résultats sont confirmés, toujours avec le même programme, par bien d'autres concordances textuelles, aussi bien en début qu'en milieu ou en fin de vers, depuis le vers 8 jusqu'au vers 1127 du livre II. Les résultats de cette recherche mettent fin à un débat entre Knut Kleve et un savant italien, Mario Capasso, qui avait fait d'excellents rapprochements entre ces bribes de papyrus, mais prétendait tout récemment, dans un colloque organisé à Lille en septembre 2000, avoir démontré que les restes de lettres ne pouvaient pas appartenir au poème de Lucrèce.

Voici quelques précisions supplémentaires à l'intention des latinistes. Le papyrus n° 1829 contient des restes du livre V de Lucrèce. Les livres I, III et IV sont représentés par quelques fragments. Il ne manque donc, pour le moment, que le livre VI. Enfin, dans le livre II, une dizaine de vers consécutifs pourraient combler une lacune importante entre les vers 164 et 165, lacune décelée à la Renaissance par Pontano ; dans le même livre, les restes de deux vers séparent les vers 748 et 749, entre lesquels Munro, dans la seconde moitié du XIXᵉ siècle, avait signalé une omission, et un autre vers sépare les vers 749 et 750, dont la suite ne paraît pas avoir été suspectée. Le texte de ces fragments antiques confirme dans l'ensemble les accords des deux plus anciens manuscrits de Lucrèce, l'*Oblongus* (sigle O) et le *Quadratus* (sigle Q), tous deux du IXᵉ siècle, tous deux conservés à Leyde, aux Pays-Bas, contre les variantes des descendants du manuscrit de Murbach, aujourd'hui

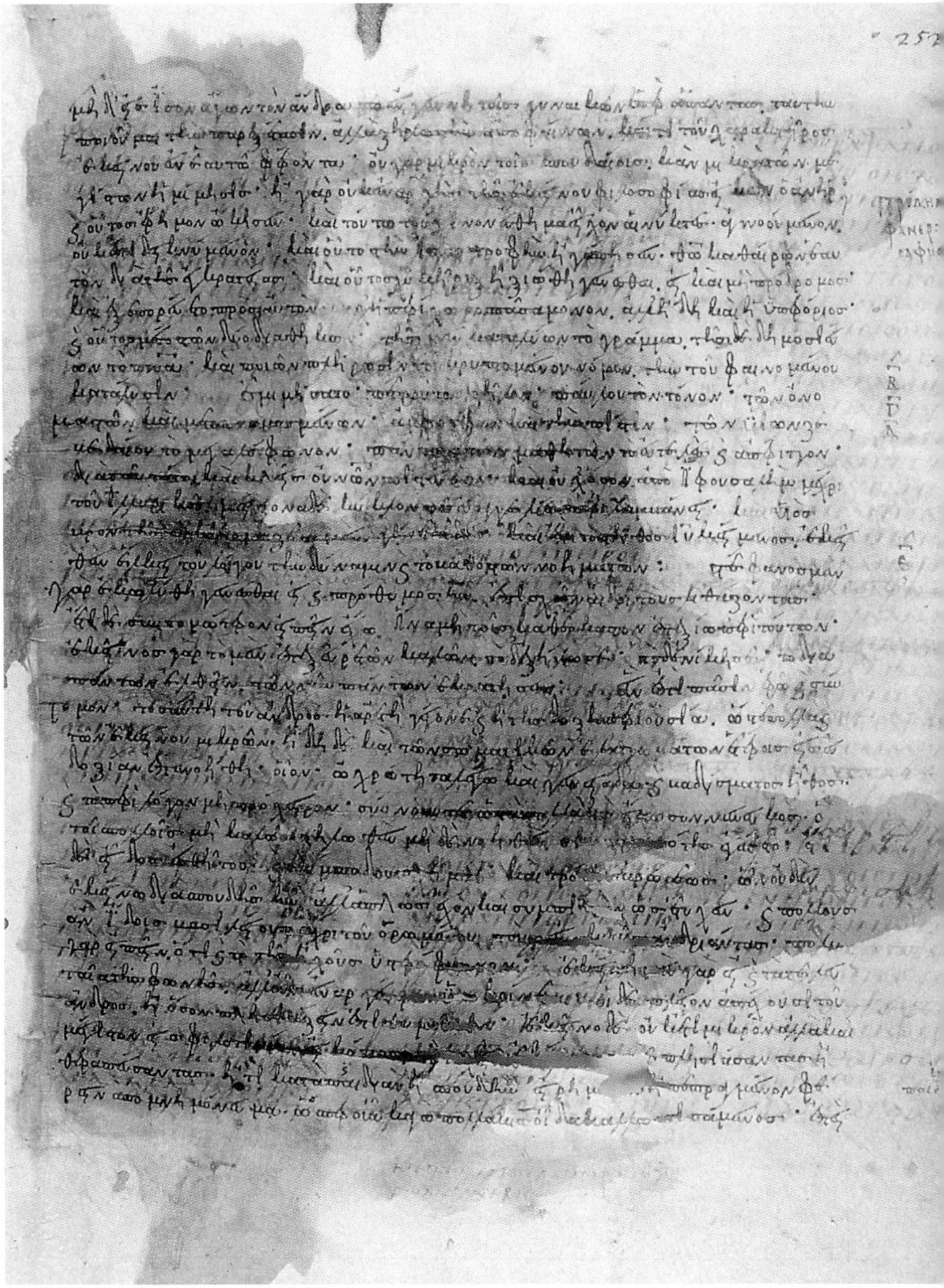

Fig. 3. — Vat. Gr. 2016A, f. 252 rº. Reproduction à la lumière naturelle.

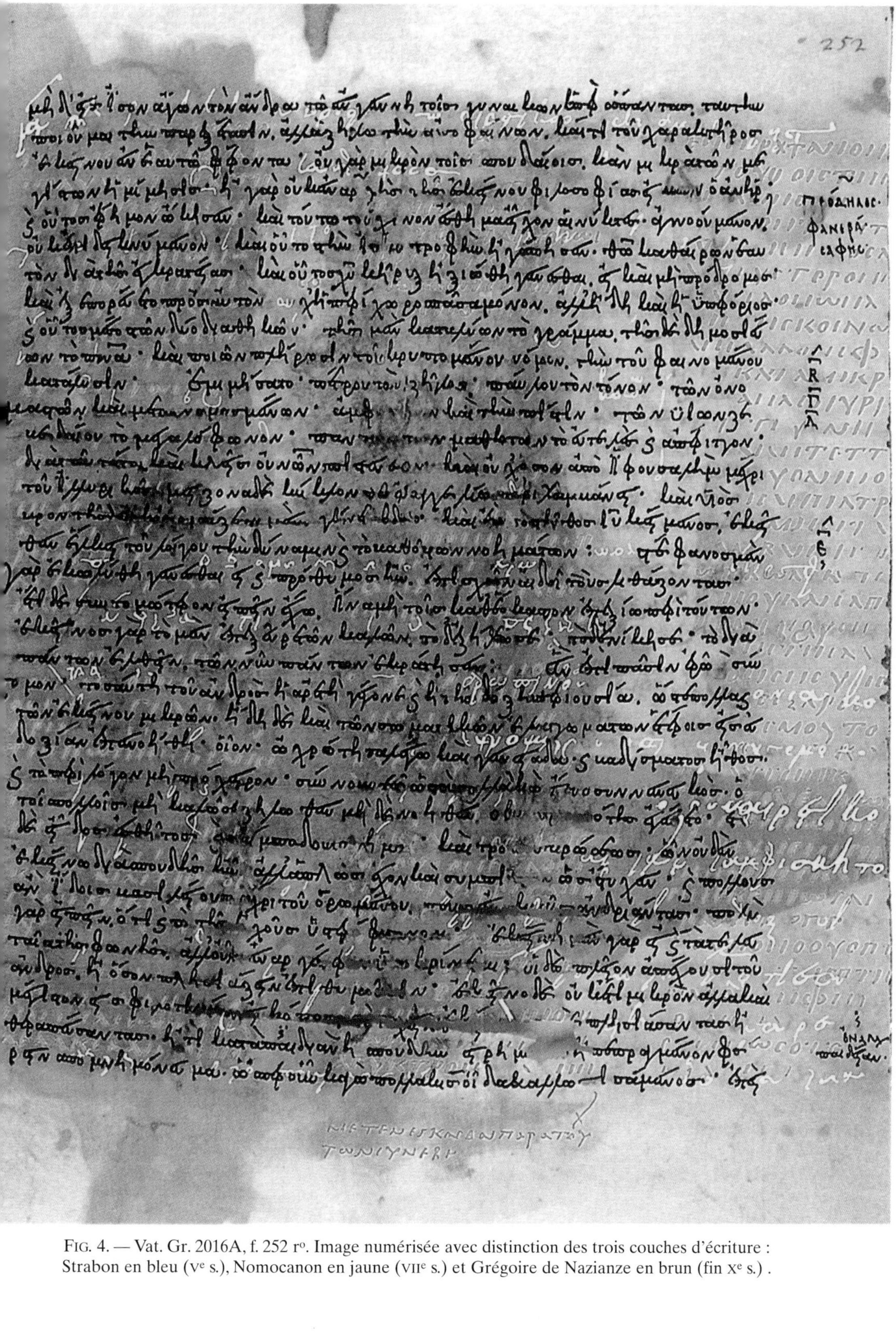

Fig. 4. — Vat. Gr. 2016A, f. 252 r°. Image numérisée avec distinction des trois couches d'écriture : Strabon en bleu (Vᵉ s.), Nomocanon en jaune (VIIᵉ s.) et Grégoire de Nazianze en brun (fin Xᵉ s.).

perdu. Les fragments montrent aussi qu'un nombre important de leçons de O et Q, jugées fautives et corrigées dans les éditions récentes, étaient déjà attestées huit cents ans plus tôt : belle invitation à la prudence et à la modestie.

En effet, si les rouleaux latins sont contemporains des livres philosophiques grecs les plus récents de la bibliothèque, on peut les attribuer, au plus tard, aux années 40 ou 30 av. notre ère, vingt ans environ après la mort de Lucrèce dont l'œuvre, connue de Cicéron et de son frère Quintus (lettre *Ad Quintum fratrem* II 9, 3, datable de février 54), passe pour avoir été éditée par l'orateur lui-même (d'après saint Jérôme dans ses additions à la *Chronique* d'Eusèbe pour l'an 659 de Rome : ... *libros ...quos postea Cicero emendauit*). Il ressort de ces données qu'une nouvelle édition de Lucrèce s'impose : elle sera fort différente de toutes celles qui l'ont précédée.

La très belle découverte de Knut Kleve a été rendue possible par la conjonction de l'informatique et d'une nouvelle technique photographique. Cette technique vient d'être améliorée par une équipe américaine de l'Université de l'Utah dirigée par le professeur S. Booras. Knut Kleve n'a pas pu bénéficier de ce progrès, mais un chercheur français, Daniel Delattre, est en train d'utiliser cette technique, dite multispectrale, en vue de l'édition d'un rouleau grec de la bibliothèque d'Herculanum, qui contient le livre IV du traité *De la musique* de Philodème de Gadara, poète, philosophe épicurien et propriétaire de cette bibliothèque, mort peu après le milieu du Ier siècle av. notre ère. De leur côté, les éditeurs du recueil d'épigrammes de Posidippe de Pella, mentionné plus haut (voir n. 4), offrent à leur lecteur, en sus d'une reproduction en couleurs du rouleau aux dimensions de l'original, des planches en noir et blanc de photographies prises en lumière infra rouge et deux disques compacts (CD-ROM) avec les mêmes images qui, numérisées, permettent d'obtenir sur un écran d'ordinateur un grandissement de 20 fois. Il faut enfin mentionner les beaux résultats des recherches menées en Italie, à l'Université de Bologne et à la société Fotoscientifica de Parme, par Daniele Broia et Chiara Faraggiana di Sarzana sur la lecture des palimpsestes, ces manuscrits de parchemin remployé dans lesquels deux textes, parfois trois, se trouvent superposés : le traitement numérique d'images multispectrales permet de séparer l'écriture supérieure — la plus visible — et l'écriture inférieure, en distinguant éventuellement deux écritures inférieures (fig. 3 et 4).

On se trouve là devant l'aboutissement provisoire d'un ensemble de travaux visant à rendre visible ce qui est invisible ou peu lisible. Les Actes de deux rencontres internationales organisées à Paris, la première, plus générale, en 1972 sur « Les techniques de laboratoire dans l'étude des manuscrits », la seconde en 1981 sous le titre « Déchiffrer les écritures effacées », permettent de reconnaître les étapes de la recherche et de mesurer les progrès obtenus en une trentaine d'années.

Enfin, je me contenterai de signaler, car le sujet réclamerait d'amples développements, les diverses méthodes automatiques de classement des manuscrits. Importantes pour l'établissement du texte des éditions critiques, elles ont fait l'objet d'un colloque international à Paris en 1978 (*La critique des textes et son automatisation*) et tout récemment à Rome en 1998 (*I nuovi orizzonti della Filologia. Ecdotica, critica testuale, editoria scientifica e mezzi informatici elettronici*). Depuis vingt ans, les deux méthodes majeures, l'une fondée sur la statistique et l'analyse des données, l'autre de type taxinomique aboutissant à des structures arborescentes, n'ont pas vu apparaître de véritable concurrent. Il semble qu'à l'heure actuelle les chercheurs aient tendance à privilégier la seconde méthode mise au point pour les recherches phylogénétiques. Les arbres obtenus par l'analyse séquentielle sont-ils fondamentalement différents du *stemma* (un mot d'origine grecque pris ici au sens latin d' « arbre généalogique ») proposé par Karl Lachmann voilà plus d'un siècle et demi, et notamment pour les manuscrits de Lucrèce ? Il est permis d'en douter, sans pour autant méconnaître les progrès obtenus en rigueur et en précision.

*
* *

Ma conclusion sera fournie par le nom même de la Villa grecque où nous nous trouvons : Kérylos est le nom d'un oiseau, le « martin-pêcheur » plutôt que le mythique « alcyon ». C'est aussi le nom d'un groupe musical qu'anime Annie Bélis et que certains d'entre vous ont pu entendre ici même. Que nous reste-t-il de la musique grecque antique ? A la fois peu de chose et beaucoup. Des partitions plus ou moins mutilées, mais strictement contemporaines de leur composition, comme celle des hymnes de Delphes gravés sur le mur méridional du Trésor des Athéniens, dont Théodore Reinach, le créateur de la Villa Kérylos, a donné la première édition, ou comme la chanson de Seikilos conservée au musée de Copenhague. Des fragments papyrologiques de dates variées. Quelques pièces conservées par la tradition manuscrite byzantine. Et enfin d'impor-

tants traités de théoriciens antiques. Annie Bélis, musicienne et
musicologue, helléniste et archéologue, a voulu redonner vie à cette
musique en la rendant perceptible. Elle a donc fait construire par
des luthiers des instruments identiques à ceux dont des restes nous
sont parvenus, et conformes aux représentations figurées de
l'époque. Et elle a formé un groupe d'instrumentistes et de chan-
teurs qui a circulé en France et à l'étranger, qui est venu à la Villa
Kérylos et qu'on entendra à Paris la semaine prochaine au cours du
colloque international « Le grec et le latin aujourd'hui : rencontre
autour d'une passion », organisé par le ministère de l'Éducation
nationale et l'Université de Paris-Sorbonne. Dans cette réalisation,
modernité et tradition classique s'unissent harmonieusement,
comme en bien d'autres domaines : les exposés qui vont suivre le
montreront, chacun à sa manière.

Jean IRIGOIN

HANNAH ARENDT
ET LA PHILOSOPHIE POLITIQUE GRECQUE

Préambule

« Tradition classique et modernité » ? Le livre de Hannah
Arendt sur *La Crise de la culture* a pour titre anglais : *Between Past
and Future*, et l'essai qui ouvre ce livre s'intitule : « La tradition et
l'âge moderne ». En voici la première phrase : « Notre tradition de
pensée politique a un commencement bien déterminé dans les doctrines de Platon et d'Aristote. Je crois qu'elle a connu une fin non
moins déterminée dans les théories de Karl Marx. » Une réflexion
sur l'œuvre de Hannah Arendt semble donc un chemin possible
pour accéder au domaine qu'il m'a été proposé d'aborder, à savoir
« les sources grecques de la philosophie politique ».

La pensée et l'interprétation de la pensée de Hannah Arendt
(1906-1975) constituent un « monde », par l'immensité de ses
connaissances et de ses lectures, et en raison des très nombreux
travaux que son œuvre a déjà suscités. La culture philosophique, historique et politique nécessaire pour la lire, la complexité des réac-
tions que son œuvre a suscitées sont des obstacles insurmontables
pour le philologue que je suis, et je dois, plus encore qu'à l'habitude,
sacrifier d'abord ici au *locus humilitatis*. En sens inverse, le même
philologue que je suis, d'entrée de jeu, fait part d'un sentiment de
gêne : du point de vue qu'adopte Hannah Arendt, il lui apparaît possible de dégager les grands traits de ce qu'elle appelle « la pensée
grecque », « la pensée romaine », voire « la pensée christiano-
romaine », et de raisonner avec autorité à partir de telles catégories,
fondées sur une lecture sélective des sources. Pour résumer à gros
traits une représentation qui est infiniment plus nuancée (en ce qui
concerne sa dernière œuvre, notamment, *La vie de l'esprit*), l'Antiquité grecque, ce sont pour Hannah Arendt d'abord des « traditions
politiques et préphilosophiques » (*CC*, p. 214), c'est-à-dire Homère,
les Présocratiques, la *polis* grecque, ses historiens et ses auteurs tra-

giques, et ensuite Platon et Aristote, c'est-à-dire au total, une Grèce qu'on a pu un jour qualifier de « scolaire ». A la différence de Léo Strauss, cet autre « German Émigré [...] after World War II » (c'est ainsi qu'on les a tous les deux appelés dans un ouvrage qui compare leur — vaste — influence sur la pensée politique américaine), Hannah Arendt méconnaît Aristophane, chez Thucydide, elle a surtout lu (et relu) l'Oraison funèbre, elle ne cite presque pas Xénophon, pas du tout Isocrate (qui eussent été si importants sur la question de « l'autorité ») ; et surtout, elle a peu de goût pour les commentaires et paraphrases minutieuses et ingénieuses qui passionnent Léo Strauss. En revanche, comme lui, elle néglige entièrement la pensée politique des philosophes hellénistiques et latins. Il serait vain de continuer un tel catalogue des omissions, qu'on pourrait dresser d'ailleurs à propos d'autres héritiers de la pensée grecque, notamment ceux qui ont été marqués, comme elle, par l'hellénisme de Heidegger (CAMBIANO, p. 47).

Dans quelle langue aborder Hannah Arendt ? Elle sera ici citée, sauf exception, en traduction française. On peut espérer que la chose ne porte pas trop à conséquence. Comme l'indique l'éditrice de son ouvrage posthume sur *La vie de l'esprit*, Marie McCarthy, « tous les livres et articles de Hannah Arendt ont été édités avant d'être imprimés [...] avec une bonne marge de liberté d'action aux gens à qui elle avait appris à faire confiance. Elle appelait cela, avec un sourire en coin, " se faire angliciser " » (*VE*, p. 10). Néanmoins, le jeu entre l'anglais de la parution et l'allemand et l'anglais de la conception, ainsi qu'entre l'anglais de la parution initiale et le français de la traduction (Hannah Arendt connaissait très bien notre langue), ne doit pas être entièrement perdu de vue. Étienne Tassin, en particulier, a montré l'intérêt de confronter systématiquement les différentes versions et de se référer aux papiers et documents inédits. Prenons seulement un exemple dans les titres de ses œuvres. Paul Ricœur a évoqué ce qu'il appelle la « stratégie » de la citation antique chez Hannah Arendt : elle ne peut se comprendre, écrit-il avec raison, que parce que Hannah Arendt reconnaît l'existence de « traits perdurables de la condition humaine », valables de nos jours comme dans l'Antiquité. Ces mots sont dans sa préface au livre traduit en français sous le titre *Condition de l'homme moderne* (*CHM*, p. 16). En fait, le titre anglais original du livre est : *The Human Condition*. La remarque de Paul Ricœur ne fait donc que commenter le passage de l'anglais au français. Notons en passant que Hannah Arendt parle de la « condition » humaine, et non pas d'une « nature » humaine, « au

sujet de laquelle, estime-t-elle, on ne peut prononcer aucune affirmation solide » (TASSIN, p. 142). La traduction allemande du même
livre, qui correspond sans doute plus exactement à la pensée de
l'auteur, telle du moins qu'elle est exprimée au début de *La vie de
l'esprit* (*VE* I, p. 21), a un titre encore moins « moderne » : *Vita
activa oder vom tätigen Leben.* Ces trois titres, *Vita activa, The
Human Condition, Condition de l'homme moderne,* si l'on y ajoute
un autre titre en latin, *Amor mundi,* qu'elle destinait initialement à
l'ouvrage (Y-B, p. 423), et qui vient, lui, de ses travaux sur saint
Augustin, tous ces titres donc doivent être ensemble présents à
l'esprit pour dessiner l'ambition de Hannah Arendt.

Avant d'y venir, il convient encore de rappeler brièvement, en
partie à la suite de sa biographe Elisabeth Young-Bruehl, quelques
aspects des conditions dans lesquelles elle avait appris le grec et le
pratiqua durant une grande partie de sa vie, car cela est important
pour comprendre son usage des textes grecs, et parce que ces conditions dessinent un paysage intellectuel assez caractéristique de la
première moitié du siècle.

Hannah Arendt et le grec ancien

En premier lieu, citations ou références à l'Antiquité grecque
viennent d'une connaissance et d'une habitude profondément
ancrées en elle, et ne sont réductibles ni à un placage extérieur à
l'appui d'une pensée préétablie, ni à une « stratégie » délibérée. Il
faut d'abord évoquer la tradition des *Graecae* ou *Cercles d'études
grecques* pratiqués dans les Universités de l'époque en Allemagne :
Hannah Arendt ouvrit un cercle de ce genre dès quinze ans, alors
qu'elle était au Gymnasium à Königsberg, elle en connut d'autres,
notamment à Marburg avec Heidegger et d'autres professeurs de
l'Université, et elle en créa encore un à la fin de sa vie, aux États-
Unis, tous les mardis soirs (Y-B, p. 42, 59 et 513, et la remarque de la
nécrologie anonyme publiée dans le *New Yorker* du 22-12-1975,
p. 27). Étudiante, elle a suivi des séminaires sur les philosophes
grecs, notamment ceux de Heidegger ; professeur, il lui arriva
d'animer à Columbia un séminaire sur Platon. En 1950, elle écrit ces
mots à Karl Jaspers : « Je passe des moments magnifiques, lisant
Platon, *Le Politique, Les Lois, La République.* Mon grec revient lentement » (Y-B, p. 327 et 430). Cette fréquentation de la pensée
grecque lui permet de citer le plus souvent de mémoire, laissant à

ses éditeurs le soin de vérifier ou de compléter les citations (*dixit* Mary McCarthy, *VE*, p. 15). La « tradition » est donc pour elle, à la fois humainement et professionnellement, une tradition vivante. Il arrive qu'on puisse saisir cette perception sur le vif : la voici qui trouve chez Droysen une référence au rôle que joue le concept d'histoire pour les hommes : « Ce qu'est leur espèce pour les animaux et les plantes... cela est l'histoire pour les êtres humains » ; en note, elle donne le texte allemand (nettement plus difficile...) de la phrase de Droysen, dans laquelle sont insérés des mots grecs : ἵνα τοῦ ἀεὶ καὶ τοῦ θείου μετέχωσιν ; Hannah Arendt commente : « Droysen ne mentionne pas l'auteur ou la source de la citation. Elle sonne aristotélicien » (*CC*, p. 102 et 365). De fait, il s'agit d'une citation du *De anima* sur la volonté d'immortalisation propre à tout être vivant, que Droysen adapte à sa définition de l'histoire : « ... faire un autre comme soi, un être vivant pour un être vivant, une plante pour une plante, afin de participer à l'éternité et au divin, dans la mesure du possible ; tous le désirent et font tout ce qu'ils font par nature dans ce but » (415a29). L'intuition de Hannah Arendt est restée une intuition, mais elle est juste.

En second lieu, Hannah Arendt aborde ces textes dans une perspective qui est issue de l'histoire des idées et de l'histoire de la « culture » : elle se réfère notamment à Fustel de Coulanges, à Jakob Burckhardt et à Werner Jaeger (ainsi *CH*, p. 61 et 64, *CC*, p. 29 et 368, *QP*, p. 84). Elle doit beaucoup à Jakob Burckhardt, (dont l'influence ne fut pas négligeable dans les États-Unis du XXᵉ s. : BAUER, p. 200 sqq.) : de lui vient le concept de *polis*, ce « dummes Burckhardtsches Schlagwort », selon le mot de Wilamowitz dans une lettre à Norden (BAUER, p. 119), qui transcrit le mot grec en allemand pour isoler un mode nouveau d'organisation sociale caractérisé par l'intégration de l'individu, en tant que citoyen actif, dans la collectivité politique. Elle partageait avec lui (et avec Fustel de Coulanges) l'idée, certainement inexacte, que le citoyen athénien « était libre de tout travail et de toute occupation », et entièrement absorbé par la cité (*CH*, p. 49, *QP*, p. 76, cf. DEMONT, p. 21, ROBERTS, p. 269 sqq.). La remarque de Burckhardt, « daß die Welt das Politische bis heute mit den Augen des Aristoteles sieht und in seinen Ausdrücken davon spricht », vaudrait encore tout à fait pour Hannah Arendt elle-même (BAUER, p. 192). Hannah Arendt a aussi lu et admiré Jaeger sur la nature et la valeur éducative de la *tradition classique*. Werner Jaeger, successeur de Wilamowitz à Berlin, était bien différent de Hannah Arendt, mais il fut lui aussi un émigré fuyant le régime nazi. Le premier volume de *Paideia* parut en Alle-

magne en 1933, tandis que les t. II et III parurent en anglais, après
la Seconde Guerre mondiale, dans une traduction de Gilbert Highet
(auteur, quatre ans plus tard, de *The Classical Tradition, Greek and
Roman Influences on Western Literature*). Le IVᵉ siècle y apparaît
comme l'aboutissement de la culture grecque antique, en tant
qu'elle est à la « source spirituelle » du monde occidental (*Paideia*,
I, p. 13, cf. DEMONT [MARROU]). Et ce siècle est avant tout, dans son
livre, « le siècle de Platon », selon le titre du compte rendu critique
qu'en 1946 Henri-Irénée Marrou donne à la *Revue historique*, un
Platon compris comme le premier apôtre de la *vita contemplativa* et
derrière lequel Aristote disparaît presque. Ce thème de la *vita
contemplativa* platonicienne se retrouve chez Hannah Arendt.

Cependant, troisième aspect du grec de Hannah Arendt,
pendant la montée du nazisme en Allemagne, elle jugea de plus en
plus « coupé du monde » le courant de l'histoire des idées en philologie, « reposant sur l'hypothèse que les idées se suivent et s'engendrent selon une succession temporelle », hypothèse qui n'a de sens
« que dans le système de la dialectique hégélienne » (*VE* II, p. 173).
Elle ne pouvait d'ailleurs certainement pas approuver (bien qu'elle
ne le dise à ma connaissance nulle part expressément) le tableau très
critique, voire caricatural, de l'emprise de la politique dans la *polis*,
et, *a fortiori*, celui de la démocratie, que présente Burckhardt dans
son histoire de la « Kultur » grecque, non plus que certains éloges de
Sparte qu'on trouve chez Jaeger. Elle se sépara en tout cas de l'histoire des idées, en renversa certains thèmes majeurs, et partit
beaucoup plus librement à la recherche de pensées antiques
pouvant nourrir la réflexion moderne. Elisabeth Young-Bruehl
observe qu'un jugement que porta Hannah Arendt sur Walter Benjamin la définit assez bien elle-même : « L'essentiel du travail
consistait à arracher des fragments à leur contexte et à leur imposer
un nouvel ordre, de telle sorte qu'ils s'éclairent les uns les autres, que
se justifie leur raison d'être dans un état de libre flottement » (Y-B,
p. 109). La référence à la citation grecque de Droysen, qui « sonne
aristotélicien », correspond tout à fait à cette attitude qu'elle qualifie
de « Perlenfischerei », de « pêche à la perle » (Y-B, p. 121, à préciser
avec CASSIN, p. 21 sq. et TASSIN, p. 36 sq.). Autre exemple : sur une
feuille volante conservée dans les papiers de Hannah Arendt à la
Librairie du Congrès (LCC 46, 023795, citée par TASSIN, p. 79), figure
à la main l'indication marginale : « Quote Heraclitus » et un rappel
du fragment B 30. Il y a dans une telle approche de la pensée
grecque à la fois une grande familiarité et une grande liberté, qui la
rendent souvent aussi déroutante (et même inquiétante, parfois)

que passionnante. Hannah Arendt l'a justifiée d'un point de vue
général, par l'hypothèse que « le fil de la tradition est rompu », que
les « fantômes grécisants » (pour reprendre avec elle une expression
de Nietzsche) de la philosophie idéaliste allemande sont à la
recherche d'une patrie trompeuse (*VE* II, p. 182 sq., cf. CAMBIANO,
p. 19 sqq.) et que notre lien avec le passé ne peut y sauver de
« perles » que « sous forme de fragments » (*VE* I, p. 237).

Le dernier aspect de sa pratique du grec que je voudrais mentionner est la conséquence des précédents. Elle estime souvent
pouvoir et devoir, sur le modèle de Heidegger réinterprétant
l'ἀλήθεια comme « dévoilement », les lire à neuf, les retraduire avec
« audace » (*CH*, p. 63), en renouveler la compréhension, qu'il
s'agisse de la compréhension du vocabulaire lui-même ou de textes
célèbres. Pour ne prendre ici que deux exemples, à propos du grec
οἱ νέοι, elle observe que l'expression signifie à la fois « les hommes
jeunes » et « les nouveaux », et c'est pour elle un signe que les Grecs
avaient une vive conscience de ce qu'elle appelle le principe de
« natalité », qui caractérise la condition humaine comme perpétuel-
lement en renouvellement, et en renouvellement imprévisible (*CC*,
p. 224 sqq.). En ce qui concerne les textes, elle n'hésite pas, pour
faire comprendre le sens du « pardon », cet autre aspect essentiel de
la condition humaine selon elle, à proposer une nouvelle traduction
d'un passage de l'Évangile de Luc (Lc 17. 3-4, *CH*, p. 306). Il ne
s'agit pas d'une sorte de présomption ou de sentiment de supériorité (d'ailleurs, si elle lit le grec elle-même, elle sait aussi utiliser
les études sur les auteurs grecs et les instruments de travail,
notamment la *Real-Encyclopädie*, ou faire appel à ses collègues hellénistes), mais d'une certitude qui est la sienne et qui est largement
partagée, pour le meilleur et parfois pour le pire, par notre temps :
l'époque contemporaine ne peut se réapproprier l'Antiquité que
par-delà la tradition qui nous l'a léguée, voire contre cette tradition,
notamment lorsqu'elle est dévoyée dans ce qu'Arendt appelle le
« philistinisme cultivé », qui consiste à ne s'intéresser à la culture
classique que pour accéder à l'élite sociale. « Si l'on peut voir, écrit-
elle, dans la " liquidation générale des valeurs " la fin mélancolique
de la grande tradition occidentale, c'est une question toujours
ouverte de savoir s'il est plus difficile de découvrir les grands
auteurs du passé sans l'aide d'aucune tradition ou bien de les sauver
des immondices du philistinisme cultivé. » Ces remarques permettent peut-être de comprendre pourquoi Hannah Arendt ouvre
le livre que j'évoquai en commençant par cet aphorisme de René
Char : « Notre héritage n'est précédé d'aucun testament » (*CC*, p. 11).

« Notre tradition de pensée politique »

Revenons donc à notre commencement, au commencement. Comme je l'ai signalé, Hannah Arendt voit en Platon et Aristote le « commencement de notre tradition de pensée politique », en Karl Marx son aboutissement ; ainsi, elle construit son image personnelle du testament légué par l'Antiquité : une tradition qui va de Platon à Marx, et elle propose une façon de revenir en deçà de cette origine trompeuse, pour en retrouver l'héritage oublié, le trésor perdu.

Le concept d'origine est important dans la philosophie et dans la philologie allemandes jusqu'à Werner Jaeger au moins, et l'origine est bien souvent le miracle grec (CAMBIANO, p. 19-58). Hannah Arendt l'adapte au moyen d'une belle image de Jakob Burckhardt : le mythe de la Caverne de la *République* est « l'accord fondamental » (*CC*, p. 29) qui n'a cessé de résonner jusqu'à Marx et au-delà. Dans une page superbe, elle présente ce mythe, à partir d'une suggestion de F. M. Cornford, comme l'inversion de la représentation traditionnelle des Enfers : l'ombre dans laquelle vivent les mortels de la Caverne, évoque l'Hadès homérique, et inversement, le milieu approprié aux âmes incorporelles, ce n'est pas l'ombre de l'Hadès, mais le ciel des Idées (*CC*, p. 53). L'origine de notre tradition est donc une inversion des croyances et attitudes traditionnelles antérieures. C'est là que se situe l'acte de naissance de la *vita contemplativa*, dont Hannah Arendt donne une définition de plus en plus rigide jusqu'à *La vie de l'esprit*, où elle va jusqu'à écrire : « La pensée vise à la contemplation et s'achève en elle, et la contemplation n'est pas activité, mais passivité » (p. 21). Dès lors, la philosophie politique, pour l'essentiel, dans cette tradition, qui est largement celle de Jaeger et qu'on peut appeler la « vulgate platonicienne » (TASSIN, p. 63, n. 1, cf. DEMONT, p. 299-328), a consisté en un effort permanent « en vue de découvrir les fondements théoriques et les moyens pratiques d'une évasion définitive de la politique » (*CH*, p. 285). L'idéal est celui de la σχολή, non seulement comme « affranchissement du travail courant », mais aussi comme « affranchissement de l'activité politique et des affaires de l'État » (*CC*, p. 32)[1].

---

1. On peut penser que le créateur de la Villa Kérylos partageait cet idéal, puisque la communication a été prononcée sous une inscription ainsi rédigée: ΚΑΛΛΕΙ ΕΝ ΑΘΑ-ΝΑΤΩΙ ΔΙΖΟΜΑΙ ΗΣΥΧΙΗΝ (« Dans l'éternelle beauté, je cherche la tranquillité »).

Elle n'ignore pas, cependant, que le philosophe doit, au besoin de force, retourner dans la Caverne. Mais ainsi, à nouveau, se creuse, à l'intérieur même du domaine politique, le fossé entre la connaissance et l'action. Une des difficultés majeures de la pensée platonicienne, le rapport entre l'Idée du Beau et l'Idée du Bien, peut en effet, selon elle, être comprise dans cette perspective (qui laisse de côté de nombreux textes, notamment le *Philèbe*, et a son origine, reconnue dans une note, chez Heidegger : *CC*, p. 368, n. 16) : à la différence de l'Idée du Beau, la seule véritablement ouverte à la contemplation, que décrit le *Banquet*, l'Idée du Bien, au sens de ce qui est « bon pour », dans la *République*, n'a vraiment d'intérêt que par rapport à ce retour dans la Caverne, comme « l'idée la plus élevée du roi-philosophe qui veut gouverner les affaires humaines parce qu'il est obligé de vivre parmi les hommes » (*CH*, p. 290). « Craignant pour sa vie », le philosophe utilise désormais les idées « comme instruments de domination » (*CC*, p. 145). « Gouverner », dit Hannah Arendt, et elle parle de « domination ». Elle évoque à cet égard (*CH*, p. 285 sq.) le jeu de mots platonicien du *Politique* sur le verbe ἄρχειν : « commencer » et « commander » : « L'art réellement royal, dit Platon, ne doit pas agir lui-même, mais commander (ἄρχειν) à ceux qui peuvent agir, en décidant du début (ἀρχήν) et de l'élan à donner aux actes les plus importants » (305d1-3). Hannah Arendt reconnaît là le point de départ de la tradition utopique de la pensée politique occidentale, qui conçoit « l'espace public à l'image d'un objet fabriqué », et la politique comme l'art de rédiger « des lois qu'il n'y a plus qu'à mettre en pratique » (*CH*, p. 291). Souci de l'évasion hors du politique et représentation du politique comme un savoir technique maîtrisable par une compétence, voilà donc les deux grands traits de la tradition qui naît avec Platon. Aristote, on le verra, à la fois lui est associé par son éloge de la *scholè* et en est distingué par son analyse de la citoyenneté.

Même l'apparition du concept moderne d'histoire — Hannah Arendt lui refuse toute origine chrétienne —, concept qui a bouleversé l'ancienne représentation du politique, s'inscrit encore, à son avis, dans cette tradition. Pourtant, observe-t-elle, l'essor des humanités, dans l'Allemagne du XIXe siècle où naît l'histoire telle que nous l'entendons, « se distingue clairement des renaissances périodiques de l'Antiquité qui eurent lieu dans des époques antérieures » (*CC*, p. 93). Pris dans le processus de la sécularisation, les hommes étaient « redevenus des mortels », si bien que par-delà la chrétienté, « les sources grecques et romaines se mirent à reparler un langage beaucoup plus familier » (*CC*, p. 98). Mais ils ne connaissaient pas encore « l'indifférence nouvelle à la question de l'immortalité », et l'étude de l'histoire, au sens hégélien, ne fut dès lors qu'un substitut, provisoire, à l'ancienne tradition du primat de la contemplation. Et c'est ici que Hannah Arendt introduit la citation de Droysen dont j'ai parlé à l'instant. On peut comprendre dans la triple perspective ainsi dessinée, tradition platonicienne de la fuite loin de la politique, idéal aristotélicien du loisir de la pensée, transposition hégélienne de l'absolu dans l'histoire de l'Humanité, un jugement porté par Hannah Arendt sur l'état de la philosophie politique au XXe siècle que résume de façon plutôt péremptoire une note conservée à la bibliothèque du Congrès : « Pour autant que la philosophie politique existe encore, dit-elle, elle est enseignée par les traditionalistes — Voegelin, un platonicien, Strauss, un aristotélicien, Kojève, un hégélien. Chacun d'eux croit que la tradition est valide » (TASSIN, p. 46, LLC 45, 024420).

Or, selon elle, la tradition n'est plus valide. C'est le sens qu'il faut donner à la phrase liminaire que j'ai citée en exergue. La rupture introduite par Karl Marx a consisté selon Hannah Arendt à faire du travail, de la « force de travail » (et non de la raison) et de la violence (et non de la discussion politique) les fondements de l'histoire humaine et de la société politique, et tout a changé ; mais, dans la première étude de *La crise de la culture*, elle insiste beaucoup moins sur cet aspect que sur ce que Marx propose comme fin de l'histoire : « une société sans État (apolitique) et une société presque sans travail » (*CC*, p. 31). Car son objectif est de montrer que ce retournement de la tradition s'inscrivait encore, chez Marx lui-même, dans les termes de la tradition : c'était encore, estime-t-elle, l'idéal de la σχολή qui nourrissait le rêve. Un rêve qui s'est en partie réalisé, d'ailleurs, note-t-elle, mais d'une façon toute nouvelle, brisant le rêve dans la réalité, le dépérissement de l'État ayant dans le monde contemporain de plus en plus pour réalisation inattendue le développement de l'administration, et le loisir prenant dans les faits la forme des loisirs de masse de la société de consommation (*CH*, p. 161-166). L'illusion avait été que le temps gagné le serait pour les activités les plus hautes, « sans aucun doute », dit-elle aussi, sur le « modèle » de « l'Athènes de Périclès, qui deviendrait réalité pour tous les hommes » (*CH*, p. 184). Il y a un certain flottement dans le choix de l'arrière-plan que voit Hannah Arendt à l'idéal de la société humaine selon Marx : était-ce le modèle platonicien ou le modèle péricléen ? Cette hésitation est caractéristique d'une hésitation de Hannah Arendt elle-même et il lui est arrivé de s'accuser de ne pas s'être suffisamment déprise du modèle de la vie contemplative jusque dans son livre sur la condition humaine (TASSIN, p. 326).

Périclès contre Thalès

Le fameux texte de l'Oraison funèbre que Thucydide attribue à l'homme d'État athénien se situe en effet pour elle à un moment charnière. Hannah Arendt est ici tributaire des idées, traditionnelles depuis Hegel, sur le déclin ou la crise de la *polis* pendant la guerre du Péloponnèse, idées qu'elle évoque en se référant à nouveau à F. M. Cornford (*CH*, p. 53) et que Louis Robert, en particulier, a si fermement combattues. Échapper à l'emprise de la tradition platonicienne est possible, estime-t-elle, si on remonte plus haut, à l'époque qui est selon elle proprement politique de la cité grecque. « Tournons-nous une fois de plus vers l'Antiquité, c'est-à-dire vers ses traditions *politiques et préphilosophiques*, non pas assurément pour sacrifier à l'érudition, ni même en raison de la continuité de notre tradition, mais simplement parce qu'une *liberté expérimentée dans le cours de l'action* n'a jamais depuis retrouvé une expression d'une telle clarté classique » (*CC*, p. 214 [souligné par moi]). Cette clarté classique émane de la cité grecque d'avant Platon, et notamment de l'Athènes de Périclès, déjà idéalisée par Thucydide, et décrite d'une façon encore plus abstraite par Hannah Arendt. Elle est caractérisée par l'autonomie et la suprématie du politique : l'action politique y était isolée des deux autres modes de la *vita activa*, le travail et l'œuvre. Barbara Cassin a fort bien décrit la place paradoxale qu'y occupe un Socrate quasiment « présocratique », voire « protagoréen » (CASSIN, p. 27-34).

Avant de venir à cette action politique, la méthode suivie pour opérer la distinction des trois concepts du travail, de l'œuvre et de l'action mérite d'abord une observation. C'est avant tout un fait de langue qu'Arendt invoque pour opposer travail et œuvre, à savoir l'existence de couples séparés, πονεῖν / ἐργάζεσθαι, laborare / facere, labor / work, arbeiten / werken, dans, dit-elle, « toutes les langues européennes anciennes et modernes » (*CH*, p. 124). Elle revient à plusieurs reprises avec une sorte d'émerveillement sur ce « curieux écart entre le langage et la théorie », la théorie politique n'ayant jamais vraiment thématisé cette opposition, en raison, estime-t-elle, du mépris antique du travail (auquel succède, par un simple retournement, mais lui aussi fautif, sa glorification moderne). Cet émerveillement lui permet à l'occasion, d'une façon caractéristique de sa manière, de proposer dans une note de bas de page, une nouvelle interprétation de deux passages d'Hésiode : ce poète qui, dans *Les Travaux et les Jours*, « est censé louer le travail » (il faut ici notamment penser à W. Jaeger), en fait « distingue le travail et l'œuvre : l'œuvre (ἔργον) est due à Éris, déesse de la lutte salutaire [*Trav.*, v. 20-26 : ce sont les exhortations à Persès], le travail (πόνος) comme tous les maux est sorti de la boîte de Pandore [v. 90 sq.] [...] Pour Hésiode, il va de soi que les travaux des champs sont le lot des esclaves et des bêtes [...] son idéal, c'est le gentleman-farmer et non pas le laboureur, c'est le propriétaire qui reste chez lui, fuit l'aventure en mer comme les affaires publiques de l'*agora* (v. 29 sq.) et gouverne tranquillement son ménage » (*CH*, p. 127). A en juger par une remarque adventice, Hannah Arendt n'ignore pas qu'en réalité, les deux mots sont souvent synonymes en grec ou en tout cas ont le même référent. Bien fragile, de plus, est la séparation entre le « laboureur » et un anachronique « gentleman-farmer » ; il est clair qu'Hésiode invite son frère au travail, et non simplement à gouverner son ménage. Il y a plus grave : le lien étroit qui lie ἔργον et les mots apparentés au travail de la terre est connu et il contredit manifestement la distinction de Hannah Arendt, qui voudrait le réserver à l'œuvre ; inversement, le vocabulaire du πόνος est appliqué dans les textes tant au héros Héraclès qu'à la politique d'Athènes même (par ex. LORAUX, p. 66-70, 202-214 et 355-358 ; DEMONT, 1990, p. 21, JOUANNA dans ANDRÉ, p. 58 sq.). S'agit-il donc ici de références trop rapides, à l'appui d'une thèse déjà établie ? Je crois plutôt que la thèse se construit par le biais de ces références, pour peu satisfaisantes qu'elles soient à l'occasion. Il reste qu'elle observe à juste titre la différence entre la tonalité relativement (mais seulement relativement) positive des exhortations du début des *Travaux* et celle, négative, du mythe fondateur du travail humain ; et elle sait tout aussi justement commenter, dans un autre contexte, la perception du travail agricole que suppose le poème hésiodique (*CC*, p. 272).

La seconde distinction, cette fois entre l'œuvre et l'action politique, s'appuie elle aussi sur une opposition entre deux mots grecs, ποίησις et πρᾶξις, mais l'opposition a cette fois été déjà théorisée par la pensée politique grecque antique, notamment dans le livre VI de l'*Éthique à Nicomaque* d'Aristote. Alors que la ποίησις relève de la τέχνη et aboutit à une production extérieure, la πρᾶξις, caractérisant le βίος (et non la simple ζωή, *CH*, p. 143), qui a sa fin en elle-même, lui est supérieure, et c'est là ce qui définit selon Hannah Arendt l'action politique, qui est indépendante de toute production, et l'espace politique de la cité comme lieu privilégié de l'action. Nous sommes là dans une perspective tout à fait aristotélicienne. Mais Hannah Arendt se rattache aussi à un courant d'amoureux contemporains de la démocratie athénienne, conçue comme le modèle de la *polis*, qu'elle a en partie contribué à alimenter, et qui, pour reprendre une formule employée par Pierre Vidal-Naquet à propos de Moses Finley, ont « reporté sur Athènes leur rêve de transparence sociale » (FINLEY, p. 10), peut-être pourrait-on ajouter, leur rêve de spontanéisme politique. On peut à ce sujet consulter les analyses de B. Yack (p. 9-12) sur les « " civic republican " ideals » issus d'une « left Kantian tradition of social criticism ». Ici, peut-être, revient la notion de « stratégie » de la citation grecque qu'emploie Paul Ricœur à son propos. D'un côté, la cité (athénienne) devient un modèle indépassable dont à l'époque contemporaine Hannah Arendt ne voit guère d'équivalent que dans les conseils ouvriers. Mais cet éloge n'est pas seulement en rapport avec un courant politique de gauche ou d'extrême-gauche. De l'autre côté en effet, comme Jacques Taminiaux l'a établi, cette exaltation de la démocratie athénienne est une réaction polémique contre d'autres usages de la pensée politique grecque qui, après l'avoir fascinée, ont suscité chez elle une profonde répugnance. Je le cite : « Nombre d'experts en théorie politique s'étonnèrent de l'accent qu'elle mettait sur Homère ou Périclès ou de son plaidoyer pour la *doxa*, ou de son insistance sur des thèmes comme l'immortalité ou l'*eudaimonia*. Tout cela surprend moins si l'on s'avise que la plupart du temps, ces analyses forment autant de répliques à la réappropriation des Grecs opérée par Heidegger à l'époque de la genèse de son ontologie fondamentale » (TAMINIAUX, p. 24 sq., CHÂTEAU, p. 251, à propos d'un cours de Heidegger, récemment édité et traduit en français, qui portait justement sur le *Sophiste* et sur le livre VI de l'*Éthique à Nicomaque* et auquel assistait Hannah Arendt avec passion). Il ne faut pas limiter à ces considérations l'usage de la référence antique, mais c'en est certainement un aspect important. Le joli titre du livre de Jacques Taminiaux, *La fille de Thrace et le penseur professionnel*, a ce sens : le penseur professionnel, c'est l'Heidegger théorétique, engoncé dans la pensée de l'Être, et envisageant lui-même de tomber au fond du puits de Thalès ; la fille de Thrace, c'est Hannah Arendt, qui, comme la petite Thrace du *Théétète* éclatant de rire en voyant Thalès tomber dans ce puits alors qu'il observait le ciel, ramène le penseur aux réalités de la vie politique et lui dit, comme son cocher dit à Tycho Brahé : « Mon bon Monsieur, vous en savez peut-être beaucoup sur les corps célestes ; mais sur cette terre, vous êtes un âne » (*VE* I, p. 100 ; la citation est empruntée à... Kant). S'agissant de la πρᾶξις et de sa vertu, la φρόνησις, contre Heidegger, qui la métamorphosait en résolution d'un existant singulier à exister en souci de soi (TAMINIAUX, p. 58), Hannah Arendt revient au sens obvie, principalement politique, de cette notion chez Aristote et nous ramène à la condition humaine, marquée par la pluralité.

C'est donc Périclès contre Thalès. Suivons à nouveau Hannah Arendt dans sa lecture du grec, mais à propos de Thucydide. Il s'agit de la fameuse phrase (II, 40, 1) dont elle dit avec justesse qu'elle « défie presque la traduction » : φιλοκαλοῦμεν γὰρ μετ' εὐτελείας καὶ φιλοσοφοῦμεν ἄνευ μαλακίας. Hannah Arendt veut libérer ces mots « de leur traduction rebattue » (CC, p. 273-275), à savoir, pour citer la traduction de Jacqueline de Romilly : « Nous aimons le beau avec simplicité, et le savoir, sans mollesse. » Ce faisant, elle touche en partie juste : « Ce que nous comprenons comme des états ou des qualités, comme l'amour de la beauté ou l'amour de la sagesse (appelée philosophie) est décrit ici comme une activité, comme si " aimer les belles choses " n'était pas moins une activité que de les faire », remarque-t-elle d'abord, et voici au centre de l'Oraison funèbre l'action politique — ce qui correspond effectivement à sa tonalité générale ; mais ensuite, elle retraduit le mot εὐτελεία. Celui-ci signifie évidemment « simplicité » (cf. εὐτελής, « facile à payer », « bon marché »), et l'expression veut dire : « sans prodigalité » ; mais elle pense à la réflexion philosophique concernant le τέλος au sens de « fin », et donne pour véritable sens au mot : la « justesse de visée », c'est-à-dire « la vertu de l'homme qui sait agir » ; notant alors que μαλακία désigne la « mollesse » comme vice barbare, elle conclut que « c'est la *polis*, le domaine de la politique qui impose ses limites à l'amour de la sagesse et de la beauté » ; et cela, par l'intervention de l'εὐτελεία, qui est définie par elle successivement comme le « jugement politique », ou « la faculté de viser dans le jugement », et enfin, tout simplement, le « goût ». Ici encore, la méditation libre, un peu trop libre, sur le grec est inséparable de la distance prise avec la *vita contemplativa*, ainsi bornée par la cité, et aussi de l'un des axes les plus controversés de la réflexion de Hannah Arendt, l'utilisation de la critique kantienne du jugement esthétique dans une perspective politique (CASSIN, p. 35 sq. ; et TASSIN, p. 448). Hannah Arendt, un peu plus loin, le dit expressément : « J'ai utilisé le mot " goût ". Pour justifier cette traduction et faire *en même temps* [souligné par moi] ressortir l'activité dans laquelle, à mon avis, la culture comme telle trouve sa propre expression, je voudrais faire appel à la première partie de la *Critique du jugement* (...) qui contient peut-être l'aspect le plus remarquable et le plus original de la philosophie politique de Kant » (CC, p. 280) :

il s'agit de sa définition d'une « mentalité élargie », libérée de la subjectivité, permettant de rendre compte du « caractère public de la beauté ». Il faut prendre, je crois, le « en même temps » de Hannah Arendt au pied de la lettre : retraduire Thucydide, relire Kant et élaborer sa pensée sont une seule et même chose.

Tel un autre oiseau de Minerve, le discours de Périclès apparaît « au commencement de la fin » (*CH*, p. 265 sq., *VE* I, p. 175), puisque naît ensuite, dans l'histoire de la pensée politique selon Arendt, la tradition platonicienne, mais « le sens profond de l'acte et de la parole » ne dépend pas de l'issue (ici encore, elle a bien perçu le ton de l'Oraison funèbre) : la confiance que manifeste Périclès dans l'accès à la puissance et à la grandeur par « l'action en soi » fait, dans Thucydide, que le souvenir d'Athènes, de toute façon, restera, et, chez Hannah Arendt, « a conféré à la politique une dignité qui, même aujourd'hui, n'a pas complètement disparu ».

La mesure des choses, l'opinion publique et la liberté

Cette dignité du politique, Hannah Arendt la défend aussi dans sa discussion de la formule de Protagoras, et dans ce cas encore, non sans difficultés. Rappelons cette fameuse formule : φησὶ γάρ που πάντων χρημάτων μέτρον ἄνθρωπον εἶναι, τῶν μὲν ὄντων ὡς ἔστι, τῶν δὲ μὴ ὄντων, ὡς οὐκ ἔστιν (Platon, *Théétète*, 152a1-3). Hannah Arendt partage la lutte de Platon contre cette affirmation, mais seulement en un sens bien précis, qui tient à l'interprétation qu'elle donne du mot χρήματα. « Le mot *chrèmata* ne signifie absolument pas " toutes choses ", mais spécifiquement choses employées, demandées ou possédées par l'homme » ; « Platon vit immédiatement que si l'on fait de l'homme la mesure de tous les objets d'usage, c'est avec l'homme usager et instrumentalisant que le monde est mis en rapport, et non pas avec l'homme parlant et agissant ni avec l'homme pensant » (*CH*, p. 212). Protagoras défend donc une position utilitariste et anthropocentriste, dévaluant le monde et la nature : or cette position, selon elle, caractérise aussi le « marché » mondial moderne, dont elle décrit le fonctionnement immédiatement après avoir discuté le sens de cette formule : l'homme n'y est qu'un « fabriquant d'outils », selon une formule de Benjamin Franklin notée par Karl Marx, et non plus le ζῷον πολιτικόν d'Aristote. Mais contre cette position, elle hésite à alléguer la réplique « presque paradoxale » de Platon dans les *Lois* (IV,

716c4-6) selon qui c'est la divinité, et non l'homme qui est la mesure : cela risque, dit-elle, de n'être « qu'une phrase de morale creuse » (*CH*, p. 222). Mieux valent les protestations d'Aristote contre l'idée « absurde » selon laquelle « tout serait soumis aux exigences de la vie humaine » (*CH*, p. 211, *CC*, p. 337, cf. *Éthique à Nicomaque*, VI, 7, 1141a20-22). En fait, elle renvoie dos à dos Protagoras et Platon : « Nous n'avons pas ici à choisir » (*CH*, p. 230). Platon lui a simplement servi à critiquer Protagoras, et, par son intermédiaire, grâce à une nouvelle compréhension du texte grec, le « yankisme » moderne ; c'est en dehors de leurs deux problématiques qu'elle cherche à définir la condition humaine.

L'idée de vérité appartient en effet pour elle à la sphère de la *vita contemplativa*. En matière politique, elle est dangereuse : la souveraineté de la vérité est contradictoire avec les conditions mêmes de la politique, qui sont la pluralité des paroles et des actes (c'est avec ces mots que Hannah Arendt condamne d'un trait « l'erreur » du stoïcisme, *CH*, p. 299). Il faut donc lutter contre la condamnation platonicienne de l'opinion. Un des thèmes récurrents de la pensée de Hannah Arendt est la référence à l'espace public qui est à la fois celui de la gloire (δόξα) qu'on s'acquiert par le courage des paroles et des actes et celui du partage des opinions (δόξαι) : la politique, selon elle, suppose la pluralité, ce qu'elle appelle l'*inter-est*, qui révèle à tout moment de nouveaux héros inattendus, des acteurs qui ne sont pas les auteurs de l'histoire, car le domaine des affaires humaines, « la fragilité des affaires humaines » (*CH*, p. 246), échappe à la prévision. Héros, acteurs : le vocabulaire est explicite, il montre que le genre politique par excellence, c'est le théâtre tragique.

Limitons-nous à un seul aspect, qui concerne la notion d'opinion, où l'on retrouve cet « uneasy amalgam », selon l'expression d'un critique (cité par WANKER, p. 99), qui permet à Hannah Arendt de fondre dans cette perspective l'existentialisme heideggerien et Aristote. Il s'agit du thème de « l'espace de l'apparence ». Il faut comprendre l'apparence en un sens fort : un espace où apparaît l'être-là de l'homme en tant qu'homme. Or, cet espace, pour Hannah Arendt, contrairement à la lecture heideggerienne, est la place publique. Parmi les textes aristotéliciens qui lui permettent cette approche, il y a bien sûr le passage du livre II de la *Politique* où on lit, contre Platon, que « la cité n'est pas constituée seulement d'hommes en nombre, mais d'hommes spécifiquement différents, car une cité n'est pas composée d'hommes semblables » (II, 2, 1261a22-24) ; c'est sans aucun doute la source essentielle de son concept de « pluralité ». Mais il y en a un autre, qui est cité de façon explicite, et qui est plus problématique. Il s'agit d'une phrase du livre X de l'*Éthique à Nicomaque* (X, 2, 1172b36) que Hannah Arendt présente ainsi : « La *polis* proprement dite n'est pas la cité en sa localisation physique ; c'est l'organisation du peuple qui vient de ce que l'on agit et parle ensemble [...] " Où que vous alliez, vous serez une *polis* " : cette phrase célèbre n'est pas seulement le mot de passe de la colonisation grecque ; elle exprime la conviction que l'action et la parole créent entre les participants un espace qui peut trouver sa localisation juste presque n'importe quand et n'importe où. C'est l'espace du paraître au sens le plus large. [...] La réalité du monde est garantie aux hommes par la présence d'autrui, par le fait qu'*il apparaît à tous* [souligné par moi] ; car ainsi que l'écrit Aristote : " ce qui apparaît à tous, c'est ce que nous nommons l'Être " » (*CH*, p. 258-259, TAMINIAUX, p. 118 sq.). Hannah Arendt se réfère à un fameux passage de la *Politique* (III, 3, 1276b1-2), qui reprend une identification récurrente dans la pensée politique grecque entre la cité et les citoyens : les véritables remparts d'une cité, ce ne sont pas ses murs, ce sont ses citoyens (ainsi, par exemple, dans Thucydide, VII, 77, 7) ; ce faisant, elle anticipe les analyses d'une grande partie de l'historiographie contemporaine de « la cité grecque ». Mais ce n'est pas cette référence que je voudrais commenter. L'un des commentateurs de Hannah Arendt a consulté la traduction Tricot de l'*Éthique* et il constate : « Tricot adopte, dans l'édition française, la leçon [de] Burnet qui ajoute, comme sous-entendu, après *dokei*, *agathon einai* », ce qui évidemment change complètement le sens du passage : « Les choses que tous les hommes reconnaissent comme bonnes, nous disons qu'elles sont telles en réalité » (TASSIN, p. 306). Si l'on se réfère au texte lui-même, on lit le développement suivant : οἱ δ᾽ ἐνιστάμενοι ὡς οὐκ ἀγαθὸν οὗ πάντ᾽ ἐφίεται, μὴ οὐθὲν λέγουσιν. ἃ γὰρ πᾶσι δοκεῖ, ταῦτ᾽ εἶναί φαμεν· ὁ δ᾽ ἀναιρῶν ταύτην τὴν πίστιν οὐ πάνυ πιστότερα ἐρεῖ ; « Il est à craindre que ceux qui opposent que ce n'est pas le bien que tous les êtres désirent, ne parlent pour rien ; car ce sur quoi tous sont d'accord, nous disons que c'est, et quiconque exclut ce mode de preuve ne dira rien de plus convaincant ». Que l'on sous-entende ou non une précision dans la phrase citée par Hannah Arendt, le contexte est clair et il reprend la première phrase de l'*Éthique* : « Tout art, toute réflexion, et semblablement toute activité et tout choix semblent (δοκεῖ) viser un certain bien ; c'est pourquoi on a correctement défini le bien comme ce que tout être vise » (I, 1, 1094a1-3). L'expression a donc pour contexte la visée des biens et du Bien par tout être et toute chose, en partant de son fondement le plus universel et donc le plus commun : elle n'exclut nullement une hiérarchie des biens. L'opération de sélection à laquelle se livre Hannah Arendt omet ce contexte : dès lors, elle peut insister d'une part sur le πᾶσι, d'autre part sur le verbe εἶναι, pour en faire un exposé inaugural de la fondation de l'être dans l'espace public de l'échange des opinions : le politique est le lieu où les δοκεῖ μοι, les « il me semble » (*VE* I, p. 36) deviennent un πᾶσι δοκεῖ, un « il semble bon à tous », « tous décident ». Il s'agit d'un bel exemple de « pêche aux perles ».

Je terminerai cet exposé par l'examen d'un choix très curieux de Hannah Arendt, qui va dans le sens de cette description du phénomène politique. Il existe dans la pensée politique grecque classique un thème récurrent : il faut savoir obéir pour commander, et le citoyen est défini comme celui qui est également, ou successivement, apte à obéir à un magistrat (« être commandé », ἄρχεσθαι) et à « exercer une magistrature » (ἄρχειν). Aristote en a donné la formulation canonique dans la *Politique* : « Il faut que le bon citoyen sache et puisse et obéir et commander » (III, 4, 1277b11-17). Ce thème correspond à la fois aux âges de la vie (il y a un temps pour obéir, un autre pour commander), à l'exigence de participation de tous les citoyens à la vie publique, dans des conditions variables selon les régimes, et, surtout, au principe de rotation rapide des charges dans les cités antiques, grâce à la faible durée des mandats, que cette rotation soit effectuée par élection ou par tirage au sort, et que le régime soit oligarchique ou démocratique. De nombreux textes jouent sur ce thème, et le premier d'entre eux est paradoxal. C'est un fameux passage d'Hérodote dans lequel, à la succession de Cambyse, après un débat entre les conjurés pour savoir quel régime politique la Perse adopterait, et la conclusion que ce serait une monarchie, le Perse Otanès, qui avait défendu le régime populaire, décide et obtient de ne « ni commander ni être commandé » (οὔτε γὰρ ἄρχειν οὔτε ἄρχεσθαι ἐθέλω, III, 83). Il se met ainsi hors jeu, parce qu'il refuse un système politique contraire à l'isonomie. Or, plutôt qu'au passage classique d'Aristote, c'est à ce texte paradoxal que Hannah Arendt se réfère pour définir la « liberté » politique du citoyen : « il s'agissait, dit-elle, de n'être ni sujet ni chef » (*CH*, p. 70, cf. *QP*, p. 77) et selon elle, c'est ainsi qu'Otanès comprend l'isonomie. Mais cette liberté qu'elle définit ainsi est seulement celle de celui qui se met en dehors de son groupe social, comme aussi l'est celle de l'Aristippe des *Mémorables* de Xénophon : lui aussi veut μήτε ἄρχειν μήτε ἄρχεσθαι (II, 1, 12), au risque d'être partout un

« étranger ». Le choix de Hannah Arendt se comprend, parce qu'elle tient, dans une tradition qui remonte loin (et qu'on ne saurait, malgré ce qu'elle en dit, appuyer sur une lecture d'Aristote : SALKENER, p. 173 sq., 183 et 198 sq.), à séparer absolument le domaine privé, où le maître de la maison exerce son autorité, du domaine public de la *polis*, où règnerait la liberté ainsi définie, et parce qu'elle refuse l'idée de souveraineté. Mais on saisit peut-être dans cette représentation de la liberté un des écarts les plus grands de la théorie de l'action politique directe qu'elle développe avec la réflexion antique. Si depuis les Grecs la liberté est bien « la *raison d'être* de la politique » (*CC*, p. 196), elle suppose un examen difficile de la question du pouvoir à exercer sur les hommes libres, qui fut l'un des problèmes explicitement récurrents de la pensée politique grecque classique. Hannah Arendt le sait parfaitement, qui étudie de façon passionnante la question de l'autorité dans *La crise de la culture : l'autorité, dit-elle fort justement, et en traduis*ant presque une expression grecque employée par Xénophon (ἐθελόντων ἄρχειν, cf. DEMONT, 2001), « implique une obéissance dans laquelle les hommes gardent leur liberté » (p. 140). Mais, contrairement à ce qu'elle voudrait, cette liberté politique n'exclut nullement que certains commandent et que d'autres obéissent : « la distinction entre ceux qui dirigent et ceux qui sont dirigés » appartient bien « à la sphère de la *polis* » (malgré *CC*, p. 154).

*

*   *

Hannah Arendt, par son histoire personnelle et par la force des choses, est au confluent de la pensée allemande, dont elle est intimement nourrie, de l'existentialisme français et de la pensée politique américaine ; elle est au confluent aussi des traditions juives, chrétiennes et athées ; enfin son « autopsie » des textes grecs et latins classiques (au sens où l'on discute « l'autopsie » d'Hérodote), est elle aussi assez caractéristique de notre époque. Son œuvre, de plus, est probablement dans notre siècle la dernière à prendre aussi vigoureusement appui sur l'analyse critique de toutes ces traditions, dans une perspective dont Étienne Tassin a récemment montré la cohérence, depuis sa dissertation initiale sur *Le concept d'amour chez saint Augustin* (*CA*), jusqu'à ses travaux sur les origines du totalitarisme et sa réflexion sur la condition humaine et l'action politique. Qui peut méconnaître, dans notre monde, ses analyses, si fortement inscrites dans un certain héritage antique, sur l'imprévisibilité consubstantielle à la *vita activa* de la pluralité des hommes toujours νέοι ? Un autre héritage s'y ajoute, qui n'était pas notre objet, mais qu'on ne saurait négliger dans cette question finale, c'est celui de « Jérusalem », qui lui permet de penser la nécessité de l'espérance, de la promesse et du pardon dans l'action politique même. Le philologue ne peut guère que tester au cas par cas la référence à l'Antiquité ; c'est ce que j'ai tenté de faire, sur quelques exemples, non pas pour me donner le ridicule de corriger la copie de Hannah Arendt, mais afin de mieux comprendre notre temps, qu'à tant d'égards elle représente si bien, et dans l'espoir que puisse se poursuivre ce va-et-vient entre la pensée politique contemporaine et les textes antiques, envisagés cependant de façon moins « fragmentaire ». Même si le fil de la tradition, bien souvent, apparaît rompu.

ABRÉVIATIONS BIBLIOGRAPHIQUES UTILISÉES

CA   H. Arendt, *Le concept d'amour chez saint Augustin*, Paris, Tierce, 1991 (trad. par A. S. Astrup et G. Petitdemange de *Der Liebesbegriff bei Augustin*, Berlin, Springer, 1929).

CC   Ead., *La crise de la culture*, Paris, Gallimard, 1972 (trad. sous la dir. de P. Lévy de *Between Past and Future, Six Exercises in Political Thought*, New York, Viking Press, 1961).

CH   Ead., *Condition de l'homme moderne*, préface de Paul Ricœur (p. 1-31), Paris, Pocket (Collection Agora), 1983, rééd. de Paris, Calmann-Lévy, 1961 (trad. par G. Fradier de *The Human Condition*, Chicago, University of Chicago Press, 1958 ; édition allemande : *Vita activa oder vom tätigen Leben*, Stuttgart, Kohlhammer, 1960).

QP   Ead., *Qu'est-ce que la politique ?*, préface de Sylvie Courtine-Denany, Paris, Seuil (Points-Essais), 1995 (trad. par S. Courtine-Denany de *Was ist Politik ?*, U. Ludz éd., Munich, Piper, 1993).

VE   Ead., *La vie de l'esprit*, t. I (« La pensée »), t. II (« Le vouloir »), Paris, PUF, 1981-1983 (trad. par L. Lotringer de *The Life of the Mind*, [t. I, « Thinking », t. II, « Willing »], New York-Londres, Harcourt Brace Jovanovich, 1977-1978).

ANDRÉ : *Les loisirs et l'héritage de la culture classique*, Actes du XIIIᵉ Congrès de l'Association Guillaume-Budé (Dijon, 27-31 août 1993), J.-M. André, J. Dangel et P. Demont éd., Bruxelles, Latomus, 1996.

BAUER : S. Bauer, *Polisbild und Demokratieverständnis in Jacob Burckhardts « Griechischer Kulturgeschichte »*, Bâle-Munich, Schwabe-Beck, 2001.

BURCKHARDT : J. Burckhardt, *The Greeks and Greek Civilization*, trad. par S. Stern, éd. et introd. par O. Murray, New York, St. Martin's Press, 1999 [extraits choisis de *Griechischer Kulturgeschichte*, J. Oeri éd., 4 Bde, Berlin-Stuttgart, 1898-1902].

CAMBIANO : G. Cambiano, *Le retour des Anciens*, Paris, Belin (coll. « L'Antiquité au présent »), 1994 (trad. par S. Milanezzi de *Il ritorno degli antichi*, Laterza, Rome-Bari, 1988).

CASSIN : « Grecs et Romains : les paradigmes de l'Antiquité chez Arendt et Heidegger », dans *Ontologie et politique, Actes du Colloque Hannah Arendt*, M. Abensour, C. Buci-Glucksmann, B. Cassin, F. Collin et M. Revault d'Allonnes éd., Paris, Édition Tierce, 1989, p. 17-39.

CHÂTEAU : *La vérité pratique. Éthique à Nicomaque (Livre VI)*, textes réunis par J.-Y. Chateau, Paris, Vrin (coll. « Tradition de la pensée classique »), 1997.

DEMONT : P. Demont, *La Cité grecque archaïque et classique et l'idéal de tranquillité*, Paris, Les Belles Lettres (Coll. des Études Anciennes), 1990.

DEMONT [MARROU] : « H.-I. Marrou et " les deux colonnes du temple " : Isocrate et Platon », *Actes du Colloque international « L'Histoire de l'Éducation dans l'Antiquité après un demi-siècle : Relire le Marrou »*, Toulouse-Le Mirail, 17-20 novembre 1999 (à paraître).

DEMONT [2001] : « L'enquête de Xénophon sur le pouvoir de Cyrus (*Cyropédie* VII, 5, 57-VIII) : apories idéologiques et solutions narratives », *Actes du Colloque international « Les représentations de l'histoire »*, Nantes-Angers, 12-15 septembre 2001 (à paraître).

FINLEY : M. I. Finley, *L'invention de la politique*, avec une préface de P. Vidal-Naquet, Paris, Flammarion, 1985 (trad. par J. Carlier de *Politics in Ancient World*, Cambridge University Press, 1983).

German Émigrés : P. Graf Kielmansegg, H. Mewes et E. Glaser-Schmidt éd., *Hannah Arendt and Leo Strauss, German Émigrés and American Political Thought after World War II*, Cambridge-New York-Melbourne, German Historical Institute-Cambridge University Press, 1995.

JAEGER : W. Jaeger, *Paideia La formation de l'homme grec*, t. 1, Paris, Gallimard, 1964 (trad. de A. et S. Devyver, autorisée et revue par l'auteur, de : *Paideia. Die Formung des griechischen Menschen* [1re éd. 1934], cf. *Paideia, The Ideals of Greek Culture*, t. 1, trad. de la 2e éd. allemande par G. Highet, Oxford, 1939), t. 2-3, trad. du ms. allemand par G. Highet, Oxford, Blackwell, 1957 (= 1944) et 1961 (= 1945).

LORAUX : N. Loraux, *Les expériences de Tirésias*, Paris, Gallimard, 1990 (Ead., « *Ponos*, Sur quelques difficultés de la peine comme nom du travail », *Annali del Seminario di Studi del Mondo Classico* [Istituto Universitario Orientale, Napoli] IV, 1982, p. 171-192).

ROBERTS : J. Tolbert Roberts, *Athens on trial, The antidemocratic tradition in Western thought*, Princeton, Princeton University Press, 1994.

SALKENER : S. G. Salkener, *Finding the Mean. Theory and Practice in Aristotelician Political Philosophy*, Princeton, Princeton University Press, 1990.

TAMINIAUX : J. Taminiaux, *La Fille de Thrace et le penseur professionnel. Arendt et Heidegger*, Paris, Payot (coll. « Critique de la politique »), 1992.

TASSIN : É. Tassin, *Le trésor perdu. Hannah Arendt, l'intelligence de l'action politique*, Paris, Payot (coll. « Critique de la politique »), 1999.

WANKER : W. P. Wanker, Nous and Logos, *The Philosophical Foundations of Hannah Arendt's Political Philosophy*, New York-Londres, Garland, 1991.

YACK : B. Yack, *The Problem of a Political Animal. Community, Justice and Conflict in Aristotelician Political Thought*, Berkeley-Los Angeles-Londres, University of California Press, 1993.

Y-B : E. Young-Bruehl, *Hannah Arendt*, Paris, Éd. Anthrôpos, 1986 (trad. par J. Roman, E. Tassin et V. Guini, de *Hannah Arendt. For Love of the World*, Yale University Press, 1982).

N. B. : On trouvera des indications bibliographiques plus complètes dans les ouvrages d'E. Young-Bruehl, de P. G. Kielmansegg (*et al.*) et d'É. Tassin. Je remercie Rémi Brague, Jean-François Courtine et Pascal Payen d'avoir bien voulu relire une version de ce texte.

Paul DEMONT

DE LA SOPHISTIQUE À LA NÉOSOPHISTIQUE :
SUR QUELQUES « LECTURES » MODERNES
DES SOPHISTES

Nous interroger sur les rapports entre tradition classique et modernité, c'est d'abord nous interroger sur nous-mêmes, c'est-à-dire sur la représentation des Anciens que nous constituons comme « tradition » et par rapport à laquelle nous nous posons comme Modernes. Les multiples tentatives contemporaines pour repenser cette « tradition » sont encore une illustration des liens indéfectibles qui nous unissent à l'Antiquité.

Tel est le cas d'une des réhabilitations les plus célèbres de nos jours, celle des sophistes contemporains de Socrate, et de ce que l'on appelle communément la « première sophistique ». Quoique les auteurs concernés soient anciens, il s'agit d'un thème « neuf » : hier encore, les sophistes appartenaient exclusivement aux histoires de la rhétorique, indignes qu'ils étaient de figurer aux côtés d'un Parménide, d'un Anaxagore et encore moins d'un Platon ; aujourd'hui, si l'on en croit, du moins, la critique moderne, qui ne manque jamais de leur consacrer un chapitre, toutes les « idées nouvelles » qui naquirent alors semblent porter la marque de ces penseurs, ce qui justifie la véritable gloire qu'ils connurent auprès de leurs contemporains. Il en va ainsi de l'étude de Jacqueline de Romilly, parue en 1988, *Les grands sophistes dans l'Athènes de Périclès*, et, plus récemment, en 1995, de l'*Effet sophistique* de Barbara Cassin. Dans ce dernier ouvrage, l'auteur développe les points suivants : la condamnation platonicienne et plus généralement philosophique de la sophistique reposerait sur deux conceptions antagonistes du *logos* : « l'ontologie — philosophique — par laquelle il s'agit de dire, penser, démontrer ce qui est ; la logologie — sophistique — dont les performances, produisant l'énonciation sous l'énoncé, le signifiant sous le signifié, obligent à entendre combien l'être n'est qu'un effet du dire ». Comme l'affirme la quatrième de couverture, cette approche « modifie la perception traditionnelle de l'Antiquité et, du

coup, celle des rapports entre Antiquité et Modernité : elle restaure
ce qu'il conviendra désormais d'appeler notre héritage classique ».
On notera ici la revendication constante de la tradition, même si la
réalité que recouvre le mot change : il s'agit seulement de substituer
une « tradition » à une autre, en l'occurrence une tradition présentée explicitement comme « platonico-aristotélicienne », comme
le dit explicitement l'auteur dans son introduction, qu'il convient de
remplacer par une « histoire sophistique de la philosophie »[1]. Pour
B. Cassin, la « sophistique » correspond donc bien à un phénomène
antique qu'il s'agit de reconstituer par une analyse des textes ; elle
parle donc de « réhabilitation », non de « réinterprétation » et se
définit explicitement comme philosophe, mais surtout comme philologue.

Quoiqu'elle repose sur une même réévaluation du *logos*
sophistique, une telle démarche ne saurait se confondre avec l'autre
relecture moderne des sophistes, proposée aux États-Unis par les
adeptes de la rhétorique sophistique et de la néosophistique,
comme John Poulakos, Jasper Neel (qui se déclare lui-même
« sophiste »), Roger Moss, Sharon Crowley ou Susan Jarratt[2]. Cette
néosophistique a connu son essor dans les milieux de la communication, non de la philosophie, comme en Europe, ce qui explique
qu'elle use plus volontiers du terme rhétorique que du terme logologie, qu'a proposé B. Cassin ; mais, là aussi, il s'agit de se déprendre
de la tradition platonico-aristotélicienne qui impose au *logos* la
nécessité de dire ce qui est. La place des sophistes dans l'histoire et
l'invention de la rhétorique se trouve alors revalorisée, ainsi que les
éléments qui caractériseraient le *logos* sophistique : lien avec les
émotions, le *kairos*, la vraisemblance[3]. Toutefois, à la différence de

---

1. *Op. cit.* p. 19. Sur l'« histoire sophistique de la philosophie », constituée explicitement comme un « renversement de l'aristotélisme », cf. aussi B. Cassin, « Aristote et le
linguistic turn », dans *Nos Grecs et leurs modernes*, textes réunis par B. Cassin, Paris, 1992,
p. 432-452.

2. J. Poulakos, *Sophistical Rhetoric in Classical Greece*, Columbia, 1995 ; J. Neel,
Plato, Derrida and Writing, Carbondale, 1988 ; R. Moss, « The Case for Sophistry », dans
Rhetoric Revalued, B. Vickers éd., Binghampton, 1982, p. 207-224 ; S. Crowley, « A Plea for
the Revival of Sophistry », *Rhetoric Review* 7, 1989, p. 318-334 ; S. Jarratt, *Rereading the
Sophists : classical Rhetoric Refigured*, Carbondale, 1991. Sur ces interprétations, voir les
deux articles de J. Poulakos, « Toward a Sophistic Definition of Rhetoric », *Philosophy
and Rhetoric* 16, 1983, p. 35-48, et E. Schiappa, « Sophistic Rhetoric : Oasis or Mirage ? »,
Rhetoric Review 10, 1991, p. 5-18, réimpr. dans *Rhetoric Landmark Essays on Classical
Rhetoric*, E. Schiappa éd., Hermagoras Press, 1994, p. 55-66 et 67-80. Voir aussi Id., *The
Beginnings of rhetorical Theory in Classical Greece*, Yale, 1999, p. 48-65.

3. Sur le *kairos* chez Gorgias, cf. M. Trédé, *Kairos. L'à-propos et l'occasion (le mot et
la notion, d'Homère à la fin du IVe s. av. J.-C.)* (Études et Commentaires, 103), Paris, 1992,

B. Cassin, les néosophistes affirment plus directement l'enjeu essentiellement moderne de telles études : comme le déclare J. Poulakos, la rhétorique sophistique a des enjeux à la fois pédagogiques et communicationnels modernes ; elle est avant tout une importante contribution à la compréhension contemporaine des discours. C'est pourquoi il ne s'agit pas de réhabilitation, mais bien d'une réinterprétation du texte, toute lecture étant nécessairement anachronique, de sorte que les textes sont des « elusive documents that can stimulate readers to rethink the constitution of their own lives and to entertain possibilities for their reconstruction »[4]. Comme pour B. Cassin, cette théorie repose donc sur l'existence de la « sophistique », mais sur une existence postulée, impossible à prouver par les textes anciens, qui a pour fonction de permettre la remise en question de la définition classique de la rhétorique.

Il faut s'interroger sur le fondement de telles analyses qui prétendent se réapproprier l'Antiquité en se séparant de la tradition classique — platonico-aristotélicienne — et sur le bien-fondé des remises en question qu'elles proposent. Nous étudierons pour ce faire les prémisses sur lesquelles repose cette analyse de la sophistique et quels en sont les présupposés.

L'ensemble des études modernes sur la sophistique repose sur la possibilité d'identifier cette dernière avec un certain nombre d'auteurs contemporains de Socrate, à savoir Protagoras, Xéniade, Gorgias, Lycophron, Thrasymaque, Hippias, Antiphon et Critias. Elles reposent toutes sur la monumentale édition des *Fragmente der Vorsokratiker*, établi par H. Diels en 1903 — et révisée pour la dernière fois par W. Kranz en 1956 —, édition qui comprend une section *Ältere Sophistik*, constituée essentiellement par les témoignages, œuvres et fragments de Protagoras, Xéniade, Gorgias, Lycophron, Prodicos, Thrasymaque, Hippias, Antiphon le Sophiste et Critias et quelques traités anonymes comme les *Dissoi Logoi*[5]. Or,

et M.-P. Noël, « *Kairos* sophistique et mises en forme du *logos* chez Gorgias », *Revue de Philologie, de Littérature et d'Histoire anciennes* 72, 1998, p. 233-245.

4. *Op. cit.*, p. 3.

5. *Die Fragmente der Vorsokratiker*, II, Berlin 1952⁶ (1ʳᵉ éd. 1903). Sous la lettre A, sont regroupés les témoignages sur la vie et l'œuvre, sous la lettre B les œuvres et fragments. Sur la constitution du recueil de Diels et ses conséquences pour la lecture moderne des sophistes, cf. M.-P. Noël, « Lectures, relectures et mélectures des sophistes », *Noesis* 2, 1998, p. 19-36 ; Ead., « Vies de sophistes anciennes et modernes », dans *Vies anciennes d'auteurs grecs : mythe et biographie*, Ph. Brunet et M.-P. Noël éd., Tours, 1998 (= Archipel Égéen 1994-1995, n. s. 1), p. 47-59.

ce corpus ne va pas de soi : le regroupement qu'il propose est le fruit d'une reconstruction nouvelle de l'histoire de la littérature et de la philosophie grecques élaborée au cours du XIXe siècle [6]. Jusqu'au XXe siècle, en effet, les « sophistes » qui seront retenus par Diels se trouvent dans des recueils d'orateurs, parfois d'historiens ou de philosophes. Jamais ils ne sont réunis. Ainsi, les manuscrits médiévaux de Gorgias et d'Antiphon [7] contiennent, pour les plus anciens, des collections d'orateurs [8] ; c'est pourquoi les deux discours conservés sous le nom de Gorgias, l'*Éloge d'Hélène* et la *Défense de Palamède*, ainsi que le corpus d'Antiphon, sont publiés d'abord en 1513, dans l'édition Aldine des *Rhetorum Graecorum Orationes*, puis dans l'édition des *Oratorum veterum Orationes* d'Henri Étienne [9] ; au XVIIIe siècle dans celle de J. Reiske [10] ; au XIXe siècle, dans les *Oratores Graeci* d'E. Bekker [11] ; dans les *Oratores Attici* de S. Dobson [12], dans ceux de J. G. Baiter et H. Sauppe [13] et dans ceux de C. Müller [14]. Les premiers véritables regroupements de « sophistes » se trouvent, en fait, dans les *Fragmenta historicorum graecorum*, du même C. Müller, qui contiennent les fragments d'Hippias et de Critias [15] et, surtout, dans les *Fragmenta philosophorum graecorum* de F. G. A. Mullach [16], qui réunissent les fragments de Protagoras, de Gorgias et de Prodicos. C'est donc seulement au XXe siècle, à partir

---

6. Sur H. Diels et les circonstances dans lesquelles ont été composés les *Fragmente der Vorsokratiker*, cf. *Hermann Diels (1848-1922) et la science de l'Antiquité*, W. M. Calder III et J. Mansfeld éd. (Entretiens sur l'Antiquité Classique, 45, Fondation Hardt), Vandœuvres-Genève, 1999, notamment W. Burkert, « Diels' *Vorsokratiker*. Rückschau und Ausblick », p. 169-197.

7. Les seuls « sophistes » dont une partie de l'œuvre nous soit parvenue par la tradition directe. Pour des raisons envisagées un peu plus loin dans cet article, la distinction entre un Antiphon l'Orateur et un Antiphon le Sophiste ne sera pas retenue ici.

8. Pour Gorgias, le *Coislin* 249, qui contient notamment des discours d'Eschine et de Synésios ; le *Burneianus* 95, qui comprend un corpus d'orateurs mineurs ; l'*Heidelb. Palat. gr.* 88, qui présente le corpus des œuvres de Lysias.

9. *Oratorum veterum Orationes*, Genève, 1575.

10. *Oratorum Graecorum... quae supersunt monumenta ingenii*, Bd. VIII, Leipzig, 1773.

11. Berlin, 1823-1824.

12. *Oratores Attici et quos sic vocant Sophistae*, Londres, 1828.

13. Zurich, 1845-1850.

14. Paris, 1846, 1847 et 1858.

15. Paris, 1848. Hippias = II, 59-63 ; Critias = II, 68-71 (avec, p. 59, une discussion sur l'opportunité d'introduire Gorgias, Protagoras et Prodicos). Par ailleurs, on trouve aussi des éditions séparées de Gorgias et d'Antiphon, par exemple dans les *Antiphontis orationes et fragmenta adjunctis Gorgiae, Antisthenis, Alcidamantis declamationibus*, ed. F. Blass, Leipzig, 1881².

16. Paris, 1875-1883. Protagoras = II, 130 ; Gorgias = II, 135 ; Prodicos = II, 143.

de l'édition de Diels, que ces penseurs constituent définitivement un groupe [17]. Ce groupe est en réalité le fruit de la réflexion sur l'histoire de la philosophie élaborée au XIXe siècle à l'instigation de Hegel [18]. C'est en effet ce dernier qui, pour la première fois, introduit les « sophistes » dans ses *Leçons sur l'histoire de la philosophie*, publiées à Berlin en 1833 — après sa mort, survenue en 1831. Il les considère comme un mouvement négatif de la pensée, une phase relativiste et sceptique, qui constitue un moment d'antithèse entre le naturalisme positif des Ioniens et la synthèse idéaliste de Platon. Leur unité serait donc à chercher non dans une doctrine commune, mais dans une attitude d'esprit dont l'intérêt véritable est d'ouvrir la voie à l'idéalisme platonicien. Il s'agit donc d'une lecture *platonicienne* des sophistes, qui reprend les éléments de la condamnation traditionnelle qui pèse sur eux. On notera qu'à la même époque, dans le monde anglo-saxon, se développe une autre forme de réhabilitation — plus anti-platonicienne celle-là — qui est incarnée par les travaux de Grote et le chap. 67 de son *History of Greece* [19], où il met fin aux accusations d'immoralisme portées contre eux. Pour Grote, adepte de J. Stuart Mill, positiviste et utilitariste, les sophistes sont des représentants de la modernité face à la tradition, des « hommes des Lumières » ; leur absence de système fait d'eux de bien meilleurs défenseurs de la démocratie que Platon.

Les lectures des sophistes proposées au XXe siècle oscillent toujours entre ces deux interprétations, le paradoxe étant que c'est celle de Hegel — la lecture platonicienne — qui semble avoir eu la plus grande pérennité, grâce à l'édition de Diels. Ce dernier suit en effet indéniablement le modèle hégélien, ou plutôt celui d'un de ses disciples, Eduard Zeller, qui composa en 1844-1852 une monumentale et très influente histoire de la philosophie grecque, *Die Geschichte der Griechen in ihrer geschichtlichen Entwicklung dargestellet* [20]. Zeller poursuit la périodisation proposée par Hegel en

---

17. On peut aussi consulter les œuvres de ces auteurs, regroupés selon une perspective rhétorique, dans L. Radermacher, *Artium Scriptores (Reste der voraristotelischen Rhetorik)*, Vienne, 1951. Les critiques modernes ont parfois tendance à modifier cette liste : W. C. K. Guthrie, dans son *History of Greek Philosophy* (t. III, Cambridge, 1969), ajoute Socrate et Alcidamas, le disciple de Gorgias et l'adversaire d'Isocrate ; G. B. Kerferd (*The Sophistic Movement*, 1981), Euthydème et Dionysodore.

18. On trouvera un résumé suggestif de l'histoire des interprétations dans G. B. Kerferd, *op. cit.* (n. 17), p. 4-14, et dans E. Schiappa, *op. cit.* (n. 2), 1999, p. 50-53.

19. Londres, 1850, VIII, chap. LXVII, p. 479 sqq.

20. La traduction de cette œuvre par R. Mondolfo (en 1932-1938) eut un grand retentissement en Italie et inspire notamment les reconstructions de la pensée des

introduisant la catégorie nouvelle des « présocratiques », trop souvent acceptée de nos jours encore sans aucune critique, mais qui repose sur une lecture axiologique de l'histoire de la philosophie rejetant dans la catégorie des présocratiques même les contemporains de Socrate... Ce sont ces « présocratiques » que va s'efforcer de reconstruire Diels.

Cette filiation hégélienne explique certaines hésitations que l'on peut discerner dans l'édition de Diels sur la place de la « sophistique » : ainsi, dans la première édition, la section *Ältere Sophistik* figurait en annexe, avec les représentants de la *Kosmologische Dichtung*, de l'*Astrologische Dichtung*, de la *Kosmologische Prosa*. Autant dire que les sophistes ne sont pas considérés à l'origine comme des penseurs majeurs, à peine même comme des penseurs. Si ces derniers sont rapidement classés dans les fragments des présocratiques en 1922 (4e éd.), il n'en est rien des sophistes. L'édition de 1934-1937 (5e éd.) est encore conçue sur le modèle suivant :

— débuts (avec les fragments des cosmologies, etc.) ;
— fragments des philosophes des VIe et Ve siècles ;
— ancienne sophistique.

L'hésitation de Diels à faire des sophistes des « philosophes » traduit bien la spécificité du problème qu'ils posent : leur place dans l'histoire de la philosophie semble indécidable, cela d'autant plus que leur regroupement repose sur des bases très hésitantes : la rubrique « Ältere Sophistik » est justifiée — avant les fragments — par une rubrique *Name und Begriff* qui semble avoir pour fonction d'expliciter le sens du terme « sophiste » ; les trois auteurs choisis sont Aristide, Platon et Aristote ; mais, si les deux derniers s'accordent sur la définition du sophiste et de la sophistique — comme le dit Aristote dans le passage cité des *Réfutations sophistiques*, qui est une reprise de la définition donnée dans le *Sophiste* de Platon, « la sophistique est une sagesse apparente mais non réelle, et le sophiste est un trafiquant de sagesse apparente mais non réelle » —, le texte d'Ælius Aristide semble mettre en question les deux derniers, puisqu'il fait remarquer que le terme « sophiste » est utilisé aussi pour désigner, au Ve et au IVe siècles, Socrate et les Sept

---

sophistes proposées par M. Untersteiner, *I sofisti*, Milan, 1966[2], et son édition *I Sofisti, Testimonianze e frammenti*, fasc. I-IV, Florence, 1949-1962, fasc. III, 2e éd. 1962-1967, qui reprend l'édition Diels-Kranz, avec quelques ajouts, des traductions complètes et un abondant commentaire.

Sages [21]. Plus problématique encore est le terme employé pour désigner le groupe ainsi constitué : « Ältere Sophistik », qui correspond essentiellement aux témoignages, œuvres et fragments de Protagoras, Xéniade, Gorgias, Lycophron, Prodicos, Thrasymaque, Hippias, Antiphon le Sophiste et Critias. Or, l'ancienne sophistique n'a, dans l'Antiquité, de réalité que chez Philostrate. C'est, en effet, Philostrate qui, dans ses *Vies des sophistes*, écrites dans la première moitié du IIIe siècle de notre ère [22], distingue deux phases dans l'histoire de la sophistique : une ἀρχαία σοφιστική dont la caractéristique est d'être une rhétorique « philosophante » [23], commençant avec Gorgias, et une seconde sophistique, essentiellement rhétorique, qu'il fait remonter à Eschine. Appartiennent à l'Ancienne sophistique, qui se définit donc essentiellement par rapport à la suivante (et non l'inverse, contrairement à ce que l'on trouve affirmé très souvent dans les histoires modernes de la littérature...), outre Gorgias, Protagoras d'Abdère, Hippias d'Élis, Prodicos de Céos, Pôlos d'Agrigente, Thrasymaque de Chalcédoine [24], Antiphon de Rhamnonte, Critias et Isocrate. Mais Philostrate est le premier, et le seul, dans l'Antiquité, à regrouper ces auteurs, que l'on trouve en général jusque-là cités indépendamment les uns des autres et dans des contextes très variables [25] : ainsi, Protagoras est considéré par Diogène Laërce comme un philosophe [26] ; Critias est cité d'ordi-

---

21. DK 79,1.

22. Philostrate ne nomme pas lui-même son œuvre βίοι, mais c'est le titre que lui donne au siècle suivant l'auteur d'un autre ouvrage intitulé *Vies de philosophes et de sophistes*, Eunape de Sardes : Φιλόστρατος τοὺς τῶν ἀρίστων σοφιστῶν ἐξ ἐπιδρομῆς μετὰ χάριτος παρέπτυσε βίους (454, 10). Sur ce point, cf. F. Leo, *Die griechisch-römische Biographie nach ihrer Literarischen Form*, Leipzig, 1901, p. 254 sqq. (not. p. 258 : *Philostratus hat den grammatischen βίος rhetorisirt*) ; B. P. Reardon, *Courants littéraires grecs des IIe et IIIe siècles ap. J.-C.*, Paris, 1971, voit dans l'œuvre de Philostrate « une série de petites esquisses littéraires, élaborée à partir d'une matière donnée et de façons variées » (p. 188) ; cf. aussi S. Swain, « The Reliability of Philostratus' *Lives of the Sophists* », *Classical Antiquity* 10, 1991, p. 148-163.

23. Τὴν ἀρχαίαν σοφιστικὴν ῥητορικὴν ἡγεῖσθαι χρὴ φιλοσοφοῦσαν (*Vies des sophistes* 480). Sur la constitution de l'ancienne sophistique chez Philostrate, cf. M.-P. Noël, « Philostrate, historien de la première sophistique », dans L. Calboli Montefusco, *Papers on Rhetoric* III, 2000, p. 191-212.

24. Thrasymaque est cité, quoique Philostrate conteste son appartenance aux sophistes (*Vies des sophistes* 497).

25. Critias est cité parmi les Socratiques, avec Eschine (le socratique) ou Xénophon (Denys d'Halicarnasse, *Thucydide* 51, 2). On notera que la lecture de Platon ne permet pas de ranger Critias au nombre des sophistes. Sur ce point, cf. *infra*.

26. Sur la variété de ces regroupements, cf. C. J. Classen, « Gorgias in der antiken Tradition », dans *Gorgia e la Sofistica*, L. Montoneri et P. Romano éd. (*Siculorum Gymnasium* 38), 1985, p. 17-43.

naire parmi les socratiques[27]. Et si la plupart des sophistes de Philostrate se trouvent dans des histoires de la rhétorique, c'est à l'intérieur d'une liste beaucoup plus large : Quintilien, par exemple,
sans doute en reprenant un schéma aristotélicien, fait commencer la
rhétorique en Sicile, avec Empédocle, Tisias et Corax, puis il ajoute
les noms de *Gorgias*, *Thrasymaque*, *Prodicos*, *Protagoras*, *Hippias*,
Alcidamas, *Antiphon*, Polycrate, Théodore[28]. Par ailleurs, même
quand ces auteurs sont nommés sophistes, ce qui n'est pas systématique, parce que le terme peut désigner par ailleurs bien d'autres
penseurs auxquels nous ne donnons pas, nous, ce titre[29], il n'y a
jamais là une allusion à un groupe défini dont ils seraient les représentants[30]. Si l'on compare les deux listes de Diels et de Philostrate,

---

27. Cf. par exemple Denys d'Halicarnasse, *Thucydide* 51, 2. Sur le problème que
pose cette intégration, cf. H. Patzer, « Der Tyrann Kritias und die Sophistik », dans *Fest-
schrift für Hermann Gundert*, Amsterdam, 1974, p. 3-19, et L. Brisson, *s. v.* « Critias », dans
Dictionnaire des Philosophes antiques II, R. Goulet éd., Paris, 1994, n° 216, p. 512-520.
Alexandre d'Aphrodise (cité par Jean Philopon = DK 88A22) aurait dissocié Critias le
sophiste et Critias le tyran. Mais, outre le fait que cette division ne se trouve pas chez Philostrate (et ne semble jamais avoir été retenue dans l'Antiquité), il semble qu'Alexandre
— tout comme Hermogène pour Antiphon — ait cherché par là une solution au problème que pose l'existence, dans le corpus de Critias, de constitutions en vers (qu'il
attribue au tyran). Certains critiques modernes ont, par ailleurs, proposé de distinguer le
Critias du *Timée* et du *Critias* de Platon de celui qui intervient dans le *Charmide*, le *Protagoras* (et l'*Eryxias*), sans avancer en faveur de cette distinction aucun argument décisif
(sur ce point, cf. L. Brisson, *art. cit.*, p. 512-515).

28. III 1, 8-13.

29. Pour l'utilisation du terme chez Aristote, cf. C. J. Classen, « Aristotle's picture of
the sophists », dans *The Sophists and their Legacy*, G. B. Kerferd éd., Wiesbaden, 1981,
p. 7-24. Pour son utilisation chez Sextus, cf. C. J. Classen, « L'esposizione dei Sofisti e della
Sofistica in Sesto Empirico », *Elenchos* XIII, 1992, p. 59-79. On notera que ni Aristote ni
Sextus n'entendent par « sophistes » les auteurs auxquels nous appliquons ce terme. Peu
avant Philostrate, au IIᵉ siècle, lorsque Hermogène décrit ce qu'il nomme « *la troisième
forme d'habileté* », c'est-à-dire le discours sophistique, il précise : « *j'entends par là des
hommes comme Pôlos, Gorgias, Ménon, et bon nombre de contemporains, pour ne pas dire
tous* » (*De ideis*, II, 9 = p. 377 Rabe). La seule véritable distinction se fait entre philosophie et rhétorique, les sophistes n'étant certainement pas une catégorie à part : on sait
ainsi, par une scholie aux *Oiseaux* d'Aristophane, que Callimaque, le poète et l'érudit
alexandrin du IIIᵉ siècle, l'auteur des *pinakes* de la Bibliothèque d'Alexandrie, rangeait
Prodicos parmi les orateurs. Sur ce point, cf. aussi n. suivante.

30. La liste de Philostrate n'est pas non plus un héritage direct de Platon, qui ne présente jamais ensemble tous ces noms, et les cite moins encore comme relevant d'une
quelconque « ancienne sophistique ». Pour Platon, le sophiste est l'adversaire, essentiellement le non-philosophe, ce dernier se définissant à son tour par rapport à ce non-être
du philosophe, qu'est le sophiste ; hors des définitions platoniciennes, le terme *sophiste*
s'applique à tout homme qui revendique une certaine σοφία et, de façon péjorative, à tout
homme qui se targue d'ambitions intellectuelles au-dessus de ses moyens. *Mutatis*

on constatera que, moyennant quelques légères modifications [31], les sophistes retenus par Diels sont bien ceux de Philostrate [32]. Force est donc de constater que l'approche moderne des sophistes repose sur des *vies* de sophistes antiques, qui ne sont en aucun cas un simple recueil de données biographiques, mais, dans leur conception même, une reconstruction de l'histoire littéraire et ce, sans l'avouer. Loin de présenter en effet les listes des sophistes et la rubrique « ancienne sophistique » comme un emprunt, l'édition Diels contribue ainsi, sans doute malgré elle, à suggérer la réalité historique de ce classement et à faire de cette « ancienne sophistique » un moment *objectif* de l'histoire de la philosophie. Cette « reconstruction » a parfois des effets spectaculaires, comme la création du personnage d'Antiphon le Sophiste, différent donc d'un autre Antiphon « l'Orateur », cela sur la base d'un seul témoignage ancien, celui d'Hermogène ou celle d'un Critias « sophiste », alors que l'Antiquité voyait en lui essentiellement un socratique.

---

mutandis, le sophiste peut être comparé à l'intellectuel moderne ; on conviendra que ni l'un ni l'autre termes ne constituent une catégorie socioprofessionnelle bien déterminée, ce qui explique le flou qui règne dans l'utilisation de ces termes. Dans l'Antiquité, le sens du mot se complique encore davantage lorsque ce dernier en vient à désigner une réalité dans le monde romain, les sophistes, personnalités honorées dans leurs cités et conseillers des empereurs ; emprunt à Platon, il prend alors un sens qui n'est plus le sens platonicien, mais qui en conserve parfois les résonances. Sur ces questions, cf. les essais de mises au point de : G. W. Bowersock, *Greek Sophists in the Roman Empire*, Oxford, 1969, p. 12 sqq. ; E. L. Bowie, « Greeks and their past in the Second Sophistic », M. I. Finley éd. (*Studies in Antiquity*), Londres, 1974, p. 169, et G. R. Stanton, « Sophists and Philosophers : Problems of Classification », *American Journal of Philology* 94, 1973, p. 350-364.

31. Chez Diels, la présence de Xéniade paraît due au fait que, chez Sextus Empiricus, le seul auteur à le citer, Xéniade, figure non loin de Protagoras et de Gorgias comme un de ceux qui ont aboli le critère de vérité (*Adv. Math.* VII, 53) ; tandis que Lycophron, dont la présence paraît tout aussi étrange (les seules citations proviennent d'Aristote et de son commentateur, Alexandre d'Aphrodise) n'est qu'un ajout entre la quatrième et la cinquième éditions, probablement, tout comme Xéniade, par similitude apparente de doctrine ; par ailleurs, Pôlos, qui figure comme disciple de Gorgias dans la liste de Philostrate, paraît, tout comme Thrasymaque, limiter son activité au strict domaine rhétorique, ce qui explique probablement leur disparition de la liste de Diels ; il en va de même pour Isocrate, que l'on ne peut par ailleurs éditer ni avec des fragments, ni avec des présocratiques (fussent-ils contemporains de Socrate !). Si la liste des « sophistes » retenus par Diels repose sur Philostrate, elle est aussi tributaire des différentes tentatives de reconstruction de l'histoire de la philosophie antique qui, à la suite de Hegel, caractérisèrent le XIXᵉ siècle.

32. La présentation de Diels se double, semble-t-il, de quelques *a priori*. Ainsi la première place ne peut-elle revenir qu'à Protagoras, dont la doctrine paraît plus « philosophique » que celle de Gorgias, spécialiste de rhétorique ! C'est que Diels, lecteur de Philostrate, l'est plus encore de Platon et de Diogène Laërce. Il privilégie donc les penseurs, au détriment des orateurs.

Il apparaît bien ici que la « sophistique », mouvement littéraire et philosophique du Vᵉ siècle, est un artefact moderne, construit à partir de Philostrate, que l'on considère alors, au prix d'un contresens sur la portée même de son œuvre, comme un « historien » de la sophistique. Mais la sophistique n'a pas d'existence historique propre : mis à part Philostrate, elle n'a de réalité que chez Platon et, à partir de lui, comme concept philosophique. Elle est, en effet, un concept opératoire dans la pensée platonicienne : dans le *Sophiste*, elle est définie comme un art de l'illusion, par opposition à la philosophie, le sophiste étant celui qui, par son *logos*, ne peut dire l'être [33]. Il est donc fondamentalement l'*autre* du philosophe, cette opposition pouvant s'incarner dans les figures antithétiques de Socrate et des « sophistes », comme Gorgias et Protagoras, mais aussi dans celles du philosophe et du peintre, du philosophe et du poète. Mais le sophiste ainsi défini ne saurait se confondre avec un groupe « historique » ou présenté comme tel. Il n'y a donc pas, il ne saurait y avoir adéquation entre les « sophistes » regroupés par Diels et la sophistique définie par Platon.

On comprend dès lors pourquoi les différentes tentatives postérieures à Diels, mais se fondant sur lui pour reconstituer une « pensée » sophistique, ne peuvent se revendiquer de la philologie ni prétendre dépasser Platon : c'est qu'en postulant l'existence de la sophistique, comme Diels, elles persistent, comme lui, dans une démarche résolument platonicienne. C'est le cas même de Barbara Cassin, quoiqu'elle s'en défende brillamment dans l'introduction de son livre. Mais définir un *effet sophistique* qui part de l'idée qu'il y a une sophistique et qui reconstruit une continuité postulée entre la première et la seconde sophistique paraît bien s'inscrire dans une subtile polémique antiplatonicienne, menée dans des termes platoniciens, et qui aurait pour ancêtre Philostrate [34]. Comme pour les néosophistes, le renversement revendiqué de l'héritage platonico-aristotélicien est donc encore un hommage rendu à ce dernier...

---

33. Sur le sens du terme « sophiste » avant Platon, cf. M.-P. Noël, « Aristophane et les inellectuels : le portrait de Socrate et des " sophistes " dans les *Nuées* », dans *Le théâtre grec antique : la Comédie, Actes du 10ᵉ colloque de la Villa Kérylos à Beaulieu-sur-Mer, les 1ᵉʳ et 2 octobre 1999*, Paris, 2000, p. 111-128, spéc. p. 119 sqq ; voir aussi *supra*, n. 30.

34. Quant à l'« histoire sophistique » de la philosophie, elle se constitue explicitement comme un renversement de l'aristotélisme.

Ce n'est pas le moindre des paradoxes en effet que les reconstitutions modernes de la sophistique s'appuient en partie et reproduisent en prétendant la renverser l'opposition platonicienne entre deux types de *logoi*, celui du philosophe et celui du sophiste. On le voit, on ne débarrasse pas si facilement de Platon de sorte que toute lecture des « sophistes » qui voudrait échapper aux reproches de platonisme ou d'antiplatonisme se doit de replacer ces derniers dans le cadre qui est le leur, à savoir le Ve siècle, sans reprendre les divisions philosophiques qui s'imposent au IVe siècle et qui sont encore celles du monde moderne.

Toutefois, le mérite essentiel de ces reconstitutions est autre : non seulement, par l'effort de réflexion qu'elles proposent sur la manière dont nous lisons les textes antiques, elles facilitent le mouvement de mise à distance des Anciens qui constitue une des premières étapes vers la lecture de ces auteurs, mais surtout, elles permettent de mettre en lumière la *modernité* des auteurs antiques et le sens qu'il convient de donner à cette expression trop souvent galvaudée. Pour reprendre, encore, la belle formule de Barbara Cassin, dans une présentation des Actes d'un colloque qui eut lieu en 1990, intitulé *Nos Grecs et leurs Modernes. Les stratégies contemporaines d'appropriation de l'Antiquité* :

> « Nos Grecs et leurs Modernes [...] nous sommes bel et bien, que nous le voulions ou non, *leurs* Modernes. »

Marie-Pierre NOËL

LA FILLE DE MERCURE ET DE PHILOLOGIE :
COMPARATISME ET MYTHOLOGIE,
DES ANCIENS AUX MODERNES

Je voudrais d'abord remercier M. le Secrétaire perpétuel pour son hospitalité dans cette magnifique Villa, et M. Alain Michel, non seulement pour l'honneur qu'il m'a fait en m'invitant à parler ici, mais aussi pour avoir offert une place dans ce colloque à la discipline que j'ai le bonheur d'enseigner dans l'Université, la littérature comparée. Ma gratitude envers lui, en effet, est celle d'une élève, d'une disciple. Certes, j'ai été une disciple indisciplinée : j'ai fini par préférer aux études latines l'horizon — plus large ou plus vierge — que me semblait offrir pour l'étude des mythes, à l'exemple de Pierre Brunel, la littérature comparée, cette discipline qui n'en est pas une (comme le soutient ma collègue Catherine Coquio), qui du moins n'en est une que depuis peu d'années, au regard de toutes celles qui sont représentées dans ce colloque. Mais, si je m'autorise ce préambule un peu personnel, c'est parce que j'aimerais montrer que cette indiscipline envers mon premier maître en latinité n'exclut pas la fidélité, à l'image de l'indiscipline comparatiste envers les humanités classiques. La littérature comparée est la dernière née de l'Université, comme Psyché, disait Keats dans l'ode qu'il lui consacrait, était la dernière née de l'Olympe. Comme Psyché encore, mais dans le roman d'Apulée cette fois, la littérature comparée cherche son identité et une généalogie depuis longtemps, un siècle environ. Elle est en passe de la trouver, peut-être, non pas dans la revendication d'une radicale modernité, mais dans la reconnaissance de sa dette envers cette tradition classique qui fait l'objet de notre colloque : qu'on me permette de rêver qu'elle est la fille née des noces racontées par Martianus Capella : non pas, comme Psyché, de celles d'Entéléchie et d'Apollon, mais bien de celles qui unissent à Philologie, muse et maîtresse des Anciens, un moderne Mercure, car le comparatiste, si l'on en croit Daniel-Henri Pageaux « peut trouver un peu de son idéal en Hermès, l'intermédiaire et l'herméneute ».

Bien sûr, une telle affirmation a des airs de paradoxe. On pourrait croire la littérature comparée issue au contraire d'une résurgence de la vieille Querelle des Anciens et des Modernes : discipline jeune, récente dans le sens où elle n'a trouvé son nom qu'au cours du XIXe siècle, elle est « moderne », à la lettre, dans le sens où son intégration officielle aux programmes universitaires l'a rendue obligatoire dans le cursus de lettres modernes, et pour l'agrégation des lettres modernes (Danièle Chauvin et Yves Chevrel le rappellent encore dans l'avant-propos de leur *Introduction à la littérature comparée*). Mais le paradoxe n'est qu'apparent, car précisément elle y a été introduite pour que les lettres modernes n'aient pas à rougir devant les lettres classiques, pour tenir lieu, en quelque sorte, des humanités classiques. Je voudrais défendre en partant de ce constat le postulat que non seulement le comparatisme moderne est redevable à la tradition antique, mais plus précisément encore que la tradition antique dans son domaine le plus accessible, le plus visible — celui de la mythologie —, est à la source même de la démarche comparatiste.

Il est d'usage, certes, et il est toujours nécessaire de rappeler la généalogie positiviste de la littérature comparée. Ainsi Daniel-Henri Pageaux commence l'histoire de la discipline en mentionnant son « triple et lourd héritage » lorsqu'elle apparaît en France en 1830 avec Jean-Jacques Ampère, à l'Athénée de Marseille : romantisme, libéralisme et scientisme. « Lorsque à la fin du siècle Ferdinand Brunetière introduit à l'École normale supérieure la littérature comparée », continue-t-il, « c'est pour confronter le développement de la littérature française à celui des autres littératures occidentales, suivre l'évolution des genres (comme d'autres l'ont fait des espèces) et comprendre comment la littérature française s'est nourrie d'influences étrangères. » De fait, depuis le début du siècle se sont accumulés les modèles de comparatisme, des sciences naturelles avec l'*Anatomie comparée* de Cuvier (1800-1805), aux sciences humaines avec la *Grammaire comparée des langues de l'Europe latine* de François Raynouard (1821), et le terme de littérature comparée, utilisé dès 1816 par François Noël, renvoie bien au nouvel esprit scientifique hérité des Lumières. Est-ce donc par scrupule scientifique devant ce que ces mêmes Lumières ont entaché du soupçon d'obscurantisme ou de superstition que les comparatistes ont longtemps reculé devant l'emploi du mot mythe ? En tout cas — Daniel-Henri Pageaux le rappelle plus loin — « les mythes sont une conquête relativement récente du comparatiste, à la différence des thèmes ou des images ». Étrange coïncidence, c'est aussi récemment — après la Seconde Guerre mondiale — que les comparatistes utilisent volontiers pour parler d'eux le mot humanisme. Ainsi Étiemble, qui lance en 1963 dans son pamphlet *Comparaison n'est pas raison* « La littérature comparée, c'est l'humanisme » ; Pierre Brunel, Claude Pichois et André Rousseau dans le préambule de leur *Qu'est-ce que la Littérature comparée ?* en 1983 : « on pourrait dire de la littérature comparée ce que Sartre a dit de l'existentialisme : qu'elle est un nouvel humanisme » ; Yves Chevrel dans *la Littérature comparée*, en 1989 : « si le comparatisme a une ambition, c'est d'essayer de contribuer à une forme moderne d'humanisme, qui accorde du prix à toute expression de l'esprit humain. » Les comparatistes auraient-ils découvert en même temps leur vocation d'humanistes et leur talent de mythologues ? Si le comparatiste « se sent tout à fait chez lui » , ainsi que l'écrit Pierre Brunel, « quand il se trouve parmi les mythes », n'est-ce pas plutôt au contraire parce que l'humanisme, depuis longtemps, a inventé le comparatisme pour lire et écrire la mythologie ?

Que signifie, en effet, ce mot humanisme lancé le plus souvent sans explication ? On sait bien que le terme a deux sens concurrents aujourd'hui : il désigne à la fois cette « science des textes » que fut l'humanisme historique, philologique de l'érudition renaissante et l'humanisme anhistorique, philosophique qui court de l'exégèse d'Homère jusqu'à nos jours. Or l'humanisme philosophique a régulièrement, au cours de l'histoire, pris appui sur ce que nous appelons aujourd'hui mythologie. Lire la mythologie, en effet, dans les écoles de l'Antiquité, c'était bien moins s'instruire sur les dieux que réfléchir sur l'humanité : l'épopée homérique était lue comme une galerie de portraits et de réussites humaines données pour modèles. Évhémère lisait les fables comme un témoignage de l'histoire des hommes ; les stoïciens comme des symboles cosmiques tels qu'ils sont perçus par des hommes ; les néoplatoniciens comme l'expression des idées morales et philosophiques des hommes. On sait comment l'augustinisme a mis en danger cet humanisme-là, en opposant à l'Athènes païenne qui faisait de l'homme une fin en soi dans ce monde la Jérusalem céleste où l'homme doit s'oublier par amour de Dieu. Mais on sait aussi, les admirables travaux de Jean Seznec et de Jean Pépin l'ont assez montré, que les dieux antiques et leurs fables furent sauvés de l'anathème et de l'oubli par la pratique de l'analogie et de la comparaison moralisatrices. L'analogie d'abord, celle qui fonde la lecture allégorique, parvint à démontrer que les fables antiques portaient un enseignement de haute valeur qui préparait les hommes à recevoir la parole de Dieu : ainsi fai-

saient Fulgence, Boccace puis les Jésuites dans leurs collèges. Alors
apparut ce qu'on allait appeler le comparatisme mythologique : de
même qu'on pouvait comparer le Nouveau Testament à l'Ancien et
mettre en parallèle leurs deux enseignements, de même on pouvait
mettre en parallèle les fables des païens et celles des chrétiens.

De ce comparatisme mythologique — mais dans son avatar
moderne, scientifique et donc fondé sur un humanisme philologique, cette fois — Salomon Reinach fut un farouche défenseur et
un scrupuleux historien, dans une conférence limpide prononcée en
1911 où il condamnait vigoureusement, pour marquer la spécificité
de sa méthode, les lectures allégoriques de la mythologie. Il
réprouvait avec la même force « un autre système déjà proposé par
les juifs d'Alexandrie, à savoir que les païens avaient emprunté
leurs légendes à l'Écriture sainte, mais en défigurant leurs emprunts
sous l'influence malicieuse des démons. Ainsi l'on admettait volontiers que la légende d'Héraklès n'était qu'un plagiat maladroit de
l'histoire de Samson ». Fontenelle, pensait Salomon Reinach, avait
le premier deviné la « vraie méthode comparative », celle qui
consiste « à chercher des informations ou des parallèles chez les
sauvages quand on veut expliquer quelque chose qui paraît sauvage
dans les sociétés civilisées ou dans leur littérature ». Après Fontenelle vinrent le Président de Brosses, puis, un siècle plus tard, l'Académie celtique en France, les recherches des frères Grimm, puis
surtout l'école anglaise, qui se dégageait peu à peu du solarisme de
Max Müller : Tylor, Spenser, Andrew Lang, puis Robertson Smith et
James Frazer. Dans cette conférence intitulée « Esquisse d'une histoire de l'exégèse mythologique », Salomon Reinach opposait donc
d'un côté l'impressionnisme de l'analogie, condamnée en l'espèce
de l'allégorie et du plagiat, et de l'autre côté la démarche active et
constructive de la comparaison, exaltée sous la forme du comparatisme mythologique. Or le comparatisme mythologique avait, selon
lui, une mission proprement humaniste : éclairer par la raison le
phénomène religieux ; non le détruire, car la religion, pense-t-il, participe au même titre que l'amour à la conservation de l'humanité,
mais dissiper les mirages qui l'entourent. Salomon Reinach donnait
de la sorte, explique Pierre Brunel dans l'avant-propos qui ouvre
sur sa réédition de *Cultes, mythes et religions*, « une admirable leçon
de ce qu'il a justement appelé un " humanisme constructeur " ».
Autant dire que le comparatisme mythologique était pour lui, au
temps où la France se constituait en État laïque, une machine de
guerre contre l'obscurantisme et le traditionalisme. Mais cet humanisme presque militant de Salomon Reinach était en même temps

un humanisme de philologue et de savant : il s'appuyait sur un examen scrupuleux des textes et de leurs sources, sur un travail d'archéologue et de linguiste, car l'étude des mythes relevait pour lui de la linguistique autant que de l'histoire. Il fallait, pour les comprendre, user de la science étymologique et les comparer aux livres sacrés de l'Inde, et en même temps utiliser les témoignages laissés par la littérature et les arts figurés.

Si je me suis attardée sur l'œuvre de Salomon Reinach, ce n'est donc pas seulement pour rendre hommage au frère de celui à qui nous devons notre présence ici. C'est surtout parce que, justement, Salomon Reinach — et derrière lui tous ceux dont il résume la pensée — me semble être le maillon qui relie grâce à l'étude des mythes la chaîne des deux humanismes, l'humanisme philosophique et l'humanisme philologique, au comparatisme d'aujourd'hui. Ce n'est certes pas un hasard si, en 1996, Pierre Brunel, qui avait déjà depuis de nombreuses années réveillé en France le comparatisme mythologique, a persuadé aux éditions Robert Laffont de faire rééditer par Hervé Duchêne l'essentiel des volumes qui constituent *Cultes, mythes et religions*. Dans l'avant-propos qui ouvre le volume, Pierre Brunel salue d'abord en lui celui qui a voulu « établir un pont du paganisme au christianisme, comme un juif converti en établit entre l'Ancien et le Nouveau Testament », rénovant de la sorte la pensée catholique autant que les recherches mythologiques, car le siècle précédent avait été marqué par la pensée d'un autre comparatisme, celui de Frédéric Ozanam, qui pensait au contraire, Pierre Brunel le rappelle dans l'hommage qu'il vient de lui rendre : « la mythologie, c'est le paganisme se perpétuant dans les lettres, comme il se perpétue par la superstition dans la religion, dans le droit par l'oppression des faibles, par l'esclavage, par le divorce. » Mais il est vrai que cet aspect de sa pensée, si généreux soit-il, résiste mal à l'épreuve du temps et des textes. Pierre Brunel préfère alors ensuite citer G. K. Chesterton et Paul Claudel, pour affirmer avec eux qu'un « abîme infranchissable existe entre le paganisme et le christianisme, une différence d'*essence* sans laquelle, précisément, le christianisme perd son *sens* ». Et donc « le meilleur Reinach », conclut Pierre Brunel, « reste celui qui s'est nourri de sa fréquentation quotidienne des œuvres d'art antiques, d'une science archéologique d'une ampleur et d'une précision admirables ». Et c'est à ce titre que Salomon Reinach « trouve sa place parmi ces maîtres du comparatisme, dont un comparatiste d'aujourd'hui ne peut qu'honorer la mémoire, même si son objet d'étude est la littérature comparée, inséparable, il est vrai, de l'étude des mythes ».

Oui, la littérature comparée est aujourd'hui « inséparable de l'étude des mythes ». Et elle ne l'est pas par le fait d'un simple hasard, mais parce que la méthode comparative a été d'emblée associée à la mythographie. Une génération de chercheurs, venus à cette moderne discipline par la voie des humanités classiques, ou même parfois venus à étudier les humanités classiques par la voie de cette discipline moderne, a suivi avec Pierre Brunel ces « maîtres du comparatisme » et trouvé dans les figures de la mythologie l'instrument privilégié d'une réflexion sur la littérature, concevant, selon la formule de Daniel-Henri Pageaux qui lui même cite Northrop Frye, « la littérature comme mythologie », et découvrant comme lui que, en somme, « étudier les mythes, c'est pour le comparatiste commencer à s'approcher de la question poétique par excellence : qu'est-ce qu'écrire ? » Après les longs détours que l'histoire religieuse a imposés pour la légitimer, la mythologie redevient aujourd'hui ce qu'elle était au temps d'Ovide : non pas le continent obscur du savoir humain, non pas un simple répertoire de fables, mais un vivant musée de la fiction.

Deux grands chantiers sont ouverts. Le premier rassemble des travaux théoriques, historiques et épistémologiques. Derrière Jean-Pierre Vernant, Paul Veyne, Claude Calame, Marcel Détienne, il travaille à rendre au concept de mythologie son historicité. Après les travaux d'un Fontenelle ou d'un Salomon Reinach, qui ont délivré la fable antique de la chape de plomb des obscurantismes religieux, il fallait en effet la délivrer aussi de la gangue rationaliste et scientiste qui justement, en l'appelant mythologie, la désignait comme science du faux et du scandaleux. On doit se souvenir désormais que le mot *mythos*, bien avant de devenir la chimère d'un romantisme en quête de la poésie primordiale des peuples, puis le repoussoir d'une philosophie positiviste, a désigné pour Aristote « l'âme » de l'activité créatrice et fabulatrice de la poésie. On doit aussi se rappeler que les *Métamorphoses* d'Ovide ont longtemps été imprimées sous le titre de *Bible des Poètes*. De fait, ce grand chantier construit son édifice sur le tombeau d'Ovide, et se réclame des travaux de Jean-Pierre Néraudau comme de ceux de Marc Fumaroli. En parallèle et en prenant appui sur ces bases, un autre vaste ensemble de travaux, sous l'égide de Pierre Brunel, s'attache à une moderne mythocritique et aux figures de la mythologie envisagées, selon la formule de Sylvie Ballestra-Puech, dans la « longue durée » et dans « les grands espaces ». Dans un important article publié récemment sous ce titre, elle milite ardemment pour une extension du « champ mythocritique » dans le temps et dans l'espace, extension qui est seule capable, pense-t-elle, de rendre compte du mythe littéraire, dans la mesure où « le mythe littéraire permet peut-être, dans chacune de ses actualisations, une double révélation : une ou plusieurs de ses significations latentes deviennent explicites mais, dans un mouvement symétrique, il offre à chaque époque et à chaque créateur un miroir magique où se révèle, peut-être à leur insu, leur singularité ». Ces travaux sur les mythes littéraires se sont, je le répète, multipliés pendant les dernières décennies : avant la Seconde Guerre mondiale, la littérature comparée s'attachait surtout, dans une perspective iréniste bien compréhensible, à mettre en lumière les relations, les échanges, voire les malentendus qui unissent ou séparent les peuples. Après le désastre et les massacres, elle cherche peut-être bien réellement, aujourd'hui, un nouveau sens à l'humanisme. Et peut-être le trouve-t-elle, ce nouvel humanisme, dans une réflexion sur la fiction, que les Grecs appelaient *mythos* et les romains *fabula* : car ce n'est pas seulement le rire, mais aussi le permanent désir d'imaginer et de raconter qui sont le propre de l'humanité. Pour cet humanisme que j'appellerai poétique, les fables antiques ne sont ni un ornement, ni même la matière de la littérature, elles en sont l'âme.

J'avais commencé cet exposé en prenant pour modèle du comparatisme naissant la figure de Psyché, à la recherche d'elle-même. On me pardonnera je l'espère de choisir pour conclure une autre figure qui m'est chère, celle d'Écho, que l'on appela jadis la dixième muse, et qui pourrait bien être celle du comparatisme actuel. Car Écho est la figure de l'imitation créatrice et de l'émulation poétique, postures que la démarche comparatiste s'attache à étudier. Écho est aussi, en face d'une conception autiste des littératures nationales, en face du narcissisme, le choix de l'ouverture au chant du monde et de l'ailleurs. Elle est enfin la figure de l'écoute et de la réponse, de l'attention portée à soi mais surtout à l'autre en soi. C'est pour cela que, dans les premières années du XVIIe siècle, un humaniste hollandais, Theodore Dousa (le fils de Johan van der Does) plaçait sous son patronage la nouvelle Académie d'Utrecht en lui consacrant un curieux ouvrage anthologique qui préfigure nos thèses d'aujourd'hui. C'est aussi pour cela que, dans la figure d'Écho, peuvent se rencontrer l'académisme humaniste et le comparatiste moderne dans leurs meilleures aspirations. Et c'est pour cela enfin que je termine ce propos par ce dernier hommage, adressé à un érudit des temps passés qui pensait que l'éclectisme intellectuel, que la pluralité des langues, le dialogue des cultures, à condition de se fonder sur une solide connaissances de leurs

sources, pouvaient sauver l'humanité de la barbarie, de la guerre et
de la haine. Alors même que Monsieur Jourdain n'avait pas commencé à faire de la prose sans le savoir, les jeunes académies européennes, en se penchant sur les fables antiques, faisaient déjà, sans
le savoir, de la littérature comparée.

INDICATIONS BIBLIOGRAPHIQUES

D.-H. Pageaux, *La Littérature générale et comparée*, Paris, Armand Colin, 1994.
Relire les comparatistes français, Revue de Littérature comparée 295, juillet-
        septembre 2000, en part. l'*art.* de P. Brunel, « Frédéric Ozanam (1813-
        1853) et l'enseignement des littératures étrangères », p. 287-305.
Le Comparatisme aujourd'hui, textes réunis par S. Ballestra-Puech et
        J.-M. Moura, Villeneuve d'Ascq, Université Charles-de-Gaulle-Lille III,
        1999 (UL3 Travaux et recherches) : en part. les *art.* de C. Coquio, « Une
        discipline contre la discipline, ou le comparatisme est un mimétisme »,
        p 249-267, et de S. Ballestra-Puech, « Longue durée et grands espaces :
        le champ mythocritique », p. 23-33.
J. Bompaire, « Le mythe, selon la *Poétique* d'Aristote », dans *Formation et
        survie des mythes*, colloque de Nanterre (19-20 avril 1974) du Centre de
        Recherches Mythologiques de l'Université de Paris X, Paris, Les Belles
        Lettres, 1977, p. 29-36.
J. Pépin, *Mythe et allégorie, des origines grecques aux contestations judéo-chré-
        tiennes*, Paris, Études augustiniennes, 1976.
J. Seznec, *La Survivance des dieux antiques*, Paris, Flammarion, coll. « Idées et
        recherches », 1980.
M. Détienne, *L'invention de la mythologie*, Paris, Gallimard, coll. « TEL »,
        1981.
P. Veyne, *Les Grecs ont-ils cru à leurs mythes ?*, Paris, Seuil, coll. « Des
        Travaux », 1983.
C. Calame, « Évanescence du mythe et réalité des formes narratives », dans
        Métamorphoses du mythe en Grèce ancienne, Cl. Calame dir., Genève,
        Labor et Fides, 1988, p. 7-14.
Id., « Illusions de la mythologie », *Nouveaux Actes sémiotiques*, Pulim, 12, 1990.
A. Gaillard, *Fables, mythes, contes. L'esthétique de la fable et du fabuleux
        (1660-1724)*, Paris, Champion, 1996.
S. Reinach, *Cultes, mythes et religions*, éd. établie, présentée et annotée par
        H. Duchêne ; avant-propos par P. Brunel, Paris, Robert Laffont, coll.
        « Bouquins », 1996.
P. Brunel, *Mythocritique. Théorie et parcours*, Paris, PUF, 1992.
Mythes et littérature, Textes réunis par P. Brunel, Paris, Presses de l'Université
        de Paris-Sorbonne, 1994.
P. Magnard, *Questions à l'humanisme*, Paris, PUF, coll. « Intervention philoso-
        phique », 2000.

La Querelle des Anciens et des Modernes, précédé de « Les abeilles et les arai-
gnées », essai de M. Fumaroli, suivi d'une postface de J.-R. Armogathe,
éd. établie et annotée par A.-M. Lecoq, Paris, Gallimard, coll. « Folio
classique », 2001.

J.-P. NÉRAUDAU, *L'olympe du Roi-Soleil*, Paris, Les Belles Lettres, 1996.

ID., *Ovide ou les dissidences du poète*, Mont-de-Marsan, éditions Inter-Univer-
sitaires, 1989.

J. DOUSA (J. VAN DER DOES), *Echo, sive Lusus imaginis iocosae quibus titulus
Halcedonia [...]*, Hagae Comitis, ex officina B. Nieulandii, 1603, in-4° et
ses éditions successives, en particulier : *Lusus imaginis iocosae sive
Echus a variis Poetis, variis linguis & numeris exculti. Ex bibliotheca
Theodori Dousae I. F. Accessit M. Schoockii dissertatio de natura Soni &
Echus*, Ultraiectu, ex officina Ægidii Roman, Acad. Typogr., 1638 (voir
V. Gély-Ghedira, *La Nostalgie du moi. Écho dans la littérature euro-
péenne*, Paris, P.U.F., coll. « littératures européennes », 2000.)

Véronique GÉLY

GRAMMAIRE ET ESTHÉTIQUE LITTÉRAIRE À ROME : TRADITION ET MODERNITÉ

Consacrer une réflexion conjointe à la grammaire et à l'esthétique littéraire chez les Latins en termes de tradition et de modernité, c'est privilégier la première des deux notions, dès lors qu'on l'entend à la manière antique, soit dans la plénitude de son sens étymologique : celui de l'héritage reçu, de la « transmission », selon l'expression même de J. Irigoin. En effet les Anciens n'ont jamais conçu une modernité, qui, à l'exemple de la nôtre, revendiquerait la rupture plus que la continuité. On le voit tout particulièrement avec une grammaire et une conception littéraire dont la raison d'être est le respect d'un long héritage qui ne cesse de s'enrichir au fil du temps, sans jamais rompre avec le passé fondateur. Si fermé que soit ainsi chez les Latins le domaine de l'art, la modernité n'en est pourtant pas absente. Elle doit seulement être pensée, comme nous allons le voir, sous la forme d'une évolution qui requiert un travail de contamination et d'émulation mélioratives, si bien qu'elle admet, en même temps que l'imitation et la référence explicites ou implicites à un modèle exemplaire, l'innovation créatrice.

La grammaire est à Rome au fondement même de la tradition culturelle : elle représente le premier degré de l'enseignement, sans que cet aspect didactique en soit l'unique visée. A vrai dire, une réflexion purement grammairienne arrive tard à Rome. En effet jusqu'à Varron, elle est l'affaire non de professionnels, mais d'amateurs lettrés et, plus encore, d'écrivains. Varron est lui-même un polygraphe, tout à la fois théoricien scientifique et écrivain de talent. D'une manière plus générale, même si la grammaire finit par devenir une science, voire le lieu d'érudition des *Grammatici*, elle n'a jamais été à Rome une discipline vraiment indépendante, comme le sont aujourd'hui la linguistique ou les sciences du langage. En effet, selon la remarque de J. Collart, elle puise notamment aux domaines qui suivent : la philosophie, la rhétorique incluant la poétique, la logique, la critique littéraire, la lexicographie. L'explication se trouve dans l'intérêt qu'elle porte tout à la fois à l'origine du langage, aux théories linguistiques et grammaticales, aux modes d'écriture et de mise en œuvre de la langue, à l'examen stylistique des textes.

Il reste que les écrivains ont été eux-mêmes capables de prises de position théoriques. Ainsi en va-t-il, dès les débuts de la littérature latine, d'Ennius, de Lucilius, d'Accius : si lacunaires que soient les textes conservés, leurs fragments portent les traces de réels débats relatifs notamment à des problèmes phonétiques, voire phonologiques, et à des questions littéraires, tel l'établissement du corpus plautinien — avant Varron ou Aulu-Gelle. Les théories grammairiennes de l'analogie et stoïciennes de l'anomalie et de l'étymologie se retrouvent par exemple chez César défenseur de la première position, ou, en position conciliatrice, chez Cicéron, Varron, Tacite, Pline. On peut encore se souvenir du poète épicurien Lucrèce, confondant dans un même processus matérialiste les combinaisons atomistiques des choses et des mots : de la syllabe au mot et à l'énoncé jusqu'au discours-sens s'opère un même travail de formation, en réseaux de complexité progressive. Si antagonistes que soient les courants de pensée, tous aboutissent à propos de la construction du sens à la même image d'une combinatoire en progression quasi géométrique, que les assemblages résultent d'un ordre de raison chez les Stoïciens ou du hasard chez les Épicuriens.

Quoi qu'il en soit, d'une manière plus générale, la grammaire des Latins est naturellement littéraire. Elle l'est en tant que science : elle prend appui sur les grands textes de la littérature et surtout sur ceux des poètes. Le fait reste sensible jusque dans les grammaires tardives : les lemmes des dictionnaires et des différents ouvrages techniques — traité ou *compendium* — sont illustrés à l'aide de citations d'auteurs et en particulier de poètes. Mais, de nature littéraire, la grammaire l'est plus encore du fait que sa mise en système a été précédée d'un long apprentissage pratique, au contact direct des textes littéraires.

En effet, parce qu'ils ont emprunté leur littérature à la Grèce et qu'ils ont commencé par la traduction, les Latins ont dû approfondir leur langue au contact d'une autre langue qu'il convenait de comprendre et de rendre intelligible. Ils ont alors fait l'expérience de la ressemblance et de la dissemblance, de l'analogie et du contraste, de la diversité des grammaires humaines. De fait, outre des différences de système linguistique, les deux langues, la grecque et la latine, n'ont pas les mêmes ancrages esthétique, historique, voire sociologique.

Les Latins ont plus précisément compris que s'ils partageaient avec la langue grecque certains traits et moyens opérationnels, au point de proclamer une filiation naturelle entre les deux langues (*utraque lingua*), il leur fallait néanmoins tenir compte de particularismes réciproques et trouver des moyens compensatoires. Il s'agit ainsi moins encore de souligner des vides linguistiques ou des formulations particulières que de mettre en évidence, à partir de ces différences mêmes, une manière latine de parler, voire de penser les choses et les êtres.

On citera à ce sujet l'absence d'article et la pauvreté de la langue latine en mots abstraits. A la différence de ce que l'on observe en grec, l'absence d'article a contraint l'usager latin à reprendre le mot concerné pour la clarté du sens. Conjointement la trop faible présence d'abstrait a entraîné une pratique de la synonymie : faute de terme compréhensif, l'exactitude terminologique passe par une approche analytique et cumulative des concepts, consistant à énumérer des éléments constitutifs du sens au lieu d'un ensemble. Une conséquence est un cumul verbal d'ordre binaire ou ternaire, porteur d'une rythmique naturelle en langue. La stylisation artistique eut alors peu à faire pour aboutir à la diction rhétorique en incises et en membres, qui sont les fondements mêmes des périodes oratoires. Aussi toutes ces structures ont-elles été d'abord linguistiques avant d'être ornementales.

La référence obligée à un modèle textuel stylistiquement accompli suscitait, plus exactement encore, de l'original à la copie, un travail d'adaptation des modalités expressives du sens. Les Latins ont plus précisément compris, comme le souligne Cicéron (*De optimo genere oratorum* V, 14), que c'était moins sur les mots que sur le sens qu'il convenait de travailler. Ils ont ainsi rejeté le mot à mot servile et privilégié la *uis*, puissance impressive et force qualitative d'un sens (*non uerba sed uim*). Les termes latins qui dénomment l'idée de traduction disent en effet à quel point cette activité que caractérisent la réflexivité et la transférabilité est liée à la négociation et au marchandage. De fait traduire, c'est une sorte de tractation : elle consiste à adapter et transposer le sens par les tours et détours du langage (*inuertere*), voire à passer par un intermédiaire (*interpres*) comparable au courtier en affaire (*interpretari*).

Le rejet du mot à mot est d'autant plus intéressant à souligner que les vocables sont en langue latine la première instance de la signification. En effet, naturellement, le mode articulatoire des Latins entraînait une diction respectueuse de l'autonomie phonétique des mots de sens plein : une dynamique du mot conduisait à

privilégier l'attaque verbale qui ainsi dotée d'une intensité articulatoire interdisait la liaison entre les mots. Nettement détachés dans
le parler quotidien, ceux-ci étaient ainsi dotés d'un réel poids de
sens. Une preuve en est donnée par l'une des dénominations de
cette manière ordinaire de parler : l'*oratio soluta*, diction dénuée de
liaison, voire de liant, suppose un mot à mot capable d'égrener un à
un chaque vocable, en des jeux de pleins et de déliés. Il n'est pas
jusqu'à la prose d'art et à la poésie qui, malgré leur dénomination,
ne soient capables d'en prolonger les principes, fût-ce par des
variantes particulières. La première que caractérise une « énonciation nombreuse » (*oratio numerosa*) et la seconde qui prévaut
par « une énonciation enchaînée » (*oratio uincta*) admettent en
effet des mises en œuvre propres à conserver aux mots leur statut
latin de première instance du sens. Y contribue notamment l'ordre
de mots.

De cette puissance verbale particulière, la grammaire, la rhétorique et la poétique latines portent des marques tangibles. Le grammairien et le juriste s'en souviennent dans la pratique de
l'étymologie, fondement du vrai. Il reste que si les vocables de sens
plein sont de véritables modules de la signification, c'est du
contexte, c'est-à-dire du tissage des différents réseaux de sens, qu'ils
acquièrent leur signification propre. Lucilius en résume parfaitement les données par cette image qui est empruntée au pavement
d'une mosaïque et dont se souvient Cicéron :

> *Quam lepide lexeis compostae : ut tesserulae omnes*
> *arte pauimento atque emblemate uermiculato !*
>
> « Combien joliment sont arrangés les mots [= " premières instances du
> sens "], tous avec art comme les cubes dans un pavement ou un tableau
> de mosaïque vermiculée. »
>
> Lucilius, *Satires*, frg. 84M (= Cicéron, *De oratore* III, 171).

Par-delà l'attention portée au sens exact des mots, c'est en effet
à la construction d'une pensée, à la logique du sens que les Latins
ont travaillé. Ainsi leurs premières démarches grammairiennes ont
été intuitivement, dans un véritable itinéraire de découverte, celles
tout à la fois de l'*elocutio*, de la *dispositio* et de l'*inuentio*, avant que
ces catégories rhétoriques n'aient reçu leur dénomination technique. L'*elocutio*, comme l'écrivent M. Baratin et F. Desbordes,
« représente la construction de la pensée tout autant que les
schémas de découverte et d'organisation des arguments que sont
l'*inuentio* et la *dispositio* ».

A cette mainmise exercée sur l'intelligence d'un sens intelligible s'ajoutait la confrontation avec un texte artistique, dont il convenait d'identifier et d'approcher les protocoles expressifs et qui étaient autant de projets stylistiques parachevés, porteurs d'intentionnalités réussies. La traduction latine a été ainsi moins encore une imitation créatrice qu'une communication et une réception réinterprétées, « ajoutant du présent à la présence », selon l'expression de G. Steiner. De nature finalement métaphorique, l'expérience latine de la traduction littéraire a placé d'emblée la grammaire au niveau d'une stylistique esthétique. Y prévaut le souci du bon et du beau, incluant, comme dans la rhétorique, l'utile, l'honnête et l'artistique.

Il n'est pas jusqu'aux théories littéraires dont les Latins n'aient été imprégnés implicitement et globalement : c'est sans le savoir, au contact direct du modèle transcrit, qu'ils ont appliqué les théories d'Aristote, la pensée stoïcienne et pythagoricienne des platoniciens, la critique textuelle et stylistique des Alexandrins. Le bon et le beau artistiques sont au cœur de l'original expérimenté en continuités et ruptures.

A ces monuments textuels de l'intelligence grecque dont Rome a fait ses modèles et sa référence exemplaire, l'esprit latin a seulement imprimé sa propre énergie réceptive et impressive. C'est parce que les Latins ont pris très tôt la mesure des modalités expressives et de la mise en œuvre, impliquant de véritables négociations formelles et fonctionnelles entre les potentialités des deux langues, qu'ils ont choisi non la simple transcription ou le fac-similé, mais l'exégèse d'une *mimésis* herméneutique. Conscients des différences conceptuelles et expressives, ils ont recherché l'analogue et non le calque, dans la quête d'une équivalence qualitative. S'ils ont ainsi travaillé sur un héritage prescriptif, leur modernité est dans le mode de mise en œuvre. Ils y sont parvenus par la quête de parentés qui « vibrent autour des mots » en nuances, connotations, structures équivalentes ou simplement synonymes, voire en des gloses et paraphrases. Il en résulte que la première grammaire des Latins repose sur l'expérience d'une combinatoire originale d'éléments préexistants d'où résulte un sens tout à la fois même et autre, mêlant la tradition et la modernité.

Ressortissant ainsi au travail mimétique et métalinguistique d'une forme et d'une logique, la traduction latine est dès l'origine un *artefact* voulu par un *artifex*. Plus exactement, le poète est un fabricateur (**poiein*) et un organisateur du *logos*. On ne saurait ainsi s'étonner qu'il ait d'abord été qualifié à Rome de *scriba*,

« l'écrivant » au service d'une écriture, soit le grammairien, dès lors que l'on se souvient de l'étymologie de ce mot : rattachée à la science des lettres (*gramma*), la grammaire a pour point d'application l'écriture qu'il convient d'entendre dans son acception stylistique moderne et qui est celle des modalités expressives, des modes de mise en œuvre de la signification, des formes et des genres. La quête esthétique d'un sens donné en héritage et voué à être transmis, tel a été ainsi l'acte fondateur de la grammaire latine. Communication réussie et réussite artistique en ont été conjointement les fondements et la finalité.

S'il est vrai que, très rapidement, la littérature latine acquiert ses lettres de noblesse et un style propre — sans que jamais soit reniée la référence grecque —, on soulignera que ses auteurs n'ont jamais cessé de penser leur art en philologues, amoureux d'un Verbe destiné à une plénitude de sens. Ils ont constamment adossé l'écriture artistique à une connaissance et à une maîtrise parfaites des capacités linguistiques et expressives de leur langue. Certes la manière peut apparaître à des modernes plus intuitive que raisonnée. Exemplaires sont en la matière les étymologies « par l'oreille ». Pourtant, si approximatifs qu'en soient les principes fonctionnels, la pratique analogique qui les fonde contribue, dans les plus grands textes, à une véritable « poiétique » du sens.

Les principes de cette grammaire stylistique des textes restent vivants et productifs tout au long de la latinité. A ce titre, la grammaire latine, qu'elle soit conçue pour elle-même ou mise au service d'un projet d'écriture, n'a jamais été coupée des textes, à la différence de ce qui se passe dans nombre des théorisations de notre linguistique moderne. Elle est le lieu par excellence d'un sens construit en clarté d'émission et de réception. Et lorsque s'affirme une pensée proprement grammairienne à Rome, l'héritage grec et les querelles d'école sont reçus et pensés sans radicalisation. Exemplaire est en la matière la position conciliatrice d'un Varron, écrivain encyclopédiste plaidant en faveur du bon sens, soit de l'usage en *consuetudo*.

Cette manière de penser la grammaire persiste jusque chez les grammairiens professionnels qui apprennent non seulement à lire et à écrire, mais à maîtriser la critique littéraire et la stylistique des textes. Ils s'attachent en effet à établir, commenter et interpréter les textes, selon la méthode alexandrine et conformément à des principes scientifiques dont tiennent encore compte les éditeurs modernes les plus sérieux. Ainsi Aelius Stilon qu'évoque Varron dans le *De lingua latina* importe à Rome une philologie alexandrine érudite et une histoire des textes tenant le plus grand compte de critères génériques et auctoriaux, diachroniques et synchroniques, stylistiques et métriques, voire mythologiques. On citera encore Tyrannion célèbre par son enseignement et sa lecture des poètes autant que par sa science rigoureuse de l'établissement des textes et ses exégèses littéraires. Aussi faut-il attendre les Antonins pour trouver le premier antiquaire, Aulu-Gelle : on soulignera cependant que, si érudit qu'il ait été, ce grammairien n'en demeure pas moins encore très stylisticien.

L'important est ainsi moins une grammaire prescrite que la chorégraphie des structures et des moyens prescriptibles : ouverts à une mise en œuvre infinie, ceux-ci engendrent par les écarts de perception et différences de modes de réflexion une intelligibilité différenciée du monde. Étrangère à la pensée unique, la grammaire latine inclut la dimension humaniste. Comme l'écrit George Steiner, « chaque langue construit la factualité de la réalité existentielle, des " données immédiates " et le fait à sa manière spécifique. Chaque fenêtre de la maison des langues s'ouvre sur un paysage différent et sur une autre temporalité, sur une segmentation particulière du spectre de l'expérience perçue et classée. En aucune langue on ne divise le temps et l'espace précisément comme dans l'autre ».

Travail de formulation et de réception, cette sorte de grammaire est au cœur de la problématique même de cette transmission des idées et de la pensée que nous appelons aujourd'hui communication. Varron en explique le mode de fonctionnement par le biais de la théologie mythique en faisant du dieu Mercure la figure emblématique de la conversation, *sermo*, dialogue en interface des échanges quotidiens. Plus précisément, comme le montre une étude détaillée de L. Deschamps, il part d'une étymologie analogique pour définir Mercure comme un *medius currens* :

> *Nam ideo Mercurius quasi medius currens dicitur apellatus quod sermo currat inter homines medius ; ideo Ἑρμῆς Graece, quod sermo uel interpretatio quae ad sermonem utique pertinet, ἑρμηνεία dicitur ; ideo et mercibus praeesse quia inter uendentes et ementes sermo fit medius ; alas eius in capite et pedibus significare uolucrem ferri per aera sermonem ; nuntium dictum, quoniam per sermonem omnia cogitata enuntiantur.*

> « En effet, on dit que l'origine de l'appellation de Mercure (*Mercurius*) est en quelque sorte " celui qui court au milieu " (*medius currens*), parce que la conversation court médiatrice entre les hommes ; ce dieu s'appelle en grec Hermès, parce que la conversation (*sermo*) ou " l'interprétation " (*interpretatio*), qui relève de toute manière de la conversation se dit " hermeneia " (ἑρμηνεία). Il préside aussi aux marchandises parce que la conversation se fait médiatrice entre vendeurs et acheteurs ; les ailes sur sa tête et à ses pieds signifient que la conversation est portée à

travers les airs comme un oiseau ; on le dit " nonce " (= messager, *nuntius*), parce que c'est grâce à la conversation que tout ce qui est pensé (*cogitata*) est énoncé (*enuntiantur*). »

Augustin, *De Ciuitate Dei* VII, 14 (= Varron, Cardauns).

Par l'évocation de cette conversation qui court médiatrice entre les hommes ou plus exactement entre des vendeurs et des acheteurs, il s'agit de rappeler que l'échange parlé peut impliquer la mise en œuvre réussie d'une juste stratégie. Mercure, dieu préposé entres autres activités au commerce, est alors en effet le plus apte parmi toutes les divinités à pouvoir réussir en ce domaine : connues de la mythologie sont ses capacités de fin négociateur et d'expert dans l'art d'apprécier les hommes et les situations. Un autre passage de Varron permet d'affiner encore la portée de cette tractation :

Sermo, opinor, est a serie, unde serta ; etiam in uestimento sartum, quod comprehensum ; sermo enim non potest in uno homine solo, sed ubi oratio cum altero coniuncta [...] (65) Hinc etiam, ab quo ipsi consortes, sors.

« La conversation (*sermo*), je pense, dérive de " série " *(series)*, de " guirlandes " *(serta)* ; dans un vêtement également " (une pièce) en surjet " (*sartum*), parce qu'elle y est attachée ; [...] de là aussi " tirage au sort " (*sors*), d'où viennent les copartageants (*consortes*) eux-mêmes. »

Varron, *De lingua latina* VI, 64.

Par le biais des étymologies analogiques, il apparaît que les actes du langage qui sous-tendent le *sermo* reposent sur un processus « copartagé » (*consors*) propre à lier non seulement le locuteur et l'interlocuteur, mais plus encore les hommes et les choses. L'idée d'un lien étroit ressort plus particulièrement encore des images conjointes d'un tressage en guirlandes (*serta*) ou d'un travail de couture en surjet de pièces assemblées (*sartum*), tandis que le principe même de liaison est celui des séries en ligne (*series*). En d'autres termes, on pourrait alors définir la construction du sens comme un semis de mots traités en enfilades et impliquant un travail rhapsodique de couture, pour un assemblage moins linéaire que progressif, puisque le tressage y est admis. N'est-ce pas très exactement rappeler l'idée qui est comprise dans l'étymologie même d'un texte, voire du macrotexte ou contexte : *textus*, tissage d'une partie ou d'un tout ?

L'accent est mis en outre sur l'idée d'un sens d'autant mieux négocié qu'il assure une bonne réception. L'image d'un Mercure volant n'est pas sans rappeler l'expression même d'Homère, concernant les « mots ailés » (ἔπεα πτερόεντα) qui, comparables à

une flèche, doivent atteindre le cœur de la cible. La variante mythologique varronienne permet seulement d'insister sur une localisation des mots porteurs de sens et assurés d'une réception
réussie : la double image d'un Mercure à la tête et aux pieds ailés
met en évidence, dans le premier cas, le lieu de la pensée conceptuelle, dans le second cas, un véritable parcours du sens.

Résulte de l'ensemble l'idée d'une qualité de conception et
d'une efficacité de réception qui font de Mercure un « messager en
énonciation », comme le donne à entendre cet autre texte var-
ronien :

> *Nuntius enim est a nouis rebus nominatus, quod a Graeco uerbo*
> *potest declinatum.*
>
> « Le " nonce " (messager, *nuntius*) a tiré son nom des choses nou-
> velles (*nouis*), terme qui peut venir d'un mot grec. »
>
> Varron, *De lingua latina* VI, 58.

A vrai dire, ce qui retient ici l'attention de Varron, c'est moins
encore le polyptote messager-message ou, plus précisément
« nonce-énonciation » (*nuntius / enuntiari*), présent dans la notice
précédente de saint Augustin, que le rapport analogique établi entre
les idées d'annonce et de nouveauté : annonceur de choses neuves,
soit de « nouvelles », tel est Mercure dans sa fonction de messager.
Découvreur de nouveauté, le messager est ainsi chargé de
dénommer, c'est-à-dire de faire exister, l'inconnu (*nouis*), de lui
faire prendre corps au point de l'installer dans la réalité de choses
(*rebus*). A partir d'un langage savoir acquis, c'est par un connu en
combinatoire nouvelle qu'il arrive à formuler un inconnu capable
d'une évocation de reconnaissance, selon l'expression de
M. Dominicy.

Que la combinatoire des éléments constitutifs du sens soit
déterminante en la matière, on le voit à la lumière de cette définition de la parole ordinaire (*loqui*) que l'on doit encore à Varron :

> *Loqui ab loco dictum, quod qui primo dicitur iam fari et uocabula et*
> *reliqua uerba dicit, antequam suo quidque loco ea dicere potest. Hunc*
> *Chrysippus negat loqui, sed ut loqui ; quare, ut imago hominis non sit homo,*
> *sic in coruis, cornicibus, pueris primitus incipientibus fari uerba non esse*
> *uerba, quod non locentur.*
>
> « Parler (*loqui*) a tiré son nom de lieu (*locus*), parce que celui dont
> on dit qu'il commence à parler articule les noms et les autres mots avant
> de pouvoir les dire chacun à sa place (*suo quidque loco*). Chrysippe dit
> que cet homme ne parle pas, mais fait comme s'il parlait. Et effecti-
> vement, comme l'image de l'homme n'est pas l'homme, de même chez les

corbeaux, les corneilles, les enfants qui commencent tout juste à parler, les mots ne sont pas des mots, parce qu'ils ne sont pas placés (*locentur*). »

Varron, De lingua latina VI, 56.

Parler (*loqui*), c'est donc ordonner les mots en les mettant bien à leur place (*locus*) : c'est présupposer l'acte syntaxique par excellence d'une cohésion logique. Aussi, comme le souligne L. Deschamps, ne saurait-on exclure de ce champ lexical analogique un ultime rapport de *loqui* avec le *logos* de raison. La parole est localisation logique. Protocole d'intelligence partagée autant que lieu épistémologique d'intentionnalités, elle suppose un véritable guidage du sens et de la compréhension.

Cette idée demeure essentielle jusque chez les *Grammatici* tardifs. Aussi, à l'époque même d'une érudition classificatrice, au Ve siècle de notre ère, Martianus Capella se sert-il encore des figures emblématiques de Varron, si bien qu'il intitule son encyclopédie de neuf livres : *Noces de Philologie et Mercure*. Dans ce gros œuvre, Philologie, Amour du Verbe et du *logos*, épouse Mercure dont nous venons de rappeler les spécificités, tandis que l'une et l'autre sont accompagnés des sept arts libéraux, soit du *trivium*, grammaire, rhétorique, dialectique, et du *quadrivium*, musique, géométrie, arithmétique, astronomie.

Il convient seulement, à ce sujet, de préciser le sens d'*ars* à Rome. Un double concept est sous-jacent à cette idée, celui de science et d'art, en dépendance interactive. *Scientia* désigne un état de connaissances acquises par rapport à un objet précis. *Ars* est le savoir-faire qui en résulte, de nature fonctionnelle et finalisée. Une grammaire ainsi définie est alors un savoir acquis (*scientia*) réalisé en savoir-faire ou mise en pratique personnelle (*ars*). Ajoutons que le terme d'*ars* est étymologiquement affilié à tout ce que nous venons d'en dire : la raison (*ratio*), l'ordre (*ordo*), l'ajustement harmonieux (ἀραρίσκειν), voire une forme de ritualisme (*ritus*).

Ce réseau analogique de sens se comprend mieux encore si l'on rappelle l'origine philosophique de l'ordre même de raison du langage : celle d'une pensée stoïcienne, à laquelle la grammaire latine est originellement adossée. Or, dans la mesure où les stoïciens préconisent une origine naturelle (φύσις) du langage et où la Nature est *ordo* et *ratio*, l'art est contenu naturellement en elle. Il provient directement d'elle, comme le précise cette déclaration cicéronienne :

Sed ut in plerisque rebus incredibiliter hoc natura est ipsa fabricata, sic in oratione, ut ea quae maximam utilitatem in se continerent, plurimum eadem haberent uel dignitatis uel saepe etiam uenustatis. Incolumitatis ac

salutis omnium causa uidemus hunc statum esse huius totius mundi atque
naturae, rotundum ut caelum terraque ut media sit eaque sua ui nutuque
teneatur, sol ut eam circumferatur, ut accedat ad brumale signum et inde
sensim ascendat et in diuorsam partem ; ut luna accessu et recessu solis
lumen accipiat ; ut eadem spatia quinque stellae dispari motu cursuque
conficiant. (179) *Haec tantam habent uim, paulum ut immutata cohaerere*
non possint, tantam pulchritudinem, ut nulla species ne cogitari quidem
possit ornatior. Referte nunc animum ad hominum uel etiam ceterarum
animantium formam et figuram. Nullam partem corporis sine aliqua neces-
sitate affictam totamque formam quasi perfectam reperietis arte, non casu.
Quid in eis arboribus ? In quibus non truncus, non rami, non folia sunt
denique nisi ad suam retinendam conseruandamque naturam.

« Mais il en est du discours comme de presque toutes les choses : la
nature d'elle-même s'est fabriquée de façon à ce que les choses qui ren-
ferment en elles la plus grande utilité, détiennent en même temps le plus
de majesté et souvent même de grâce. C'est pour la conservation et la sau-
vegarde de tous les êtres que nous voyons un état de l'univers entier et de
la nature où le ciel est un cercle dont la terre forme le centre, maintenue
par l'effet de ses tendances propres, où le soleil accomplit sa révolution,
s'approche du solstice d'hiver et ensuite s'élève peu à peu vers le point
opposé ; où la lune en s'approchant et en s'éloignant reçoit la lumière du
soleil ; où les cinq planètes parcourent la même carrière d'un mouvement
et avec une vitesse différente pour chacune d'elles. Cet ensemble est si
bien ordonné que le moindre changement en détruirait la cohésion, si
beau qu'on n'en peut même pas imaginer de spectacle plus magnifique.
Reportez maintenant votre attention sur la forme et sur la configuration
des hommes ou même des autres êtres vivants. Vous verrez que dans leur
corps, il n'est aucune partie qui n'ait son utilité et que leur forme, dans son
ensemble, est pour ainsi dire l'œuvre parfaite de l'art, non du hasard. Et
les arbres ? Tronc, branches, feuilles ne servent en définitive qu'à y
conserver et entretenir la vie. »

Cicéron, *De oratore* III, 178-179.

Ce texte donne la mesure d'une Nature artiste, véritable
démiurge divin, capable d'initier l'homme qui sait observer et enre-
gistrer les faits naturels. On remarquera que, parmi les actes fonda-
teurs d'une Nature à l'œuvre se trouvent la régularité des cycles
astronomiques, véritable géométrie spatiale, l'arborescence
végétale et le vivant organique dont l'homme est le modèle et où
prévaut une proportion harmonique et fonctionnelle. Il n'est pas
jusqu'aux gouttes d'eau qui ne soient capables d'enseigner les
rythmes et les cadences musicales ou métriques :

Numerus autem in continuatione nullus est ; distinctio et aequalium
aut saepe uariorum interuallorum percussio numerum conficit ; quem in
cadentibus guttis, quod interuallis distinguuntur, notare possumus, in amni
praecipitante non possumus.

« Il n'y a pas de rythme dans ce qui est continu ; c'est une marque
distinctive et des temps marqués à intervalles égaux ou souvent différents
qui constituent le rythme ; nous pouvons en noter un dans les gouttes qui
tombent, parce qu'elles ont des intervalles distincts ; dans un fleuve impé-
tueux, nous ne le pouvons pas. »

Cicéron, De oratore III, 48, 186.

Parce qu'elle inclut ainsi un ordre de raison, la grammaire des
Latins est hiérarchisée dans ses composants : on passe ainsi du
niveau le plus élémentaire, la syllabe, jusqu'à l'unité maximale du
sens qu'est l'énoncé en passant par le mot, simple et combiné.
Mieux encore : sa nature stoïcienne implique un langage qui, initié
par la nature, en possède et reflète les capacités synesthésiques.

Ainsi les sons, véritable empreinte sonore, sont capables
d'effets impressifs. De nature variée, les uns laissent une impression
agréable, les autres désagréable. Quintilien (De institutione ora-
toria XII, 10, 29-32), évoquant les sons des lettres, peut alors dire du
phonème « f » qu'il « n'a presque rien d'une voix humaine » ; car,
émis dans un souffle, ce son cassé provoque une impression de
rugosité hérissée ; à propos de « m » et « n », il souligne leur
caractère mugissant. Le laboratoire acoustique antique relève de ce
fait moins de la phonétique ou de la phonologie que d'une phono-
stylistique.

Il admet un corollaire : l'impressivité même des sons fait que
ceux-ci ne sont pas tous aptes à la combinatoire humaine d'un
langage articulé. Les grammairiens latins distinguent en effet les
sons « sémiques » et « asémiques ». Les premiers sont spécifiques
de l'homme, parce qu'ils sont scriptibles : la mise au jour du sens
correspond au travail de l'écriture. Les seconds, de nature confuse,
ne produisent que des cris : étrangers à la formulation d'un sens, ils
extériorisent une émotion, lieu de l'irrationnel, de sorte qu'ils
appartiennent aussi bien aux animaux qu'à l'homme :

> *Vox est, ut Stoicis uidetur, spiritus tenuis auditu sensibilis, quantum in
> ipso est ; fit autem uel exilis aurae pulsu uel uerberati aeris ictu ; omnis uox
> aut articulata est aut confusa ; articulata est rationalis hominum loquellis
> explanata ; eadem et litteralis uel scriptilis appellatur, quia litteris compre-
> hendi potest ; confusa est inrationalis uel inscriptilis, simplici uocis sono
> animalium effecta, quae scribi non potest, ut est equi hinnitus, tauri
> mugitus.*

> « Le son est, selon les stoïciens, un souffle ténu qui est perceptible à
> l'écoute, autant qu'il y en a en lui ; sa réalisation, subtile, se fait sous l'effet
> soit de la pression de l'air, soit du choc de l'air frappé ; tout son est soit
> articulé soit confus ; articulé il est un signifié dont la parole humaine est
> le lieu d'expression ; conjointement on l'appelle " littérable " ou " scrip-

tible ", parce qu'il peut être saisi dans des lettres ; mais, de nature confuse, il n'a pas de signifié et il est non scriptible. Il prend effet dans l'émission simple des sons d'animaux qui ne peuvent être écrits, comme le hennissement du cheval ou le mugissement du taureau. »

Varron, *frgt. 238 Fun.*

Il n'est pas jusqu'au grand livre d'images du mythe qui ne soit capable d'illustrer emblématiquement ces données. Exemplaire est en la matière l'histoire de Philomèle et de Procnè : parce que la souffrance atteint des degrés extrêmes, elle aboutit à la ruine de l'humain que symbolise la métamorphose animale. Alors que ces deux sœurs, martyres du barbare thrace Térée, sont ainsi dépossédées de leur forme humaine et transformées en oiseaux, elles sont conjointement privées de l'usage du langage-sens. Aussi ne font-elles plus entendre désormais qu'un chant, voire un cri, sans parole. Il reste que cette voix inarticulée de l'émotionnel ne perd pas les nuances personnalisées de l'humain, dans ses timbres et modulations. Philomèle le rossignol donne à entendre une souffrance en octaves et harmoniques variés ; elle module sa voix en trilles d'une bigarrure riche des multiples inflexions de la tristesse douloureuse. En revanche Procnè, l'hirondelle dont la langue a été arrachée afin qu'elle ne puisse pas dénoncer le viol subi, parvient à un tel sommet de la souffrance qu'elle a perdu jusqu'à l'euphonie : elle fait entendre le cri de la rupture absolue, strident et dissonant d'une voix barbare, comme le montre A. Wersinger à la lumière des textes.

L'excès de douleur conduit à la perte de la raison et déconstruit l'être au point de le défigurer. Par voie de conséquence, une grammaire stoïcienne, principe d'ordonnancement et lieu de la pensée conceptuelle, n'y a plus sa place : ruinés sont les syllabes sémiques, la syntaxe qui construit le sens, les mots qui dénomment la réalité des êtres et des choses. En ce qui concerne plus précisément les mots, c'est à la perte moins encore du sens que du vrai que l'on assiste, si l'on en croit Varron affirmant que le « le Verbe et le vrai » partagent le même sème :

Verbum a uero cognominatum est.
« le mot doit sa dénomination au vrai. »

Varron, *Frgt. 265 Fun.* (= Augustin, *De dialectice*).

Le corollaire est que l'étymologie est la science raisonnée du vrai :

> *Cum unius cuiusque uerbi naturae sint duae, a qua re et in qua re uocabulum sit impositum [...] priorem illam partem, ubi, cur et unde sint uerba scrutantur, Graeci uocant ἐτυμολογίαν, illam alteram περὶ σημαινομένων.*

« Chaque mot comporte deux caractéristiques essentielles, à savoir : l'origine et la portée de son affectation [...]. La première de ces démarches, celle où l'on cherche à déceler où, pourquoi et comment naissent les mots, les Grecs l'appellent étymologie (ἐτυμολογίαν), la seconde sémantique (περὶ σημαινομένων) » (trad. J. Collart).

Varron, *De lingua latina* V, 2.

Varron défend ainsi l'idée tout à la fois platonicienne et stoïcienne que les mots ont été affectés aux choses (*imposita uerba*), avec la nature pour guide et selon un acte de fondation assuré par un *conditor*, véritable fondateur des mots. Comme l'écrit L. Deschamps, « le *conditor*, de quelque *conditor* qu'il s'agisse, est au-dessus des hommes. Il participe d'une connaissance, d'un pouvoir qu'eux n'ont pas. Par une sorte d'activité à la fois religieuse et magique, il met à l'abri ses secrets, les rend indestructibles, les insérant dans l'espace, dans le temps, dans le sol, dans l'histoire. Il impose des noms, il fonde des villes. Tout cela obéit à la même motivation, préserver, conserver. »

Cette quête du vrai qui est au cœur des conceptions grammairiennes des Latins trouve une forme accomplie dans la rhétorique. Véritable protocole du sens de vérité, celle-ci en stylise les aspects et en améliore les procédures. Exemplaire est à ce sujet la place majeure qui y est accordée à la définition, tout à la fois *partitio* et *diuisio*, aux différences spécifiques (*species*), à la manière générique (*genus*), aux lieux communs (*loci communes*), si bien qu'y prédomine le savoir d'évocation pour une réception de reconnaissance.

Il n'est pas jusqu'aux tropes et figures qui ne soient également partagés par la grammaire et la rhétorique. L'explication en est que l'*ornatus*, avant d'être ornemental, est pour les Latins un appareillage utilitaire du discours, une force de frappe : le verbe *ornare*, entendu dans son sens technique, convient en effet à l'équipement d'un navire comme d'un soldat. Il existe ainsi une grammaire splendeur de vérité.

Cette existence d'une grammaire rhétorique n'était, à vrai dire, possible que parce que la première était stylistique. Si prescrits qu'y soient ainsi les signes et la construction d'un sens, la prescription reste ouverte : le sens propre voisine avec le sens figuré, les constantes admettent des variantes ; les proformes grammaticales et procédés expressifs côtoient les façonnements divers du sens par les figures de mots et de pensée. Le sens des uns et des autres s'actualise en contexte, se colorant diversement en fonction des écarts de la mise en œuvre ou d'une convergence des effets, selon les lois stylistiques dégagées par J. Marouzeau.

Plus précisément encore, cette grammaire rhétorique inclut jusqu'à Horace la poétique. La poésie des Latins ne fait jamais l'économie de la logique et du sens, quel que soit le genre littéraire. Le plaisir esthétique de la *delectatio* y est inséparable de l'*utilitas* et de l'*honestas*. Rappelons à ce sujet que les Muses, filles de Mnémosyne — Mémoire de réminiscence active —, sont affiliées étymologiquement à *Mens*, force féminine de l'intelligence féconde et créatrice. Puissance d'avenir en même temps que remémoration du passé, elles représentent tout à la fois le progrès et la transmission, le modernisme et la tradition. L'écriture poétique se définit très exactement par cette double tendance. Si elle est stockage et conservatoire de formes, de moyens expressifs, de lieux thématiques et de topiques génériques, sa finalité est une grammaire de la création.

Varron (*De lingua latina* V, 8), une fois encore, en donne la mesure : il place les poètes au niveau quasi initiatique du *quartus gradus* : « Le quatrième degré est celui où se trouvent le saint des saints et les rites initiatiques réservés au *rex*. A ce degré-là, si je ne parviens pas à la connaissance, je resterai du moins à l'affût de l'opinion, attitude que le médecin va parfois jusqu'à prendre lorsqu'il s'agit de notre salut, au cours d'une crise. » Cette conscience d'un Verbe poétique capable de révélation existe dès les débuts de la littérature latine : Ennius se définit comme un poète inspiré. Initié par les Muses, il danse avec elles dans le Ciel astral en même temps qu'il se montre visité mystérieusement dans un songe de révélation par Homère, dont il se dit la réincarnation orphico-pythagoricienne. En pleine époque augustéenne, Virgile prône la même foi en une poésie métaphysique, voire théologique. Point n'est besoin en l'occurrence de recourir à la grande poésie. Le principe vaut même pour l'inspiration pastorale, comme le montrent les deux figures emblématiques du premier recueil virgilien des *Bucoliques*.

La première figure continue très exactement l'emblème ennien : Virgile (*Bucoliques* V, 56-57) donne à voir un Daphnis triomphant après sa mort et contemplant le monde du haut du Ciel, comme le chante Ménalque dans ces vers : « Daphnis lumineux admire le seuil nouveau de l'Olympe ; il voit sous ses pieds les nuées et les astres. »

Le second emblème non moins exemplaire est Tityre, à l'ouverture même du recueil :

Tityre, tu patulae recubans sub tegmine fagi
siluestrem tenui musam meditaris auena ;
nos patriae finis et dulcia linquimus arua ;
nos patriam fugimus ; tu, Tityre, lentus in umbra

formosam resonare doces Amaryllida siluas.

« Toi Tityre, couché sous le couvert d'un large hêtre, tu essaies une muse silvestre sur un mince pipeau ; nous, nous quittons notre pays et nos douces campagnes ; nous, nous fuyons notre patrie ; toi, Tityre, nonchalant sous l'ombrage, tu apprends aux forêts à redire qu'Amaryllis est la beauté parfaite. »

Virgile, Bucolica I, 1-5.

De la Nature Tityre a capté tous les secrets, au point qu'il peut, à son tour, apprendre aux forêts inanimées le langage articulé du sens humain, tout au moins celui qui parle d'amour et de beauté : il leur enseigne en effet des sons humains dont la capacité de sens est de redire (*re-sonare*) un absolu de beauté. En fait cette symbiose particulière de l'homme et de la Nature par l'amour tient à un acte grammatical : la fusion sémantique du nom propre de l'aimée Amaryllis et du nom commun de la plante, l'amaryllis ou narcisse odorant et pourpré. Une grammaire esthétique contribue à la naissance d'une femme-fleur dont la splendeur de présence dure le temps du texte poétique. D'Amaryllis, femme autant que fleur odorantes, pourprées et narcotiques, émane finalement la torpeur enchanteresse, secret même de l'amour et de l'écriture des poètes enchanteurs. Aussi son évocation ne peut-elle se faire qu'en dehors du monde réel, dans une Arcadie mythique : Tityre, couché à l'envers du monde, réfugié dans l'ombre, tourne le dos à l'histoire en cours, qui est symbolisée par Mélibée fuyant sur les chemins de l'exode.

Il reste que si utopique que puisse paraître le monde né de ce langage de beauté et d'amour qui a la Nature en partage, le message qui en émane est porteur d'une vérité supérieure : il dit une harmonie idéale du monde et des êtres. La grammaire esthétique répond ainsi, à sa manière, aux interrogations de l'homme en quête du sens à donner à sa propre condition et à sa raison d'être dans un univers qui le dépasse. Pensée du Sublime, tel que le définit A. Michel, elle est capable d'élever la réflexion humaine jusqu'aux dimensions de l'Absolu.

En revanche, lorsque le langage se fait monstrueux — monstre inorganique, rhétorique, esthétique et éthique —, la parole suit un parcours d'errance qui la conduit jusqu'à calomnier et à nuire jusqu'à tuer. Telle est dans l'*Énéide* de Virgile *Fama* (Rumeur), cause du suicide de Didon. Cette sœur des Titans est un monstre hybride, destructeur des repères de vérité :

173 *Extemplo Libyae magnas it Fama per urbes*
    Fama, malum qua non aliud uelocius ullum ;
175 *mobilitate uiget uirisque adquirit eundo ;*

parua metu primo, mox sese attollit in auras
ingrediturque solo et caput inter nubila condit.
Illam Terra parens ira inritata deorum
extremam ut perhibent, Coeo Enceladoque sororem
180 *progenuit pedibus celerem et pernicibus alis*
monstrum horrendum, ingens, cui quot sunt corpore plumae,
tot uigiles oculi subter (mirabile dictu)
tot linguae, totidem ora sonant, tot subrigit auris.

« Soudain Rumeur va par les grandes villes de Libye, Rumeur, un mal
plus rapide que nul autre : le mouvement lui donne vigueur et accroît ses
forces en allant ; petite et craintive à sa naissance, elle s'élève bientôt dans
les airs, elle évolue sur le sol et sa tête se cache au milieu des nues. Elle
est, dit-on, fille de la Terre qui furieuse d'une fureur contre les dieux
enfanta à Céus et Encélade cette sœur aux pieds rapides et aux ailes
promptes, monstre horrible, énorme, qui a autant d'yeux vigilants que de
plumes sur le corps et, dessous — ô prodige à dire — autant de langues,
autant de bouches résonnent, autant d'oreilles se dressent. »

Virg. *Aeneis* IV, 173-183.

La monstruosité suprême d'une telle parole est qu'elle admet
paradoxalement le *logos* de raison dont elle s'emploie à dévoyer les
principes et les effets. Ses moyens sont ceux d'un empilement d'informations et d'une amplification de la réception, dont le nombre,
incontrôlable par l'esprit humain, bloque les facultés de la réflexion
par le pouvoir hypnotique exercé. Voix pervertie d'un *fari* auquel
elle est étymologiquement affiliée, elle est une sophistique manipu-
latoire qui assène un argumentaire hétérogène et endoctrine en
faisant appel aux plus mauvais penchants de l'homme. Mieux : elle
est un Mercure pervers, elle qui porte très précisément comme lui
des ailes sur la tête et aux pieds. Son intelligence conceptuelle
atteint sa cible avec la même efficace, si ce n'est que la visée en est
volontairement maléfique.

Lourd de sens est ainsi l'avertissement de Virgile. Le poète
(*poeta*), qui, étymologiquement, est un fabricateur de sens
(**poiein* : faire), connaît mieux que quiconque le pouvoir des mots
et de la grammaire des textes. Une notice varronienne en explicite
les dangers dès lors que la proféraison d'un au-delà du sens échappe
à la sphère du sacré :

Ab eodem uerbo fari fabulae, ut tragœdiae et comœdiae, dictae. Hinc
fassi ac confessi, qui fati id quod ab is quaesitum. Hinc professi ; hinc fama
et famosi. Ab eodem falli, sic et falsum et fallacia, quae propterea quod
fando quem decipit ac contra quam dixit facit.

« C'est d'après ce même verbe *fari* qu'on a donné leur nom aux
fabulae (pièces de théâtre), telles que tragédies et comédies. De là les *fassi*

(ayant reconnu) et les *confessi* (ayant avoué), qui ont dit (*fati*) ce qu'on leur a demandé. De là les *professi* (qui ont profession déclarée) ; de là *fama* (rumeur publique) et *famosi* (gens décriés). Du même verbe provient *falli* (se tromper), également encore *falsum* (faux) et *fallacia* (tromperie), qui s'expliquent par le fait qu'on trompe quelqu'un au moyen de la parole (*fando*) et qu'on agit contrairement à ce qu'on dit. » (trad. P. Flobert).

Varron, De lingua latina VI, 55.

Ce texte oppose la parole d'autorité active (*fassi ; professi*) et passive (*confessi*) à celle d'opinion où figure précisément *fama*, de nature polémique (*famosi*), voire trompeuse (*falli*), parce que instrumentalisée (*fando*). Virgile connaît ces étymologies : de la révélation proférée d'un au-delà du sens à la proclamation fallacieuse, il est sensible à la même frontière floue, à partir du moment où la morale n'a plus droit de cité.

La poétique rejoint ainsi la rhétorique à laquelle elle été longtemps rattachée. Comme elle, elle requiert une grammaire des textes qui soit art de construire et, plus encore, de mettre en œuvre une parole de vérité. A ce titre, l'une et l'autre exigeaient, outre un parfait architecte du langage, un homme de bien, *bonus uir*, comme le rappellent Cicéron et Quintilien.

La grammaire et la littérature ainsi comprises ne pouvaient que s'étayer réciproquement. Leur dénomination même en dit le principe : *litteratura* fonctionne en synonymie avec *grammatica*, puisque l'une et l'autre ont pour lieu commun les lettres : *littera* est la transcription latine de *gramma* grec. Toutes deux sont attachées autant à l'acte matériel d'écrire qu'à l'écriture proprement stylistique. La grammaire insiste seulement sur la lettre proprement dite, forme et esprit, tandis que la littérature concerne davantage l'art des lettres, savoir acquis et savoir-faire de l'écrivain. Mais de l'une à l'autre la distance n'est pas grande.

Cette grammaire stylistique et esthétique d'un ordre de raison commence à se défaire très précisément au moment du chaos économique, politique et intellectuel, au IIIe siècle de notre ère. Dépossédée du souffle de l'esprit, elle n'est plus qu'une forme sans vie productive et créatrice. Elle cède la place au goût des sommes grammaticales, aux additions de tâches et de savoirs cette fois prescrits. De nature systématique, elle préconise un raisonnement non plus en combinatoire, mais par morcellement ou fragmentation, véritable travail en miettes. On décompose et dissèque. On disjoint les connexions pour dresser des listes techniques et mnémoniques.

On soulignera seulement avec M. Baratin et F. Desbordes que les *Grammatici* latins des IIIe (Sacerdos) et IVe ainsi que Ve siècles de notre ère (Charisius, Diomède, Consentius, Donat) rédigent des *Systèmes grammaticaux* dans lesquels n'est jamais oubliée « l'autre face de la grammaire, qui consiste entre autres à donner accès aux grands textes : par là, et dans la mesure où les Latins ont eu très tôt le sentiment que leur littérature avait eu un âge d'or, la normativité de type rationnel se charge en plus d'une normativité de type esthétique ».

Aussi tard venue est la réflexion grammaticale qui abolit l'âme de la langue latine et la transforme en un mémorial de mémoire morte qui donne lieu à différentes attitudes. Restreinte à une tradition tatillonne, la grammaire latine est apte à devenir une vulgate formaliste et très spécialisée, propre à satisfaire la curiosité d'érudits et d'antiquaires collectionneurs. Laboratoire d'observation de la grammaire comparée, elle a pu servir à argumenter le mirage comparatiste d'une langue « adamique ». Soumise au positivisme des sciences exactes, elle se voit dépossédée de son entité originelle : le linguiste et le spécialiste des sciences du langage, en proie à cet autre mirage d'une grammaire universelle, ne perçoivent plus en elle qu'un ensemble de procédures généralisables : les grammaires génératives transformationnelles, voire le stucturalisme formaliste défendent l'idée d'universaux du langage et de la conceptualisation. Ainsi en va-t-il, dans la grammaire d'un Chomsky, des arborescences syntagmatiques et phrastiques ou, dans les sciences cognitives, des monades cognitivistes. La grammaire n'inclut plus ainsi non seulement la littérature, mais plus encore la connaissance des niveaux de langue et de style.

Amoureux du Verbe et du sens autant que respectueux des différences qui font la richesse infinie de la pensée humaine, les Latins pensaient au contraire que toutes les langues, voire tous les êtres, n'étaient pas formés sur le même modèle. Aux « propriétés universelles du langage », analysables en termes « d'universaux linguistiques formels profondément enracinés », ils ont préféré les proformes et protocoles éprouvés dont la mise en œuvre auctoriale est apte à varier à l'infini l'impression reçue, c'est-à-dire le sens intentionnel.

Plus absurde encore leur serait apparu ce courant philosophique moderne qui dénie jusqu'à l'existence d'un lieu épistémologique du sens, sous prétexte que le protocole de l'intelligence humaine serait incapable d'un véritable guidage de la compréhension. Telle est en effet la rébellion contre le *logos* que J. Derrida prône dans la théorie de la déconstruction. La pensée antique a toujours refusé la béance de déconstruction dont le Chaos primordial offre l'image même du désordre.

La mythologie antique le dit, avec cette remarquable économie des motifs et des moyens qui la caractérise. Alors que la mise en harmonie des quatre éléments fondamentaux met fin au désordre initial, la fécondité créatrice naît de Gaia et d'Éros, de la terre de hommes et de l'amour. A l'inverse, la révolte des Géants contre l'ordre olympien engendre la violence de toutes les monstruosités. Le déconstructionnisme moderne apparaîtrait ainsi à un Latin comme le retour au monstrueux primordial. C'est un fait qu'en répudiant la présence effective du sens dans le message et son ultime intelligibilité, on arrive, comme l'écrit G. Steiner, à cette absurdité psychologique autant que sémiotique et esthétique qui consiste à affirmer qu'un message ou un texte ne sont pas faits pour être compris, si ce n'est aux marges de l'ésotérique, voire du jeu.

Au total, discipline des âmes libres et bien nées, la grammaire latine, protocole d'intelligence, structure nerveuse de la conscience humaine et lieu de la pensée créatrice, sert à communiquer tout à la fois avec elle-même et avec les autres. Étrangère aux cénacles, elle est ennemie de l'unicité réductrice : elle admet la diversité créatrice qui est dans l'ordre de la nature. Elle est ainsi en parfaite conformité avec la pensée stoïcienne à laquelle elle est adossée : l'égalité des hommes y est revendiquée dans le respect de la liberté et de la diversité. La richesse de la pensée humaine réside en effet dans cette capacité à concevoir l'infini du temps et de l'espace, de sorte que la tradition suppose la modernité. Aussi cette grammaire de la lettre et de l'esprit, vivifiés autant que vivifiants, continue-t-elle de vivre dans une pensée moderne qui dit sa foi dans l'intelligence de l'homme : « J'ai le goût, proclame ainsi Brice Parain, des alphabets, des déclinaisons, des modes et des temps verbaux, des syntaxes, des aspects, de toutes les combinaisons par lesquelles les hommes, en quelque endroit de la terre, s'ingénient à rompre leur solitude et à prendre possession du monde. »

BIBLIOGRAPHIE SUCCINCTE

M. BARATIN, *La naissance de la syntaxe à Rome*, Paris, Minuit, 1989.

M. BARATIN, F. DESBORDES, *L'analyse linguistique dans l'Antiquité classique*, Paris, Klincksieck, 1981.

N. CHOMSKY, *Lectures on Government and Building*, Foris Publ., Dordrecht-Cinnaminson, 1981.

J. COLLART *et al.*, *Varron. Grammaire antique et stylistique latine*, Paris, Les Belles Lettres, 1978.

J. Dangel, *Histoire de la langue latine*, coll. « Que Sais-je? », n° 1281, Paris, PUF, 1994.

Ead., « Imitation créatrice et style chez les Latins », dans *Qu'est-ce que le style ?*, G. Molinié et P. Cahné éd., Paris, PUF, 1994, p. 93-113.

Ead., « Faunes, Camènes et Muses : le premier art poétique latin ? », *Bollettino di Studi latini* 27, 1997, p. 3-33.

Ead., « Parole et écriture chez les Latins : approche stylistique », *Latomus* 58, 1999, p. 3-29.

Ead., « *Formosam resonare doces Amaryllida silua*s : écritures métriques et métamorphoses poétiques », dans *Estudios de re métrica latina*, I, J. Luque Moreno et P. R. Díaz y Díaz éd., Grenade, 1999, p. 257-280.

J. Dérrida, *Marges*, « Signature événement contexte », Paris, 1972.

L. Deschamps, « *Verbum quod conditum est...* Réflexion sur une expression varronienne », *Latomus* 47, 1988, p. 3-12.

Ead., « Varron et les poètes », *ibid.* 45, 1990, p. 591-612.

Ead., « La divinisation de la communication : Mercure vu par Varron de Réate », dans *L'imaginaire de la communication*, II, Cl. Gilbert Dubois éd., *Eidôlon* 46, 1996, p. 15-29.

M. Dominicy, « Du style en poésie », dans *Qu'est-ce que le style ?*, G. Molinié et P. Cahné éd., Paris, PUF, 1994, p. 115-137.

J. Marouzeau, *Traité de stylistique latine*, Paris, Belles Lettres, 1954[3].

A. Michel, « Rhétorique et poétique : la théorie du Sublime de Platon aux modernes », *Revue des Éudes latines* 54, 1976 (1977), p. 278-307.

Id., *La parole et la beauté*, Paris, Albin Michel, 1994[2].

G. Steiner, *Passions impunies*, Paris, Gallimard, 1996.

A. Wersinger, « Muses d'Ionie, Muses de Sicile (*Sophiste*, 242d6-243a2) », *Philosophia* 27-28, 1997-1998, p. 99-110.

Jacqueline Dangel

LA CULTURE ANTIQUE ET L'EUROPE

C'est un bien vaste sujet que M. Alain Michel m'a demandé d'évoquer en une trentaine de minutes, et qui dépasse largement les compétences du spécialiste du monde romain et de l'amateur de l'humanisme des XVᵉ et XVIᵉ siècles que je suis. Aussi bien ne pourrai-je vous proposer qu'un certain nombre de remarques, qui seront loin d'épuiser un pareil thème. Je n'oublie pas non plus que mon intervention doit s'inscrire dans le cadre d'un colloque sur « tradition classique et modernité ». La tradition, au sens de transmission, sera en effet un fil conducteur de ma réflexion, et c'est cette transmission, cette tradition qui n'est pas traditionalisme, qui permet à la culture antique de ne pas seulement s'opposer à la modernité dans de successives querelles des Anciens et des Modernes, mais de conserver une actualité. La réflexion historique implique, certes, une distance critique face à un passé dont il serait vain de nier qu'il est révolu. Elle ne saurait se complaire dans l'exaltation de permanences trop souvent fictives et elle doit procéder à ce qu'on a appelé l'inventaire des différences. Mais cet inventaire est aussi celui d'un héritage que nous ne pouvons purement et simplement refuser ou ignorer : un héritage dont la longue et parfois difficile transmission fait tout le prix. C'est cette transmission qui est constitutive de l'Europe moderne, et qui peut contribuer à une réflexion actuelle sur ce qu'est l'Europe.

Disons-le d'emblée : la culture antique n'est pas une culture européenne, mais une culture méditerranéenne. La division du monde habité en trois continents, qui pour Hérodote déjà est un fait établi, s'organise autour de la Méditerranée et des deux détroits qui la ferment presque à ses extrémités occidentale et orientale : celui des colonnes d'Hercule (Gibraltar) sépare l'Europe de l'Afrique, et celui de l'Hellespont (les Dardanelles) l'Europe de l'Asie. Deux fleuves viennent compléter cette répartition : au-delà de l'Hellespont, dans le Pont-Euxin (la mer Noire) ou le Palus Méotide (la mer d'Azov), c'est le Phase ou le Tanaïs (le Don) qui sépare l'Europe de l'Asie, tandis que la séparation entre l'Asie et l'Afrique est fixée au

Nil. Cette vision méditerranéocentrique, associée à une connaissance très imparfaite des limites des trois continents, surtout de l'extension de l'Afrique vers le sud et de l'Asie vers le nord et vers l'est,
interdisait bien entendu de voir en l'Europe la péninsule occidentale d'un continent eurasiatique. Quant au nom d'Europe donné
au continent allant des colonnes d'Hercule au Tanaïs, il avait
désigné précédemment une zone géographique beaucoup plus
limitée : dans l'hymne homérique à Apollon (v. 250-251 et 290-291),
ce n'est encore que la Grèce continentale, distinguée du Péloponnèse et des îles égéennes, et cette tradition d'une Europe plus
spécifiquement balkanique ne disparaîtra jamais totalement,
puisqu'à partir de Dioclétien le nom d'Europe sera donné à une
province appartenant au diocèse de Thrace, face à la côte d'Asie,
province où, sur le site de l'ancienne Byzance, Constantin fondera
Constantinople, la nouvelle Rome.

L'hellénisme, par le phénomène des colonies, avait bientôt
essaimé dans l'Europe occidentale, de l'Illyrie à la péninsule Ibérique, mais aussi en Afrique (Cyrène), et surtout en Asie Mineure.
L'assujettissement par l'Empire perse des cités grecques d'Asie,
puis la menace portée contre la Grèce propre par Darius et surtout
par Xerxès, l'émergence enfin d'un courant panhellénique prêchant
l'union des Grecs pour substituer aux guerres entre cités hégémo-
niques une commune revanche sur l'ennemi perse et l'Empire de
l'Asie firent qu'au IVe siècle, dans l'école d'Isocrate en particulier,
on vit émerger un concept politique de l'Europe auquel Arnaldo
Momigliano consacra en 1933 un article fameux [1]. Mais la conquête
d'Alexandre, en même temps qu'elle réalisait (dans une certaine
mesure) l'idéal isocratéen, mit fin à cette opposition entre l'Europe
et l'Asie en permettant une spectaculaire expansion de l'hellénisme
en Asie et en Égypte, que la division de l'Empire d'Alexandre entre
les grandes monarchies hellénistiques ne remit pas en cause. La
conquête par les Parthes du plateau iranien et de la Mésopotamie
(au milieu du IIe s. av. n. è.) n'impliqua pas non plus une brutale disparition de l'hellénisme dans les cités fondées par Alexandre puis
par les Séleucides, mais elle isola les franges les plus orientales de
l'hellénisme, en sorte que l'histoire des royaumes grecs de l'Inde
demeura très largement ignorée des autres Grecs. La conquête
romaine, de son côté, entraîna un affaiblissement (mais non pas, là

---

1. A. Momigliano, « L'Europa come concetto politico presso Isocrate e gli Iso-
cratei », *Rivista di Filologia e d'Istruzione classica*, 1933, p. 477-487 (= *Terzo contributo
alla storia degli studi classici e del mondo classico*, Rome, 1966, p. 489-497).

encore, une disparition) de l'hellénisme occidental, dans l'Italie du Sud et en Sicile en particulier. Toutefois, outre la Grèce, la Macédoine et la Thrace en Europe, l'Anatolie et la Syrie-Phénicie en Asie, l'Égypte et la Cyrénaïque en Afrique conservèrent sous la domination de Rome la langue et la culture grecques, même si cette hellénisation, dans certaines régions, resta essentiellement urbaine. Dès l'époque hellénistique, d'autre part, les centres de la culture grecque avaient cessé d'être seulement en Grèce propre : même si Athènes conserva son rôle dominant pour ce qui était des écoles philosophiques, le Musée et la bibliothèque d'Alexandrie eurent rapidement un éclat incomparable pour les autres branches du savoir et des lettres, et d'autres centres s'illustrèrent en Asie, à commencer par Pergame. En fait, les périodes hellénistique et romaine sont celles d'un déclin général des cités de Grèce propre par rapport à celles d'Asie, plus prospères, plus peuplées, plus dynamiques. Ce déclin ne fut pas précipité par Rome, qui au contraire manifesta très tôt une sollicitude particulière pour les vieilles cités de la Grèce, et notamment pour Athènes. Cette faveur atteignit son sommet avec l'institution par Hadrien du Panhellénion, puis avec la création par Marc Aurèle des chaires impériales de philosophie. Le Panhellénion fut une entreprise sans précédent de regroupement de l'hellénisme autour d'un sanctuaire établi à Athènes, avec la célébration régulière de concours : nous sommes loin, malheureusement, d'avoir une liste complète des cités qui demandèrent à y entrer et y furent autorisées, mais les indications dont nous disposons suffisent à prouver qu'elles appartenaient, aussi bien qu'à des provinces européennes (Achaïe, Macédoine et Thrace), à la province d'Asie et à la Cyrénaïque africaine.

Pas plus que l'hellénisme, la romanité ne s'était limitée à l'Europe. Très tôt l'empire de Rome prit pied en Afrique et en Asie. Des provinces de ce nom furent créées dès 146 et 129 av. notre ère, et Rome avait, auparavant déjà, étendu son contrôle sur une partie de ces continents par l'intermédiaire de royaumes ou cités alliés : le royaume numide de Massinissa en Afrique, le royaume pergaménien des Attalides et la cité de Rhodes en Asie. Dans les luttes contre Carthage, jamais la frontière entre zones d'influence ne fut placée aux colonnes d'Hercule : la première guerre punique n'avait pas interdit à Carthage d'étendre son pouvoir dans la péninsule Ibérique, et la deuxième, comme je l'ai dit, permit déjà à Rome d'exercer sur l'Afrique une hégémonie indirecte. A l'occasion des guerres contre les monarchies hellénistiques, d'autre part, une répartition des zones d'influence réservant l'Europe aux Romains et l'Asie aux Séleucides ne fut proposée que très fugacement entre 196 et 191, et dès qu'Antiochos III eut été vaincu, il se vit interdire toute intervention non seulement en Europe, mais aussi en Asie Mineure.

Rome prétendait exercer son empire sur tout le monde habité, même si elle dut partager la domination de l'Asie avec l'Empire des Parthes, puis des Sassanides, et si, en Europe, elle dut pratiquement accepter comme frontières de son pouvoir le Rhin et le Danube (à la notable exception de la conquête par Trajan de la Dacie, l'actuelle Roumanie). Trois textes célèbrent la prééminence du continent européen d'où est issu le peuple-roi : le plus ancien est en grec et fut écrit sous le règne d'Auguste (Strabon, *Géographie* II, 5, 26) ; les deux autres sont en latin et datent du Ier siècle de notre ère (Manilius, *Astronomica* IV, v. 686-695, et Pline, *Histoire Naturelle* III, 5). Textes intéressants, mais que l'on ne saurait surestimer, car ces rares et brèves *laudes Europae* sont très largement supplantées, y compris chez Strabon et chez Pline, par le thème courant et abondant des *laudes Italiae*. Et cela à juste titre, puisque seule l'Italie était véritablement la terre du peuple-roi, et jouissait par rapport à l'Empire d'un statut juridique et fiscal privilégié.

Ce monde méditerranéen que seul l'empire de Rome était parvenu à unifier politiquement allait toutefois être l'objet d'une double ligne de fracture, dont la plus ancienne se créa au sein de l'Empire romain lui-même, lorsqu'à partir de Dioclétien (284-305), et sauf quelques rares exceptions, la partie occidentale et la partie orientale d'un Empire qui restait formellement unique allaient être régies par deux Empereurs distincts. La partie occidentale allait assez rapidement s'effondrer et céder la place à une série de royaumes germaniques. C'est en 476, on le sait, qu'Odoacre déposa Romulus Augustule et exerça la réalité du pouvoir en Italie, tout en reconnaissant nominalement la suprématie de l'Empereur de Constantinople. La seule tentative de restauration de l'unité de l'Empire eut lieu sous Justinien (527-565), qui parvint à recouvrer le pouvoir sur l'Afrique, l'Italie et une partie de l'Espagne, mais cette reconquête fut éphémère, l'Italie étant la première à retomber sous le joug des barbares, dès 568. Nous avons d'autres raisons de considérer Justinien comme le dernier véritable Empereur romain : c'est à lui qu'on doit la compilation du *Corpus iuris ciuilis* qui allait permettre, à partir du XIIe siècle, la renaissance du droit romain en Italie puis dans toute l'Europe ; c'est dans la Constantinople de Justinien que furent rédigés en grec le traité de Jean Lydus sur les magistratures romaines et un dialogue de Ménas *Sur la science politique* qui se référait encore au *De republica* de Cicéron, qu'enseigna enfin l'Africain Priscien, dont les *Institutions* furent le dernier grand texte grammatical de l'Antiquité latine.

L'Empire romain avait été un empire bilingue, mais il faut savoir ce qu'on entend exactement par là. Le latin était resté la langue du pouvoir (même si la chancellerie impériale comprenait deux bureaux *ab epistulis*, pour le latin et pour le grec) et de l'armée. La maîtrise du grec était très répandue chez les élites cultivées de Rome et de l'Italie, dans une moindre mesure des provinces occidentales : il est significatif qu'un Augustin, malgré des études à Carthage, à Rome et à Milan, n'ait eu du grec qu'une connaissance très limitée (*Confessions* I, 14). A plus forte raison la pénétration du latin dans les provinces orientales demeura-t-elle restreinte, les hellénophones n'ayant guère d'intérêt pour la littérature de langue latine. Le témoignage des papyrus latins et celui de Libanius permettent, il est vrai, de supposer une plus grande diffusion du latin en Égypte et en Syrie à partir du IVe siècle. Mais il s'agit d'un phénomène qui reste limité, et qui semble avoir surtout concerné ceux qui aspiraient à entrer dans l'administration impériale. De même sont très rares les écrivains véritablement bilingues (comme Suétone), ou les écrivains de langue grecque issus de provinces occidentales (comme le rhéteur Favorinus d'Arles au IIe s.), ou les écrivains de langue latine issus de provinces orientales (comme le poète Claudien d'Alexandrie à la fin du IVe et au début du Ve s.). Il faut donc admettre qu'un véritable bilinguisme fut l'exception plutôt que la règle (la ville même de Rome en étant l'illustration la plus remarquable), et que, pour l'essentiel, l'Empire était composé de provinces latinophones et de provinces hellénophones. Il y avait là une coupure culturelle qui ne fut jamais vraiment surmontée, et qui se trouva correspondre à peu près à la coupure politique entre parties occidentale et orientale de l'Empire. A son tour, cette coupure politique allait sensiblement aggraver la coupure culturelle, y compris dans le domaine de la littérature chrétienne, qui fut d'abord de langue grecque puis (à partir de la fin du IIe s.) se développa dans l'une et l'autre langues.

Beaucoup plus graves encore furent, pour la *koinè* méditerranéenne, les conséquences de la conquête arabe des premiers temps de l'islam, entre le milieu du VIIe et le milieu du VIIIe siècle : la Syrie-Phénicie, l'Égypte, toute l'Afrique septentrionale et la quasi-totalité de l'Espagne appartinrent désormais à un Empire qui comprenait également la Mésopotamie et le plateau iranien après avoir terrassé le royaume sassanide, et même si cet empire n'allait pas tarder à se diviser à son tour, la coupure qui avait ainsi été créée fut durable et profonde. Elle n'était pas seulement politique. Deux religions monothéistes, donc exclusives l'une de l'autre, se disputaient désormais le bassin méditerranéen. Et l'arabe allait s'imposer dans le Proche-Orient, l'Égypte et l'Afrique aux dépens du grec et du latin (à côté bien sûr des langues vernaculaires, comme le syriaque, le copte ou le berbère). Cela ne se fit pas en un instant. Dans la seconde moitié du VIIIe siècle et au début du IXe siècle essentiellement, une partie non négligeable de la littérature grecque philosophique, médicale et scientifique (au sens large, c'est-à-dire incluant l'astrologie et l'alchimie) fut traduite en arabe, directement ou par l'intermédiaire du syriaque. Et l'Occident médiéval latin devait à son tour connaître ces textes en partie grâce à des traductions directes du grec en latin, mais aussi grâce à des traductions depuis l'arabe, faites dans la riche terre de contacts que fut alors l'Espagne. Notons en passant que, dans les domaines scientifiques, les traductions latines de l'arabe jouèrent aussi un rôle décisif pour la transmission de textes d'origine iranienne et indienne. En revanche, peut-être parce qu'ils étaient trop imprégnés d'une mythologie que l'islam rejeta avec plus de fermeté que le christianisme, les textes proprement littéraires ne furent pratiquement pas traduits du grec en arabe.

On a souvent relevé l'utilisation du mot *Europenses* dans le récit que donne, de la bataille de Poitiers, qui en 732 marqua le terme de l'expansion arabe en Occident, un continuateur anonyme de la chronique d'Isidore de Séville (*Monumenta Germaniae Historica, Auctores antiquissimi*, XI, 363). Mais on a aussi fait remarquer, à juste titre, que cet usage reste isolé, que le mot *Europa*, pendant tout le Moyen Âge, garde une signification essentiellement géographique, distincte de la *res publica Christiana*, et que c'est avec les premiers humanistes seulement qu'apparaît le concept d'Européen : *Europaeus*, à partir d'Aeneas Sylvius, le futur pape Pie II. Les fractures dans la *koinè* méditerranéenne que je viens de rappeler, si importantes qu'elles aient été, n'ont jamais établi des cloisons étanches entre des mondes qui se seraient ignorés. Qu'il me suffise de renvoyer au beau volume récemment publié sous la direction de Glen Bowersock, Peter Brown et Oleg Grabar, trois spécialistes de la *pars orientalis*, de la *pars occidentalis* et du monde musulman, et qui, sous le titre *Late Antiquity. A Guide to the Postclassical World* (Harvard, 1999) donne un traitement synthétique de la période allant de 250 à 800. On y trouvera une salutaire incitation à ne pas se laisser emprisonner dans le carcan des divisions traditionnelles : le monde antique est loin de s'achever avec la chute silencieuse de l'Empire d'Occident en 476[2] ; et l'historien de cette Antiquité tardive, puis du Moyen Âge, ne peut ignorer les liens multiples qui continuent à exister entre l'Europe occidentale, l'Europe orientale et le monde musulman. Cette nécessité ne s'impose qu'avec plus de force à qui prétend considérer dans ses divers aspects la transmission de la culture antique.

Non moins importants, d'ailleurs, que les lignes de fracture qui se dessinèrent dans le bassin méditerranéen, furent les phénomènes qui tendaient à instaurer une forme de communauté en Europe, au-delà même des limites qui avaient été celles de l'Empire romain. De ce point de vue aussi, les phénomènes religieux jouèrent un rôle décisif. Dans la *pars occidentalis*, la plupart des monarchies barbares, même lorsqu'elles avaient été christianisées, avaient adopté un arianisme qui les laissait en marge de la religion officielle de l'Empire. Le choix du roi des Francs Clovis en faveur du catholicisme plutôt que de l'arianisme (entre 496 et 508), la conversion de l'arianisme au catholicisme du royaume wisigoth d'Espagne sous Récarède (en 587) marquèrent des étapes décisives, renforçant l'autorité des pontifes romains, et annonçant leur alliance avec les Francs contre les Lombards longtemps demeurés ariens. C'est également au catholicisme, et sous l'impulsion des pontifes romains, que se convertirent les Irlandais (dès avant la fin du VIe s.) puis les royaumes anglais (entre la fin du VIe et la fin du VIIe s.), tandis que les conquêtes orientales du royaume puis de l'Empire franc entraînèrent la conversion des peuples germains encore demeurés païens. Dans la *pars orientalis*, la conversion de l'Empire bulgare fut l'occasion d'un conflit entre le pontife romain et le patriarche de Constantinople, qui parvint finalement à imposer sa suprématie sur la nouvelle église (863-873) : cette rivalité de juridiction ecclésiastique se greffait sur un conflit opposant le pape et le basileus à propos de la déposition par ce dernier d'un patriarche de Constantinople, et s'inscrivait plus généralement dans le contexte de la crise qu'avait provoquée le couronnement de Charlemagne comme empereur par le pape Léon III en l'an 800.

Les implications politiques de cet acte considérable mériteraient un développement que je ne peux leur consacrer. D'un côté, en rétablissant un empereur dans la *pars occidentalis* sans obtenir ni

---

2. J'emprunte cette formule à A. Momigliano : « La caduta senza rumore di un impero nel 476 d. C. », *Annali della Scuola normale superiore di Pisa*, 1973, p. 397-418 (= *Sesto contributo*, Rome, 1980, p. 159-179).

même demander l'accord de l'empereur établi à Constantinople, il mettait fin à la fiction de l'unité de l'Empire et aggravait sensiblement le divorce entre Occident et Orient. D'un autre côté, du simple point de vue occidental, il pouvait apparaître à la fois comme une *renouatio imperii* ou comme une *translatio imperii*, selon que l'accent était mis sur la continuité de l'Empire romain après une sorte de long interrègne, ou sur le déplacement du cœur de l'Empire occidental de l'Italie vers la Germanie : ce problème d'interprétation allait être particulièrement virulent au XVIe siècle, lorsqu'il devint un instrument dans les polémiques provoquées par la Réforme, pour ou contre la suprématie de Rome [3]. Dans l'Empire de Charlemagne, puis celui d'Othon Ier, on a pu voir une sorte de préfiguration de la première Communauté européenne, celle des Six encore limitée à l'Allemagne, aux pays du Bénélux, à la France et à l'Italie. Mais une telle conception de l'Europe impliquait aussi l'amputation de sa partie orientale : ainsi que l'écrivait S. Mazzarino en 1960, « una grave cesura restava sempre : l'Occidente " europeo " staccato dall'Oriente bizantino. In sostanza, era questa una cesura fra la civiltà antica, che fu per eccellenza ellenista, e la civiltà medievale... Un'Europa senza Bisanzio è un'Europa che spezza i ponti con la tradizione classica » [4].

Je reviendrai bientôt sur ce dernier point, mais je voudrais insister d'abord sur un autre aspect de l'Empire carolingien, qui est essentiel à mon propos. Il y a incontestablement un lien entre la *renouatio imperii* et la renaissance intellectuelle carolingienne, qui fut directement inspirée par l'Empereur et par les clercs qui l'entouraient, et qui, par la recherche et la copie des témoins subsistants de la littérature latine a permis de sauver une culture classique dont les siècles obscurs (*c.* 550-750) avaient gravement compromis la survie. Qu'il me suffise de citer une phrase de L. Reynolds, tirée de son introduction au remarquable volume collectif *Texts and Transmission. A Survey of the Latin Classics* : « the beginnings of the Carolingial revival, the point at which classical culture stopped contracting and began to expand again, is [...] a crucial stage in the history of Latin texts [5]. » On notera également que cette renaissance

---

3. Voir notamment Mathias Flacius Illyricus, *De translatione imperii Romani ad Germanos*, 1566 ; et la réfutation de Robert Bellarmin, *De translatione imperii Romani a Graecis ad Francos aduersus Matthiam Flacium Illyricum libri tres*, 1589.

4. S. Mazzarino, « Il nome e l'idea di " Europa " », dans *Le parole e le idee*, 1960 (= *Antico, tardoantico ed èra costantiniana*, Bari, 1980, II, p. 412-430).

5. Oxford, 1983, p. XVII.

carolingienne incluait également le début d'un regain d'intérêt pour le grec, dont la manifestation la plus spectaculaire fut probablement la traduction par l'abbé de Saint-Denys Hilduin, puis la révision et le commentaire par Jean Scot des œuvres du Pseudo-Denys l'Aréopagite, dont un manuscrit avait été offert à l'empereur Louis le Premier, le fils et successeur de Charlemagne, par le basileus Michel II. L'Occident médiéval, comme d'une certaine façon l'islam, paraît bien avoir cherché en priorité dans la culture grecque un outil de réflexion philosophique. Du corpus aristotélicien, Boèce (*c.* 480-524) avait déjà traduit et commenté les traités logiques, l'*Organon*. Mais c'est surtout à partir du XIIIe siècle, grâce à Robert Grosseteste pour l'*Éthique à Nicomaque*, à Guillaume de Moerbeke pour la *Politique*, que la philosophie aristotélicienne, traduite du grec en latin, abondamment utilisée par Albert le Grand, Thomas d'Aquin et leurs successeurs, joua un rôle décisif dans l'évolution de la pensée médiévale.

L'humanisme, on le sait, naquit dans l'Italie du XIVe siècle, et se répandit dans toute l'Europe au cours du XVe et plus encore du XVIe siècle. Il ne permit pas seulement, grâce à une exploration presque systématique des richesses recélées dans les bibliothèques des monastères, un accroissement considérable du corpus des textes antiques disponibles. Sur les textes ainsi redécouverts ou émendés par la collation de nouveaux manuscrits, il fonda une restauration de la langue latine, et il les utilisa comme modèles pour la création de nouvelles œuvres littéraires et le développement d'une nouvelle pensée morale et politique. A partir du XVIe siècle, enfin, les recherches sur l'Antiquité apprirent à ne pas se fonder seulement sur les sources littéraires, et à tirer parti des inscriptions, des monnaies, des reliefs figurés, que l'on commença à réunir et à classer de façon systématique. C'est au cours de cette période que se produisit un autre événement d'une importance considérable : l'expansion de l'Empire ottoman et la menace qu'il fit planer sur une grande partie de l'Europe. Non seulement Constantinople fut prise en 1453, mais à la mort de Mehmed II, en 1481, les Turcs étaient déjà maîtres de la péninsule Balkanique presque tout entière, tandis que la Hongrie passait sous leur domination en 1526 et que l'Autriche était menacée (Vienne fut deux fois assiégée, en 1529 et encore en 1683). Au sommet de sa puissance, l'Empire ottoman contrôlait les côtes méditerranéennes de la Dalmatie à la régence d'Alger, et régnait sur toute une partie de l'Europe. La conquête turque, pourtant, ne fit pas disparaître la culture grecque, mais précipita plutôt sa diffusion dans l'Europe occidentale. Le rôle principal, là encore, fut

tenu par l'Italie. Manuel Chrysoloras fut invité par Florence à
enseigner le grec dès les années 1397-1400. La menace turque et le
projet de rapprochement des églises précipita l'afflux de manuscrits
grecs en Italie et y permit l'installation d'un Bessarion promu car-
dinal ainsi que d'autres réfugiés. Là encore, le modèle humaniste
italien et l'enseignement du grec se diffusèrent à travers toute
l'Europe. On connaît pour la France le rôle de Budé et de la fondation du Collège Royal. Pour l'Allemagne, il convient de signaler
celui de Philippe Melanchthon, le « praeceptor Germaniae », professeur de grec à l'Université de Wittenberg en même temps qu'un
des principaux représentants de la réforme luthérienne.

Est-ce à dire que, l'Europe occidentale ayant recueilli, édité et
commenté les trésors de la culture grecque en même temps que
ceux de la culture latine, est à elle seule héritière de la culture
antique ? Ce serait bien évidemment une prétention abusive, et singulièrement réductrice. Comme je le disais au début de mon intervention, l'héritage est indissociable de toute l'histoire de sa
transmission. S. Mazzarino allait peut-être trop loin lorsqu'il
écrivait, dans un texte que j'ai déjà cité : « un'Europa senza Bisanzio
è un'Europa che spezza i ponti con la tradizione classica », mais on
conviendra du moins qu'une Europe sans Byzance (c'est-à-dire sans
l'intégration de la tradition et de l'héritage byzantin) serait une
Europe qui mutilerait la tradition classique elle-même. Et s'il est
vrai que l'entrée de la Russie dans le concert des nations européennes est essentiellement, du point de vue de l'histoire diploma-
tique, l'œuvre de Pierre le Grand, il n'en est pas moins vrai que, du
point de vue de l'histoire des traditions culturelles, la Russie avait
déjà pleinement affirmé son existence européenne quand, prétendant en quelque sorte relever l'héritage de Constantinople, elle
avait aspiré au titre de troisième Rome, en même temps que le
grand duc Ivan IV de Moscou prenait celui de tzar, de César.

Il n'y a pas de définition des frontières de l'Europe qui ne soit
un choix, ou un compromis avec des nécessités, et les récents événements, depuis la chute du mur de Berlin, ont montré combien les
choix pouvaient changer, combien les nécessités pouvaient n'être
que temporaires. Mon propos n'est aucunement, bien entendu,
d'entrer dans les discussions concernant la construction européenne, l'extension qu'on peut ou doit lui donner, et les conséquences que cela impliquerait pour son organisation. Du seul point
de vue culturel qui m'intéresse ici, je dirai que, si elle veut assumer
tout l'héritage de la culture antique, l'Europe ne peut se replier sur
la *pars occidentalis*, qu'elle doit intégrer pleinement à son passé la

tradition byzantine, et d'autre part conserver une dimension méditerranéenne qui est constitutive de cette culture, et qui implique une réelle ouverture vers le sud, un dialogue fécond avec les autres pays riverains de cet espace. C'est, me semble-t-il, une exigence qui n'est pas dépourvue de modernité.

BIBLIOGRAPHIE COMPLÉMENTAIRE

G. ARNALDI, G. CAVALLO éd., *Europa medievale e mondo bizantino. Contatti effettivi e possibilità di studi comparati*, Rome, 1997.

F. CHABOD, *Storia dell'idea d'Europa*, Bari, 1961.

K. J. DOVER éd., *Perceptions of the Ancient Greeks*, Oxford, 1992.

D. HAY, *Europe. The Emergence of an Idea*, Édimbourg, 1957.

ID., « Sur un problème de terminologie historique ; " Europe " et " Chrétienté " », *Diogène* 17, 1957, p. 50-62.

M. PERRIN éd., *L'Idée de l'Europe au fil de deux millénaires*, Paris, 1994.

M. SORDI éd., *L'Europa nel mondo antico* (Contributi dell'Istituto di Storia antica, 12), Milan, 1986.

N. G. WILSON, *From Byzantium to Italy. Greek Studies in the Italian Renaissance*, Londres, 1992.

Jean-Louis FERRARY

LE SENS ET LE TEMPS :
LE LEGS ROMAIN DES FORMES ARCHITECTURALES
ET DE LEURS SIGNIFICATIONS

Nous savons bien quelle fut la permanence de formes inventées ou parfois seulement diffusées par l'art romain à travers le Moyen Âge puis l'époque moderne. D'innombrables travaux ont tenté de cerner ces influences dans le temps et dans l'espace, et je ne citerai ici que les études devenues classiques dans le genre de Victor Lassalle sur *L'influence antique dans l'art roman provençal* ou encore de Nicole Dacos sur *La découverte de la* Domus Aurea *et la formation des grotesques à la Renaissance*. Le sujet est évidemment immense, et je ne voudrais ici qu'essayer d'en aborder un aspect. J'aimerais vous faire partager quelques instants mes réflexions sur une des causes majeures que l'on peut attribuer au succès des formes romaines, le fait qu'elles ont été investies dès l'origine de leur création ou du moins de leur mise en œuvre dans les décors publics et privés des Romains d'une richesse de signification qui leur a conféré en quelque manière une sorte de nécessité naturelle apte à résister au temps.

Je prendrai un premier exemple, qui est l'emploi de l'arc et de la voûte, lié à la volonté d'évoquer la concavité de la voûte céleste. Je n'entre pas ici dans la question obscure de l'origine de cette innovation architectonique, et je me contente de noter que les Grecs avaient généralement confiné ces couvertures curvilignes ou concaves dans les substructions de leurs édifices, ne leur reconnaissant en somme qu'un intérêt fonctionnel, et ne leur réservant que très rarement la publicité d'une mise en œuvre à un niveau visible des constructions. Il en est très différemment dans l'architecture de Rome et du Latium à partir de la fin du IIe siècle av. J.-C., et j'en prendrai un exemple précoce, celui du sanctuaire de la Fortuna Primigenia à Préneste, reconstruit autour de 120 av. J.-C. (fig. 1). On a souvent comparé ses architectures en terrasses superposées à celles du sanctuaire d'Athéna Lindia dans l'île de Rhodes, dont la construction s'est déroulée entre la fin du IIIe et le milieu du

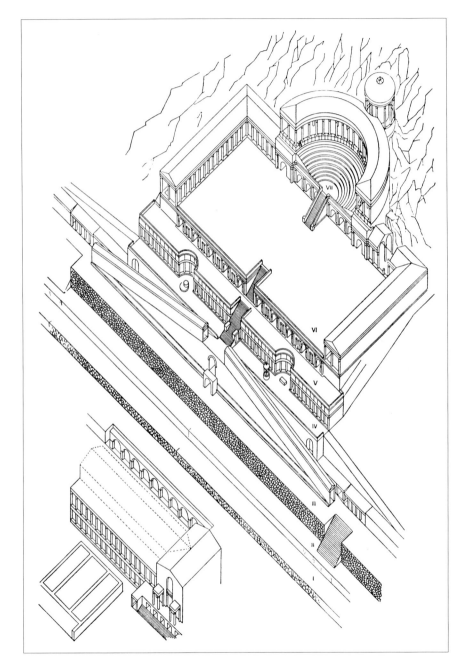

Fig. 1. — Le sanctuaire de Préneste (restitution graphique).

IIᵉ siècle av. J.-C. Si l'imitation du sanctuaire grec se fait évidemment sentir dans la conception de celui du Latium, il est évidemment remarquable que le premier n'use que des ressources de l'architecture traditionnelle, en l'occurrence rectiligne, avec un recours appuyé au seul ordre dorique, tandis que le second oppose à l'énorme base aveugle sur laquelle il semble reposer, les arcades superposées de ses terrasses supérieures, qui culminent avec un temple circulaire formant le point de convergence de toutes ses perspectives. J'ai mis naguère en rapport ce thème insistant des architectures curvilignes (exèdres, voûtes, arcades, rotondes) avec la popularité en Italie au cours du siècle des Scipions de la poésie d'Ennius, dont un dicton affirmait qu'il avait introduit la sphère cosmique sur la scène (Cicéron, *De oratore* III, 162 : *quamuis sphaeram in scaenam, ut dicitur, attulerit Ennius ...*), et qui avait en effet multiplié dans ses pièces de théâtre des comparaisons assimilant le ciel à des architectures concaves (*Tragoedarium frg.* 96/97 Jocelyn : *quae caua caeli / Signitenentibus conficis bigis*, Andromaque à la Nuit : « Toi, qui de ton char constellé, parcours la concavité du ciel »), et surtout avec des arcades (*fornices*) en vertu d'une métaphore qui reçut au siècle suivant l'approbation de Varron (*De lingua latina*, V, 19 : *et Ennius item ad cauationem : « caeli ingentes fornices »*) et le désaveu de Cicéron (*De oratore* III, 162 : *... in sphaera fornicis similitudo inesse non potest*). Au sanctuaire de la Fortuna Primigenia, sans doute s'agissait-il de la part de l'élite prénestine, considérablement enrichie par les conquêtes romaines, de manifester par une reconstruction spectaculaire la puissance cosmique d'une divinité dont la célébrité s'était étendue dans l'Orient grec et qui venait de recevoir la visite de Carnéade.

Mais je voudrais insister à ce propos sur un monument plus tardif, qui me paraît être l'expression la plus aboutie du classicisme romain, c'est-à-dire, selon la formulation d'Horace, de la capacité à produire des œuvres simples et unes (*Épître aux Pisons sur l'art poétique*, 23 : « Bref, l'œuvre sera ce qu'on voudra, il faut tout au moins qu'elle soit simple et une », *denique sit quod uis, simplex dumtaxat et unum*). Je veux parler de l'arc de Titus, installé sur le parcours du triomphe à l'endroit où celui-ci, après avoir contourné sur trois côtés le Palatin, s'apprêtait à s'engager sur le forum. Ce monument exprime en effet une seule idée, celle que Titus a mérité son apothéose grâce à sa victoire sur les Juifs, et il l'exprime par son inscription, son architecture, son décor et son emplacement. Il est dédié par le sénat et le peuple romain au divin Titus, fils du divin Vespasien, et cette inscription se trouve sur l'attique, qui supportait à l'époque l'image en bronze du général triomphateur dans son quadrige. L'architecture est celle d'un arc unique sous entablement droit, et la qualification de cet arc comme symbole du ciel est soulignée par la présence de Victoires ailées couchées sur l'extrados des deux faces de l'arc, ainsi que par la présence de Titus emporté par l'aigle de Jupiter au milieu de la voûte. La représentation, à l'intérieur du passage, de Titus au moment de son triomphe, à l'emplacement même où son char est passé au cours de cette cérémonie, avec l'image d'une Victoire ailée qui le couronne au lieu de l'esclave qui était chargé de cette fonction, cette représentation établit un lien entre le triomphe et l'apothéose de Titus, puisque la présence de la Victoire manifeste la protection particulière que Jupiter a accordée au vainqueur des Juifs. L'autre relief du passage montre les soldats qui promènent au cours du triomphe le chandelier à sept branches ainsi que les trompettes sacrées du temple de Jérusalem, et ces prises de guerre étaient alors visibles, à proximité de l'arc, dans les dépendances du temple de la Paix, aménagé par Vespasien. Enfin, l'arc regardait en direction du forum, et était placé exactement dans l'axe du temple qui, au pied du Capitole, avait accueilli la statue de Vespasien divinisé qui venait d'être rejointe par celle du divin Titus. C'est la façon dont les Romains parvenaient à investir les formes architecturales d'une signification unique, puissante et obvie qui explique que celles-ci aient pu aussi facilement survivre avec les mêmes significations bien au-delà du temps et de l'espace qui furent ceux de leur empire.

J'en viens à mon second thème, celui de l'abside. Il s'agit d'un leitmotiv de l'architecture sacrée de Rome, mais dont l'apparition dans le paysage urbanistique de Rome est plutôt tardive, puisque les deux premiers exemples attestés appartiennent au temple dédié en 55/52 par Pompée à Vénus Victrix au sommet de son théâtre du Champ de Mars, et à celui que César consacra en 46 av. J.-C. à Vénus Genitrix sur son forum. Pierre Gros a vu dans cette innovation l'introduction d'un thème jusque-là réservé à l'architecture des nymphées, et appliqué dans un premier temps à une divinité, Vénus, qui était liée à l'univers aquatique, notamment parce que la tradition l'avait fait naître de la mer. A cette ingénieuse interprétation, j'ai cru devoir ajouter de mon côté que l'introduction du thème de l'abside était contemporaine du triomphe d'une comparaison littéraire, celle des cavernes du ciel, que l'on retrouve à la même époque chez Varron (*Satires Ménippées*, fr. 270 Bücheler = 275 Cèbe), Cicéron (*Aratea*, fr. XXXIII, 252 ; *De consulatu suo* II, 5) et Lucrèce (*De rerum natura* IV, 171 et 391, VI, 252). De nouveau, dans le droit fil de l'introduction de l'architecture curviligne dont nous avons vu une des manifestations les plus impressionnantes à Préneste à la fin du IIᵉ siècle av. J.-C., il devait s'agir de célébrer les dieux comme des puissances du cosmos. Et nous en avons la confirmation pour la déesse dont le sanctuaire a été doté de la première abside connue à Rome, Vénus Victrix. Car le temple construit à l'initiative de Pompée répond en tous points aux conceptions théologiques exprimées par Varron, qui était un des plus proches collaborateurs du vainqueur de Mithridate et du conquérant de l'Orient. Varron, en effet, distinguait un genre civil de théologie s'appliquant aux dieux de la ville, un genre mythique s'appliquant aux dieux du théâtre et un genre physique concernant le cosmos et donc les dieux des philosophes. Pour une déesse dont le culte appartenait désormais au calendrier religieux de Rome, mais aussi dont le temple surmontait le premier théâtre en dur de la ville, et dont la légende avait fait la victorieuse (*uictrix*) d'un concours de beauté, le sanctuaire de Vénus Victrix semblait être une parfaite illustration de la théorie varronienne. Mais nous savons de plus que Varron avait imaginé pour cette déesse une théologie physique, en faisant dériver cette fois son épiclèse Victrix non pas du verbe *uincere* (vaincre) mais du verbe *uincire* (lier) et en interprétant la déesse comme la « puissance de liaison » (*uinctionis uis*) du cosmos, responsable de l'union du mâle et de la femelle, de l'âme et du corps, ou encore du ciel et de la terre (Varron, *De lingua latina* V, 60-61). Issue en effet des grottes artificielles des nymphées, les *operosa antra* qui ont fait l'objet du beau livre d'Henri Lavagne, et illustrant de ce point de vue la fable de la naissance de la déesse, l'abside que ses fondations aériennes portaient à plus de 40 m de hauteur était en même temps une de ces cavernes du ciel chantées par la poésie contemporaine et accueillait la statue d'une déesse que l'aristocratie romaine du temps était invitée à considérer comme une des puissances animatrices du monde.

Mais j'aimerais m'arrêter quelques instants sur des absides romaines un peu plus tardives, celles qui s'ouvraient au centre des fronts de scènes aménagés dans toutes les villes de l'Empire à l'initiative du pouvoir augustéen. Un des exemples les mieux conservés est celui du théâtre d'Orange, « le plus beau mur de mon royaume », comme disait Louis XIV (fig. 2). Cet extraordinaire front de scène, dont la datation augustéenne ne saurait faire de doute d'après l'examen de ses chapiteaux par Wolf Dieter Heimeyer et de ses corniches par Henner von Hesberg, présente les trois portes dont parle Vitruve, mais la porte centrale, que l'on disait royale (*ualua regia*)

FIG. 2. — Le front de scène du théâtre d'Orange (cl. Chéné-Réveillac).

est percée dans un monument orné d'une double ordonnance superposée et que l'on désignait comme un palais royal (*regia* [s. e. *domus*]), et cette *regia* est curieusement disposée au fond d'une gigantesque abside, qui confère à ce mur beaucoup de son aspect spectaculaire. Il m'a semblé que, dans le cadre de l'idéologie fondatrice du pouvoir augustéen, qui célébrait le retour de l'âge d'or comme le résultat du double avènement de la royauté céleste de l'Apollon solaire et de la prééminence terrestre d'Auguste, cet étonnant assemblage d'architectures exprimait la réconciliation du ciel et de la terre et des deux pouvoirs qui se répartissaient le pouvoir du monde, mais dont celui d'Auguste n'était célébré que comme l'émanation de celui d'Apollon. Or une confirmation décisive vient d'être apportée à cette conception : mon ami Bruno

Poulle a en effet montré que le front de scène du théâtre de Marcellus à Rome, sans doute le prototype du renouvellement de l'architecture théâtrale dans l'Empire, était décalé d'environ 24° par rapport à l'axe nord-sud, matérialisé par l'orientation ancestrale du temple d'Apollon auquel le théâtre était lié topographiquement et cultuellement (on y célébrait une partie des *ludi Apollinares*), et cet écart correspond à celui de l'écliptique par rapport à l'équateur, ce qui alignait ce front de scène sur la course annuelle du soleil. De nouveau, on le voit, c'est la richesse sémantique d'un thème architectural qui explique son enracinement, sa survie et finalement sa permanence.

Il en est évidemment de même du thème de la coupole, dont l'introduction dans l'architecture religieuse de Rome avec le Panthéon d'Hadrien avait été préparée par des réalisations privées. Je songe à la célèbre volière (*auiarium*) construite par Varron dans sa villa au pied du monte Cassino, sous la forme d'une rotonde couverte d'un *hemisphaerium*, selon la description de cet auteur, qui précise que ce dernier avait reçu le double aménagement d'une étoile indiquant les heures et d'une aiguille reliée à une girouette en son centre indiquant la direction des vents soufflant à l'extérieur, ce qui plaçait les convives de cette extraordinaire volière abritant un *triclinium* entre, d'une part, une évocation du mouvement circulaire et uniforme des astres du ciel où leur âme était appelée à retourner, et, d'autre part, le mouvement hasardeux de la zone des météores proche de la terre, où leur corps était voué à la mortalité (*Res rusticae* III, 5). Je pense aussi à la salle à manger ronde (*cenatio rotunda*) appartenant au palais d'or (*domus aurea*) de Néron à Rome, dont la coupole décrite par Suétone était animée d'un mouvement perpétuel diurne et nocturne « à la manière de la sphère cosmique » (*Nero* 31), sans parler de l'extraordinaire coupole sur octogone que présente une salle conservée du même palais de Néron, où les observations de Robert Marchand et de Jérôme Veyrin-Forrer, citées par mon ami Jean-Louis Voisin, ont mis en évidence en particulier qu'aux deux équinoxes et au midi solaire, le disque lumineux formé par le passage des rayons solaires à travers l'oculus de près de six mètres de diamètre inscrivait exactement à l'intérieur du cercle qui le limite la porte nord, celle qui donne sur le plus vaste des cinq espaces rayonnant autour de la rotonde et qui est situé dans l'axe de la façade rigoureusement orientée au sud. Comme une sorte d'aboutissement de ces incessantes tentatives romaines de rapprocher l'architecture du monde de la communauté des hommes, la rotonde du Panthéon surmontée de sa coupole

offrait l'image d'une sphère complète, puisque le diamètre de l'hémisphère (43,454 m, soit 147 pieds, selon les relevés récents de l'Institut italien d'Histoire de l'Architecture) est exactement identique à
la hauteur maximale du sanctuaire, ce qui confère de plus au
monument le rôle d'illustration d'une dimension sans précédent de
l'inscription de la sphère dans un cylindre qui avait fait l'objet des
spéculations d'Archimède dans un traité qui nous a été conservé.
Dion Cassius déjà observait que la forme du Panthéon était une
imitation du ciel (LIII, 27 : θολοειδὲς ὂν τῷ οὐρανῷ προσέοικεν),
mais il vaudrait mieux dire de la sphère cosmique tout entière.
J'ajoute qu'avec sa coupole percée d'un oculus de 8,86 m de diamètre, soit 30 pieds équivalant à la hauteur exacte du fût des
colonnes de l'ordre intérieur, le Panthéon offrait une image très
proche d'un type d'horloge solaire de cette époque connu sous le
nom d'*hemisphaerium*, connu depuis longtemps à Aquilée et dont le
musée du Louvre vient d'acquérir un exemplaire : comme pour
toutes les horloges solaires, le cadran est une projection de la sphère
cosmique, mais ici sous la forme d'un hémisphère où les indications
d'heures et de saisons ne sont pas obtenues par l'ombre d'une
aiguille, mais directement par un rayon solaire qui traverse un
oculus (fig. 3). Dans un ouvrage récent, Gert Sperling a montré
quelle était la complexité des relations modulaires que renfermait
l'architecture de ce monument, et notamment le rôle décisif que le
nombre parfait 28 y jouait, aussi bien dans le rythme des caissons de
la voûte que dans la hauteur du cylindre ou encore dans les proportions de la façade, mais il est sans doute plus difficile de suivre ce
pasteur évangéliste quand il veut voir dans le Panthéon une manifestation de la conception héliocentrique de l'univers. Quant aux
sept chapelles qui entourent la rotonde, elles ont été depuis longtemps mises en rapport avec les sept planètes, auxquelles les
Romains à la suite des Grecs avaient donné les noms de sept de
leurs dieux, selon une tradition qui s'est maintenue jusqu'à nous. Il
n'est sans doute pas de monument au monde qui ait été plus imité
dans le temps et dans l'espace que le Panthéon tel qu'il a été reconstruit par Hadrien. Je citerai ici à titre de simple exemple la maison
de maître de Monticello, que Thomas Jefferson a fait construire à
partir de 1768 à l'intérieur de sa plantation de Virginie, à proximité
de Charlottesville, où l'architecture de l'Université de Virginie qu'il
a fondée en 1819 se réfère au même prestigieux modèle romain.
    Je voudrais évoquer pour finir l'art ornemental, qui suggère
pour nous aujourd'hui irrésistiblement un décor d'encadrement,
superflu et marginal, alors qu'il a constitué depuis l'Antiquité

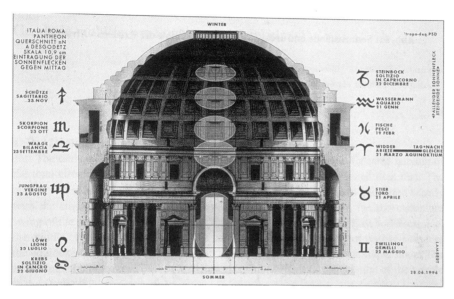

FIG. 3. — Le Panthéon : la coupole et le soleil suivant le rythme des saisons (d'après Sperling).

jusqu'à l'époque moderne un des modes d'expression essentiels des artistes en quête de sens et de beauté. Je viens de rendre publique une étude intitulée *L'histoire végétalisée. Ornement et politique à Rome*, centrée sur le célèbre décor végétal de l'autel de la Paix Auguste (*ara Pacis Augustae*), dédié à la limite septentrionale du Champ de Mars en 9 av. J.-C. Ces rinceaux d'acanthe qui envahissent plus de la moitié de la superficie de l'enceinte de cet autel ont été depuis longtemps mis en rapport avec un des thèmes majeurs de l'idéologie officielle du régime augustéen, que j'ai déjà évoqué tout à l'heure, celui du retour de l'âge d'or comme d'une époque où règnent la paix et la piété (un autel dédié à la Paix exprime d'une manière particulièrement éclatante ces deux premiers aspects), mais aussi la fécondité de l'univers qui leur est liée. Il y a un demi-siècle, le Norvégien Hans-Peter L'Orange avait même montré que les rinceaux de l'*ara Pacis Augustae* illustraient d'une manière saisissante les vers de la IVe églogue virgilienne, où le retour de l'âge d'or est célébré en grande partie sous la forme d'un hymne à la renaissance de la nature végétale. En fait, si Virgile avait bien chanté la nature mélangeant le lierre et l'acanthe à des plantes aromatiques, on observe que les rinceaux de l'*ara Pacis* corrigent cette vision d'une exubérance anarchique de la nature, et sans doute

FIG. 4. — Les rinceaux de l'*ara Pacis Augustae* : l'acanthe, la vigne et le lierre.

pour deux raisons essentielles. Sur l'enceinte de l'autel, on observe que le lierre et la vigne sont regroupés et n'occupent que l'espace limité que leur concèdent de grandes volutes régulières d'acanthe (fig. 4), sans doute d'abord parce que l'acanthe est chargée ici de domestiquer les végétaux emblématiques de Dionysos, le dieu auquel s'était identifié Marc Antoine, le rival puis l'adversaire d'Auguste au temps du triumvirat. D'une manière plus générale, on constate que les rinceaux de l'*ara Pacis* montrent une nature disciplinée, où l'acanthe, cette mauvaise herbe proliférante du monde méditerranéen, donne l'exemple d'une profusion ordonnée, grâce à la solide armature géométrique dont elle épouse les courbes régulières. Dans ce domaine comme en bien d'autres, Auguste s'est souvenu ici des vers de son ami Virgile, qui avait opposé dans sa IIIᵉ églogue le développement anarchique des végétaux dionysiaques à la « molle acanthe », dont il avait décrit le développement souple et régulier d'une anse à l'autre des coupes de son berger Damète, en une transposition ornementale du mythe de l'âge d'or suscité par la lyre de l'enchanteur Orphée (Virgile, *Bucoliques* III, 45-46 : « d'une anse à l'autre, il a entouré le vase d'une flexible acanthe ; au milieu, il a mis Orphée et, sur ses pas, les forêts en marche » ; *et molli circum est ansas amplexus acantho ; Orpheaque in medio posuit, siluasque sequentis*). Or il convient de replacer cet illustre décor dans le contexte historique qui l'entoure, en se rappelant notamment que les dernières décennies de la République romaine avaient connu la mode d'un art ornemental dominé par le thème de la monstruosité. Les contemporains des guerres civiles à répétition qui ont déchiré Rome pendant un siècle avaient sous les yeux des images de monstres d'un genre nouveau, réduits souvent à un avant-train réunissant des éléments disparates empruntés au règne animal et donnant naissance à des tiges végétales, et ces décors introduisaient de plus le thème de l'absence de pesanteur. Cette passion pour le mélange des règnes et des espèces de la nature et, plus généralement, pour la négation de ses lois les plus intangibles, avait été dénoncée par certains contemporains de cet art ornemental, Vitruve, mais aussi, avant lui, Lucrèce. C'est l'auteur du *De rerum natura* qui nous révèle quel sens avait aux yeux de ses contemporains cette esthétique de la monstruosité, quand il nous explique que ses zélateurs prétendaient y voir une image des premiers commencements du monde (Lucrèce, *De rerum natura* V, 907-910 : « Ainsi donc imaginer qu'au temps où la terre était nouvelle, le ciel nouveau-né, de tels animaux aient pu naître et s'appuyer uniquement sur le vain mot de nouveauté, c'est s'autoriser à débiter mille fables de même nature » ; *quae eniam tellure noua caeloque recenti / talia qui fingit potuisse animalia gigni / nixus in hoc uno nouitatis nomine inani, / multa licet sine ratione effutiat ore*). Beaucoup des membres de l'élite romaine connaissaient par cœur les vers du poème *De la nature* (περὶ φύσεως) d'Empédocle, où cet illustre pythagoricien de la Sicile au temps des guerres médiques avait décrit d'extravagantes visions de la nature en gésine, sortant par étape de la confusion du chaos originel, avec les « nombreuses têtes privées de cous » (Empédocle, *De la nature*, fragment 57, 1 Diels-Kranz : πολλαὶ μὲν κόρσαι ἀναύχενες), « des bras [qui] erraient nus privés d'épaules » (*ibid.*, fr. 57, 2 : γυμνοὶ δ᾽ ἐπλάζοντο βραχίονες εὔνιδες ὤμων), « des yeux [qui] allaient de ci, de là dépourvus de fronts » (*ibid.*, fr. 57, 3 : ὄμματα τ᾽ οἶ ἐπλανᾶτο πενητεύοντα μετώπων), « des membres [qui] erraient solitaires » (*ibid.*, fr. 58 : μουνομελῆ ἔτι τὰ γυῖα), puis « quand le Dieu se fut mélangé au Dieu en plus grande proportion / alors ces choses s'accordèrent au hasard de leurs rencontres / et bien d'autres choses, à part celles-ci, naquirent sans arrêt » (*ibid.*, fr. 59), et alors on vit « (des êtres) aux jambes tordues et aux mains innombrables » (*ibid.*, fr. 60 : εἰλίποδ᾽

ἀκριτόχειρα), « de nombreuses créatures naquirent ayant deux faces et deux poitrines opposées » (*ibid.*, fr. 61, 1 : πολλὰ μὲν ἀμφιπρόσωπα καὶ ἀμφίστερνα φύεσθαι), ainsi que « des rejetons de génisse à face humaine, tandis qu'inversement naissaient / des descendants humains à tête de bovidé, ici, d'une part, comme des hommes, / là, d'autre part, à la manière des femmes, pourvus d'organes sexuels ombreux » (*ibid.*, fr. 61, 2-4 : βουγενῆ ἀνδρόπρωιρα, τὰ δ᾽ ἔμπαλιν ἐξανατέλλειν / ἀνδροφυῆ / βούκρανα, μεμειγμένα τῆι μὲν ἀπ᾽ ἀνδρῶν / τῆι δὲ γυναικοφυῆ σκιεροῖς ἠσκημένα γυίοις). Et il n'est pas douteux que les plus ardents défenseurs de ces évocations délirantes n'aient été sur le terrain politique les promoteurs d'une subversion radicale de la société romaine, à une époque où de nombreux oracles prédisaient depuis l'époque des Gracques la renaissance du monde (*metacosmesis, renouatio mundi*). En témoigne notamment le triple support de table en marbre, inscrit au nom de P. Casca Longus, un des amis de César qui n'hésita pas à porter le premier coup de poignard à son maître : des pattes de fauve végétalisées donnent naissance à une tête de lion, et renvoient l'écho des évocations les plus stupéfiantes imaginées par Empédocle pour décrire la première naissance du monde. Or Auguste aussi a voulu répandre un art ornemental qui fût conçu à l'image d'une renaissance de la nature et du retour de l'âge primordial où le règne de Saturne, selon la tradition, s'était illustré par une abondance spontanée de tous les fruits de la terre, mais il a choisi d'en donner une image où l'ordre, la hiérarchie et le respect des lois de la nature accompagneraient le retour à une fécondité universelle. Les rinceaux de l'*ara Pacis* offrent ce spectacle d'une prolifération ordonnée des fruits de la terre associée à la discrimination des règnes et des espèces ainsi qu'à la manifestation de la pesanteur, qui renvoie une image majestueuse de la renaissance du monde. Ce décor a aussitôt servi de modèle à d'innombrables monuments de l'Empire, et le Moyen Âge en réinterprétera la signification en en faisant l'image d'une rénovation du monde par la croix du Christ, comme on le voit sur la façade de la cathédrale de Spolète ou encore dans l'abside de Saint-Clément à Rome.

Ce qui caractérise, on l'a vu, les quelques exemples que j'ai cités de manifestations de l'art romain sur le terrain de l'architecture ou de l'ornement, c'est que les formes sont en quelque façon saturées de sens, mais non pas d'un sens qui leur serait arbitrairement attribué. Bien au contraire, ce qui est toujours recherché, c'est une imitation de la nature, mais non pas d'une nature sans mystère et sans profondeur : ces décors expriment à chaque fois une prise de position sur les lois qui la régissent ou sur l'existence des puissances divines qui y sont à l'œuvre. C'est le sens qu'elles révèlent qui a permis à ces formes de résister à la grande usure du temps.

BIBLIOGRAPHIE

N. DACOS, *La découverte de la* Domus Aurea *et la formation des grotesques à la Renaissance*, Londres-Leyde, 1968.

P. GROS, Aurea Templa. *Recherches sur l'architecture religieuse de Rome à l'époque d'Auguste* (Bibliothèque des Écoles françaises d'Athènes et de Rome, 231), École française de Rome, Palais Farnèse, 1976.

W. D. HEILMEYER, *Korintische Normalkapitelle*, Heidelberg, 1970.

H. VON HESBERG, *Konsolengeisa des Hellenismus und der frühen Kaiserzeit*, Mayence, 1980.

H. P. L'ORANGE, « *Ara Pacis Augustae*. La zona floreale », dans *Acta ad archaeologiam et artium historiam pertinentia*, I, 1962, p. 7-15 et pl. I-V.

V. LASSALLE , *L'influence antique dans l'art roman provençal* (*Revue archéologique de Narbonnaise*, suppl. 2), Paris, 1970.

H. LAVAGNE, Operosa antra. *Recherches sur la grotte à Rome d'Auguste à Hadrien* (Bibliothèque des Écoles françaises d'Athènes et de Rome, 272), École française de Rome, Palais Farnèse, 1988.

B. POULLE, « Le théâtre de Marcellus et la sphère », *Mélanges d'Archéologie et d'Histoire de l'École française de Rome* 111, 1999/1, p. 257-272.

G. SAURON, Quis deum ? *L'expression plastique des idéologies politiques et religieuses à Rome à la fin de la République et au début du Principat* (Bibliothèque des Écoles françaises d'Athènes et de Rome, 285), École française de Rome, Palais Farnèse, 1994.

ID., *L'histoire végétalisée. Ornement et politique à Rome*, Paris, 2000.

G. SPERLING, *Das Pantheon in Rom. Abbild und Mass des Kosmos* (*Horrea*. Beiträge zur römischen Kunst und Geschichte, 1), Cassel, 1999.

J.-L. VOISIN, « *Exoriente sole* (Suétone, *Ner.*, 6). D'Alexandrie à la *Domus Aurea* » , dans *L'Urbs, Espace urbain et histoire (Ier s. av. J.-C.-IIIe s. ap. J.-C.)*, Coll. de l'École française de Rome, 98, École française de Rome, Palais Farnèse, 1987, p. 509-543.

Gilles SAURON

TRADITION CLASSIQUE ET MODERNITÉ :
LUMIÈRE ET MOUVEMENT

L'idée de ce travail est d'abord née du lieu où il devait être exposé. « La mer au sourire changeant », le scintillement des vagues associé à leur mouvement ne peuvent disparaître de ma mémoire d'exilée... Ce cadre qui m'est cher était donc propice à la mise en forme de cette réflexion sur la lumière et le mouvement en poésie et en peinture, et je remercie très vivement M. le professeur Alain Michel de m'y avoir conviée.

Ce lieu est aussi associé à la famille Reinach dont les diverses et riches contributions à l'histoire de l'art accompagnent mes travaux depuis de nombreuses années. Il symbolise en quelque sorte l'union de *Scientia* et de *Phantasia*, puisque tout y procède d'une imagination guidée par le savoir — Cicéron, Atticus et Varron sont les hôtes de cette bibliothèque, Socrate se promène dans les jardins...

Ces murs, enfin, évoquent pour moi un fin lecteur de Dante avec qui je les ai récemment visités. Or, Dante sera en quelque sorte le nœud de cette étude qui voudrait tenter de comprendre comment le mouvement peut jaillir, en peinture et en poésie, sans qu'il soit besoin de recourir aux conventions rhétoriques bien connues. Au-delà du parallèle, trop souvent réducteur, *ut pictura poesis*, je voudrais en effet montrer qu'il existe une poétique — j'emploie le mot au sens le plus large et le plus pleinement grec possible, si j'ose dire, qui évite d'inventer un néologisme du genre « picturique » —, une poétique, donc, capable de produire du mouvement sans dire le mouvement, capable de le faire naître de la lumière.

Tradition classique et modernité. Tel est le thème précis de ces journées. Or, mouvement et lumière sont depuis l'Antiquité l'objet de la méditation des philosophes et des artistes. Pourtant, cette recherche se heurte à une difficulté : celle de notre perception contemporaine de ces deux éléments qui est sans doute bien différente de celle qu'en avaient nos prédécesseurs. Ainsi, notre lumière n'est plus celle d'un Virgile, ni même celle d'un Poussin. Habitués à la lumière artificielle, nous ne savons plus — nous ne pouvons plus — regarder un tableau dans les conditions pour lesquelles l'artiste l'avait peint. Je pense aux Caravages des églises romaines qu'on éclaire d'une lumière crue au lieu d'en découvrir peu à peu les volumes dans la pénombre à laquelle ils étaient destinés. Mais si elle est en quelque sorte variable du point de vue de notre perception sensible, la lumière n'en est pas moins une réalité symbolique permanente.

Une suite qui m'a paru logique de poètes et d'artistes s'est offerte comme spontanément à mon esprit — Virgile, Ovide et Dante, Poussin et Marcheschi — un de nos contemporains qui a récemment accroché une série dantesque aux murs de l'espace Grimaldi. Les deux artistes que j'ai nommés ont plusieurs points communs. Ils ont lu les trois poètes qui ont nourri à divers titres leur imagination. Ils sont, comme eux, des hommes de la Méditerranée d'où est née la tradition classique — Poussin vivant à Rome, Marcheschi étant Corse. Ils connaissent la lumière dans ce qu'elle a de plus éclatant, de plus aveuglant parfois, même si Poussin la dore plus doucement. Quant aux poètes, on a souvent opposé les deux premiers — Virgile, le « classique », Ovide, le « maniériste », voire le maniéré — je pense à la sévère censure de Quintilien qui l'accusait de trop de complaisance envers son talent, *nimium amator ingenii sui*. Et pourtant, dans le traité *De vulgari eloquentia* (II, 6, 7) comme dans la *Divine Comédie*, Dante réunit dans son admiration Virgile et l'auteur des *Métamorphoses*.

Notre point de départ sera Poussin.

L'Inspiration du poète (fig. 1) date vraisemblablement des années 1630. Un peu dénaturé par un regrettable agrandissement qui a détruit le cadrage resserré de la composition, le privant d'un caractère plus intime, ainsi que par les repeints des couronnes de laurier, ce tableau n'en reste pas moins une des œuvres les plus riches en significations de Poussin. Il a été l'objet d'une érudite et définitive étude iconographique de Marc Fumaroli, lors de l'exposition qu'il avait conçue autour de ce tableau, au Louvre, en 1989. La cohérence de la lecture proposée est telle qu'il n'y a rien à y ajouter — et d'ailleurs l'important colloque consacré à Poussin qui s'est tenu lors de l'exposition de 1994 n'a pas modifié les termes de cette monographie. Loin de moi l'idée de le faire. Je voudrais aujourd'hui vous inviter à regarder ce tableau d'une façon sensiblement différente, sans donc en examiner l'iconographie, du seul point de vue qui m'intéresse ici, à savoir celui de la lumière et du mouvement.

FIG. 1. — Nicolas Poussin, *L'inspiration du poète*, huile sur toile, 182 x 213,
Paris, Musée du Louvre.

Je m'arrêterai d'abord sur le mouvement, un mouvement que
Poussin emprunte à Ovide. L'importance de ce poète, dès le début
du parcours poussinien, est bien établie puisqu'on sait que le
premier protecteur connu de notre peintre, Gianbattista Marino, lui
avait demandé d'illustrer des épisodes des *Métamorphoses*. C'était
donc un texte que Poussin connaissait bien, ce qui explique qu'il
n'emprunte pas ici à l'iconographie traditionnelle la figure
d'Apollon, bien différente de celle qu'avait peinte Raphaël dans
son *Parnasse*. Dans les *Métamorphoses* XI, 166, le poète décrit, en
effet, Apollon en des termes qui évoquent singulièrement le dieu
peint par Poussin au milieu de sa composition :

> *Ille caput flauum lauro Parnadisse uinctus*
> *Verrit humum Tyrio saturata murice palla,*
> *Dinstinctam lyram gemmis et dentibus indis*
> *Sustinet a laeua, tenuit manus altera plectrum...*
> *Artificis status ipse fuit...*

« Celui-ci, sa tête blonde ceinte du laurier du Parnasse,
balaie le sol de sa robe teinte du murex tyrien,
de sa main gauche, il soutient sa lyre incrustée
de gemmes et d'ivoire des Indes ; l'autre main tenait le plectre.
Il a l'attitude même d'un artiste. »

Apollon, dieu des arts, est décrit en artiste par Ovide, comme il l'est peint par Poussin. Tout y est, ou presque : la couronne de laurier, la robe pourpre qui balaie le sol, la lyre… Mais plus peut-être que ces éléments qu'il reproduit avec exactitude — aussi bien sont-ils les attributs du dieu —, le mouvement de la robe qui « balaie le sol » intéresse ici Poussin. Le drapé pourpre, sur lequel nous reviendrons, occupe une place importante au milieu du tableau.

La lumière aussi est un attribut traditionnel d'Apollon-Phébus. Ovide décrit à nouveau Phébus, au vers 24 des *Métamorphoses* II :

… *purpurea uelatus ueste sedebat*
in solio Phoebus claris lucente smaragdis.

« … vêtu d'un manteau de pourpre, Phébus était assis
Sur un trône brillant de l'éclat des émeraudes. »

Il s'agit ici de l'Apollon solaire que vient visiter son fils Phaéton — et l'éclat qu'il dégage est si fort que le jeune homme n'en peut supporter la vue (*consistitque procul ; neque enim propiora ferebat lumina*). Ovide, cependant, n'évoque pas la lumière qui entoure Apollon poète.

Pourtant il est remarquable que sa dynamique est donnée au tableau de Poussin par la lumière qui balaie le drapé rouge d'Apollon. On sait la façon dont Poussin travaillait la réception de la lumière en tant que partie de la peinture. Dans une lettre à Fréart de Chambray, il faisait précéder les divisions rhétoriques de la peinture de « principes que tout homme capable de raison peut apprendre » et qui consistaient dans six principes d'optique. On le voit aussi dans ses dessins préparatoires, comme, parmi d'autres, *La danse de la vie humaine* (fig. 2) où les masses éclairées sont particulièrement bien soulignées. Il s'en souciait jusque dans l'accrochage de ses tableaux. La fameuse lettre qu'il écrivit à Chantelou en avril 1639 en lui envoyant la *Manne* explique à son commanditaire comment encadrer le tableau,

« afin qu'en le considérant en toutes ses parties les rayons de l'œil soient retenus et non point épars au dehors, en recevant les espèces des autres objets voisins qui, venant pêle-mêle avec les choses dépeintes, confondent le jour. Il serait fort à propos que la […] corniche fût dorée d'or mat, car il s'unit très doucement avec les couleurs sans les offenser ».

Fig. 2. — Nicolas Poussin, *La danse de la vie humaine*, plume, encre brune, lavis brun, 148 x 196, Édimbourg, National Gallery of Scotland.

Une lumière douce baigne le tableau, une lumière dorée vénitienne. Le Bernin, qui, selon Chantelou, avait admiré ce tableau lors de son voyage à Paris, remarquait déjà qu'« il est peint et coloré à la manière du Titien ». De fait, sa lumière aussi lui vient du Titien, comme le coloris général du tableau qu'elle nimbe pour mettre mieux encore en évidence le caractère solaire du dieu des poètes. Elle n'a pas la violence de la lumière qui éblouit le jeune Phaéton des *Métamorphoses*. Elle évoque plutôt la lumière douce qui nimbe les dieux de Virgile.

Il n'y a pas de descriptions d'Apollon chez Virgile, sauf une, à l'occasion d'une comparaison. Virgile décrit ainsi la beauté d'Énée partant à la chasse, au chant IV de l'*Énéide* (v. 143-150) :

Qualis ubi hibernam Lyciam Xanthique fluenta
deserit ac Delum maternam inuisit Apollo
instauratque choros, mixtique altaria circum
Cretesque Dryopesque fremunt pictique Agathyrsi ;
Ipse iugis Cynthi graditur mollique fluentem

fronde premit crinem fingens atque implicat auro,
tela sonant umeris : haud illo segnior ibat
Aeneas, tantum egregio decus enitet ore.

« Lorsque Apollon abandonne l'hiver de Lycie et les flots du Xanthe
lorsqu'il vient revoir la maternelle Délos
et y renouer les chœurs et qu'autour de ses autels,
Crétois, Dryopes, Agathyrses au corps peint se mêlent et bondissent,
le dieu marche sur les jougs du Cynthe, la chevelure ondoyante,
mollement pressée de feuillage et ceinte d'un diadème d'or ;
et ses flèches bruissent à son épaule. Énée marchait d'un pas aussi alerte
et la même beauté rayonnait de son noble visage. »

Bien que la scène soit de nature différente de l'*Inspiration* et
évoque davantage, par son sujet, le paysage de Claude Lorrain qui
représente le départ d'Énée pour la chasse, c'est la même lumière
d'or (*auro*), la même brillance (*enitet*), que dépeint Poussin.

Le rôle de cette lumière dans la dynamique et la signification du
tableau est essentiel. En la représentant, Poussin ne cherche pas seulement à rendre un attribut du dieu, il l'utilise pour donner son
rythme à la scène. Elle s'associe au jeu des plis, qu'elle scande de
façon intense. Quoique immobile, la muse, qui la première reçoit la
lumière qui vient de gauche, en est toute animée, comme emportée
dans la spirale du drapé qui passe sous son sein gauche pour revenir
sur sa hanche et se déployer autour de sa jambe pliée. Poussin,
peintre de statues : c'est bien là une accusation injuste, du moins dans
l'esprit où elle fut formulée. Sa maîtrise de la lumière lui permet de
ressusciter les statues qui l'inspirent. On étudie le plus souvent le
mouvement qui procède des gestes et des regards pour analyser
l'action des tableaux, cette rhétorique ayant été codifiée très tôt. Et
c'est cette rhétorique que l'on remarque d'abord — les regards de
Calliope et d'Apollon tournés vers le poète, le geste d'injonction du
dieu qui pointe les feuilles du poète, le regard de celui-ci tourné vers
le ciel guident le regard du spectateur et induisent sa lecture. Mais
tout cela n'est finalement qu'une concession à la clarté d'un langage
qui doit aussi parler au grand nombre. Plus éloquents encore me
semblent la tension du corps du dieu dont la musculature, quoique
dans l'ombre, est aussi soigneusement décrite que son bras, que les
plis de sa robe. Si la chute du drapé au sol reprend le vers d'Ovide
que j'ai cité et donne à la figure sa majesté, l'agitation des plis dans
l'ombre, à sa gauche, évoque la ferveur de l'enthousiasme. Quant au
poète, il est encore dans la pénombre, son visage est à peine éclairé :
il est vêtu de vêtements dont les couleurs sont les plus sombres du
tableau. Le jaune doré de la muse, la pourpre lumineuse du dieu se

sont atténués en un ocre éteint. L'attente se marque par le seul mouvement de la jambe droite du poète qui crée la dynamique d'une oblique. Le rythme d'une musique silencieuse naît du jeu des draperies et du geste suspendu d'Apollon.

Apollon tient la lyre. Le poète, immobile, le regard tourné vers la lumière céleste, quant à lui, tient un calame. Marc Fumaroli (p. 75) souligne que « le Dieu de la lumière dicte à la poésie sa musique ». Mais il est remarquable — et ce n'est plus à Ovide que pense ici Poussin — que le dieu ne tient pas de plectre, que sa lyre est dépourvue de cordes. Comme l'écrit encore Marc Fumaroli, son doigt pince une corde invisible. Une analyse iconographique très serrée et très fine le conduit à y voir un rappel des préoccupations musicales des milieux romains contemporains. Mais il est peut-être aussi possible d'y trouver, plus au-delà, l'image étant polysémique, un écho à la poétique dantesque : la poésie se suffit à elle-même, sans avoir besoin d'un quelconque accompagnement musical. La lyre n'a plus besoin de cordes. On pense à cette anecdote selon laquelle, à Debussy qui venait lui présenter son *Prélude à l'après-midi d'un faune*, Mallarmé aurait répondu : « je croyais l'avoir déjà mis en musique... ». Or, Dante déjà définissait ainsi la *canzone*, dans le *De vulgari eloquentia* (II 8, 6) :

> *Cantio nichil aliud esse videtur quam actio completa dicentis verba modulationi armonizata.*
>
> « La *canzone* ne semble être rien d'autre que l'action achevée de qui dicte les mots harmonisés pour la modulation. »

On pourra trouver étrange ou artificiel un tel rapprochement avec Dante concernant une œuvre du protégé de Marino, quand on sait la critique du Poète que firent les marinistes. Mais c'est trop s'arrêter à leurs protestations et oublier que leur modèle lui-même s'est nourri de la *Commedia* au point de croire devoir se justifier de ses divers « larcins » — vers, images, voire situations — dans une lettre à C. Achellini, placée en dédicace à l'édition de la *Sampogna* qui fut justement publiée à Paris en 1620, au moment où Poussin le rencontrait. Il n'est pas invraisemblable que Poussin ait assisté à des discussions sur la nature des arts dans le cercle de Marino. Il montrera plus tard qu'il connaît aussi Virgile puisque c'est sur sa poétique qu'il fonde sa fameuse théorie des « modes ». Cette interprétation, loin de contredire la lecture de Marc Fumaroli qui voit dans le portrait du poète une évocation de Marino et dans la lyre apollinienne un rappel de la lyre Barberini, confirme l'inscription de ce tableau dans les débats poétiques contemporains.

Le regard du poète de l'*Inspiration* se tourne vers la lumière céleste, lumière inspiratrice. C'est vers elle que marchent Dante et Virgile, celui-ci demeurant pourtant privé à tout jamais de sa pleine clarté. Et c'est cette lumière que je voudrais maintenant envisager.

Trois lumières sont associées à l'inspiration par Dante qui confond en fait à dessein inspiration poétique et inspiration religieuse — la lumière virgilienne, la lumière apollinienne, la lumière divine.

Au chant XXI du *Purgatoire* (v. 94-99) est formulée la première conception de la lumière inspiratrice du poète. Une « flamme divine » y est présentée comme la source de la parole poétique. Or, cette flamme divine, ce n'est pas Apollon qui la nourrit, c'est le poème virgilien lui-même. Ainsi, d'ailleurs, au pied de l'Apollon de Poussin, on pouvait voir des volumes des trois grandes épopées antiques — l'*Iliade* et l'*Odyssée*, l'*Énéide*. Stace, rencontré au *Purgatoire*, donne une des plus belles définitions de l'inspiration poétique que l'on pouvait concevoir, d'une inspiration qui n'est pas celle d'un modèle mental, mais celle d'un modèle littéraire — modèle idéal, il est vrai, puisqu'il s'agit de l'*Énéide*. Rencontrant Virgile, qu'il n'a pas reconnu, Stace, porte-parole privilégié de Dante, déclare en effet :

> *Al mio ardor fuor seme le faville,*
> *che mi scaldar, della divina fiamma*
> *onde sono allumati più di mille ;*
> *dell'Eneïda dico, la qual mamma*
> *fummi e fummi nutrice poetando*

> « Mon ardeur naquit des étincelles
> qui m'embrasèrent venues de la flamme divine
> où se sont allumés plus de mille ;
> je veux dire l'*Énéide*, qui fut pour moi
> mère et pour moi fut nourrice en poésie. »

A cette lumière du livre immortel, s'oppose la première apparition de Virgile, au chant I de l'*Enfer* (v. 60), monde de l'obscurité, « où se tait le soleil », ... *dov'l sol tace...* Cette apparition est celle d'une « figure affaiblie » (*Inferno* I, 62-63) :

> *Dinanzi alli occhi si fu offerto*
> *chi per lungo silenzio parea fioco*

> « Une figure s'offrit à mes regards,
> qu'un long silence avait rendue tout affaiblie... »

On sait les débats qu'ont suscités le vers 63 et, en particulier, le mot *fioco*. Même si une partie de la critique récente s'accorde à comprendre dans *fioco* la perte de la voix, que Dante lui-même explique par un trop long silence, il me semble qu'on ne peut ignorer non plus que cet affaiblissement est aussi celui de la vue. Dante emploie d'ailleurs le mot *fioco* pour désigner l'affaiblissement des deux sens. On trouve ainsi sous sa plume l'expression *fioco di lume* (*Inferno* III, 75). De plus, ces deux vers suivent l'expression *la dov'l sol tace* qui associe métaphoriquement le silence et l'obscurité : de même que " le soleil se tait " dans l'enfer, de même, privé de la vision de la lumière, dans l'ombre de l'enfer, le poète s'est tu.

Apollon, le *buon Apollo*, est le second inspirateur du poète. Dante l'invoque une seule et unique fois au début du premier chant du *Paradis*. Il n'a jusque-là demandé leur aide qu'aux muses. Cette invocation est suivie du rappel de l'histoire de Marsyas lue de façon symbolique. Nous la retrouverons plus loin.

C'est le dieu des poètes qui est ici convoqué, immédiatement après l'annonce du sujet de ce nouveau chant, sujet grave et sublime entre tous — dire « la gloire de celui qui meut toute chose », la gloire de Dieu, la lumière de Dieu. Ce passage du Dieu chrétien à la divinité païenne peut étonner qui n'est pas accoutumé à l'allégorisme médiéval. Apollon est ici celui qui aide à dire, il est désigné un peu plus bas, au vers 31-32, comme *la lieta delfica deita*, « la joyeuse divinité delphique », c'est l'Apollon qui parle à Delphes et l'Apollon poète, en un mot le *uates*, le seul capable d'aider le poète à dire « des choses que ne sait ni ne peut redire qui descend de là-haut », qui peut faire, par les mots, resurgir de la mémoire la vision indicible, dire la lumière.

Inspiratrice du poète, la flamme est aussi inspiratrice de parole divine. Stace lui même associait la création poétique et la révélation divine, lorsqu'il disait, toujours à Virgile — pourtant condamné à n'entrer pas au Paradis (*Purgatorio* XXI, 94-99) :

Per te poeta fui, per te cristiano

« Par toi je fus poète, par toi chrétien. »

Et il ajoute ces mots qui décrivent le sort terrible du Mantouan :

Facesti come quei che va di notte,
Che porta il lume dietro e sé non giova,
Ma dopo sé fa le persone dotte.

« Tu fais comme celui qui va de nuit,
Qui porte sa torche derrière lui et elle ne lui sert pas,
Mais rend derrière elle les gens savants. »

Bien plus forte encore est, cependant, la lumière du Paradis dont le mouvement jaillissant s'oppose à « l'air noir » qui balaie l'enfer (*Inferno* V, 48-51) :

> ... *così vidi venir, traendo guai,*
> *ombre portate dalla detta briga ;*
> *per ch'i' dissi : « Maestro, chi son quelle*
> *genti che l'aura nera sì gastiga »* ?

> « ... ainsi je vis venir, poussant des cris,
> les ombres portées par ce grand vent ;
> alors je dis : " Maître qui sont ceux-là
> qui sont ainsi châtiés par l'air noir " ? »

Le châtiment procède de l'absence de lumière, « de l'air noir » en qui disparaît le langage articulé : ce ne sont que cris — on se souvient de la voix affaiblie de Virgile. A cette absence de lumière s'associe l'absence de substance. C'est d'ailleurs encore ainsi qu'apparaissait Virgile au premier chant de l'*Enfer* que nous avons rappelé.

Au contraire lumière et mouvement animent le Paradis dès les premiers vers (*Paradisio* I, 1-6) :

> *La gloria di colui che tutto move*
> *per l'universo penetra, e resplende*
> *in una parte più e meno altrove.*
> *Nel ciel che più de la sua luce prende,*
> *fu' io, e vidi cose che redire*
> *né sa né può chi di la su discende*

> « La gloire de celui qui meut toute chose
> pénètre l'univers et resplendit
> davantage en un point et moins ailleurs.
> Dans le ciel qui prend le plus de sa lumière,
> je fus et vis des choses que ne sait ni ne peut
> redire qui descend de là-haut. »

De fait, Dieu est à la fois lumière et mouvement — *mouens non motum*, dit la *Somme théologique* de Thomas (I, 105, 2). Dans l'épître à Can Grande XX (53), Dante peut-être, l'attribution est contestée, commentait ainsi ses propres vers :

> *Dicit ergo quod gloria primi motoris qui Deus est in omnibus partibus universi resplendet.*

> « Il dit donc que la gloire du premier moteur qui est Dieu resplendit dans toutes les parties de l'univers. »

et il y revenait ensuite XXIII (64),

> *Bene ergo dictum est cum dicit quod divinus radius sive divina gloria « per universum penetrat et resplendet ». Penetrat quantum ad essentiam, resplendet quantum ad esse.*

> « C'est donc bien dit quand il dit que le rayon divin ou la divine
> gloire " pénètre l'univers et resplendit ". Elle pénètre quant à l'essence,
> resplendit quant à l'être. »

Les dantologues ont souvent étudié le *Paradis* dans la tradition de
la théologie de la lumière et en particulier de l'*Itinerarium* de saint
Bonaventure que rencontre Dante au chant XII du *Paradis*. Je n'y
reviendrai pas. Je voudrais ici souligner que cette lumière est celle
aussi des Champs Élysées virgiliens (*Aeneis* VI, 724 et suiv.) et le
principe de vie que décrit Anchise à Énée :

> *Principio caelum ac terras camposque liquentis*
> *lucentemque globum lunae titaniaque astra*
> *spiritus intus alit, totamque infusa per artus*
> *mens agitat molem et magno se corpore miscet...*
> *Igneus est ollis uigor et caelestis origo*
> *seminibus...*

> « Et d'abord le ciel, la terre, les plaines liquides,
> le globe lumineux de la lune, l'astre titanique du soleil
> sont pénétrés et vivifiés par un principe spirituel : répandu dans les
> membres du monde,
> l'esprit en fait mouvoir la masse entière et transforme en s'y mêlant ce
> vaste corps... Ces germes de vie ont une vigueur ignée qu'ils doivent à leur
> céleste origine... »

L'exposé des différentes sources antiques de ces vers a été fait jadis
par Pierre Boyancé. Mais quelle lecture Dante pouvait-il en faire ?
Assurément cette conception de Dieu ne pouvait que condamner
Virgile à rester dans les limbes malgré la lecture que les chrétiens
avaient pu faire de la IVe *Bucolique*. Dante théologien ne pouvait
l'ignorer et, s'il concède au poète païen la traversée du Purgatoire,
il ne l'en fait pas moins retourner dans le silence des limbes. Ce que
Dante poète conserve des Champs Élysées virgiliens dans son
Paradis, c'est toutefois la joie lumineuse des vers 640 et suivants du
chant VI de l'*Énéide* :

> *... Deuenere locos laetos et amoena uirecta*
> *fortunatorum nemorum sedesque beatas.*
> *largior hic campos aether et lumine uestit*
> *purpureo, solemque suum, sua sidera norunt.*

> « ... Ils arrivent à une plaine riante, aux délicieuses pelouses
> des bois fortunés, séjour des bienheureux.
> L'air pur y est plus large et revêt ces lieux d'une lumière
> pourpre. Ils ont leur soleil et leurs astres. »

Le souvenir de la lumière élyséenne va s'amplifier dans un embra-
sement qui se poursuit jusqu'à l'extase finale des derniers vers du

Paradis XXXIII — extase qui n'est pas loin d'évoquer celle de l'inspiration du poète :

> *Cosi la mente mia, tutta sospesa,*
> *mirava fissa, immobile e attenta*
> *e sempre di mirar faceasi accesa.*

> « Ainsi mon âme, tout en suspens,
> regardait fixement, immobile, attentive
> et s'enflammait sans cesse à regarder encore. »

L'immobilité de l'extase inclut le mouvement de la flamme...

Pourtant, malgré l'espoir formulé dans l'invocation à Apollon
au chant I du *Paradis* : « Petite étincelle produit grande flamme »
(*poca favilla gran fiamma seconda* — v. 33), ce sera, pour finir, au
chant XXXIII le constat d'un échec : le Poète n'aura dit qu'une
« simple lueur » (*un simplice lume* : *Paradisio* XXXIII, 90) de « la
lumière éternelle » (*luce etterna* : *ibid.* XXXIII. 83). « Vase » de la
valeur apollinienne, il n'aura pu rendre que l'ombre de sa vision
éblouissante.

Tradition et modernité. L'œuvre de Jean-Paul Marcheschi
prouve aujourd'hui qu'il n'y a pas entre elles de rupture. C'est en
effet le même jaillissement de la lumière hors de l'ombre qu'elle ne
cesse de mettre en scène, la même interrogation sur la création.
Cette rencontre est loin d'être fortuite. Lié à cette tradition par sa
lecture de Dante et des poètes antiques, Marcheschi a compris que
la lumière était de façon indissociable unie à l'obscurité, mais il nous
montre aussi que le noir n'est pas absence de lumière, puisque de lui
celle-ci peut jaillir. Il ne cherche certes pas à illustrer platement
Dante, il marche de conserve avec lui et s'entretient avec lui dans un
langage qui lui est propre.

Le matériau qu'il emploie en témoigne. Marcheschi est un
peintre du feu. Son outil n'est pas le pinceau, mais une torche, son
matériau n'est pas la peinture, mais la suie, d'abord, déposée sur des
feuillets de papier Canson de petit format — couverts de textes
écrits le matin qui sont à la fois mémoire de la nuit et assise de son
art —, puis la cire, appliquée avec le même outil, ensuite travaillée
pour en assurer la solidité et en préciser les formes. La cire est
parfois — plus rarement — employée sans la suie. Les feuillets sont
enfin assemblés, selon un plan savamment conçu, les panneaux sont
disposés suivant un ordre qui, lui aussi, va au-delà de la simple narration, tout en obéissant à une logique de sens et de mouvement : le
regard suit ainsi les corps qui naissent de l'espace, sans paraître
l'occuper.

FIG. 3. — Jean-Paul Marcheschi, Nice, Galerie des Ponchettes,
10 juillet-29 août 1999, *Phao*, vue d'ensemble.

Quelques vues de deux de ses expositions permettent de le
sentir. Voici une vue d'ensemble de *Phao* (fig. 3). La série se nomme
ainsi en référence à la lumière. Elle a été exposée, en 1999, à Nice, à
la galerie des Ponchettes où elle occupait une vaste salle. C'est
l'espace d'accrochage qui donne sa lumière à l'œuvre et l'inscrit en
lui — d'où l'éblouissement paradoxal qu'on avait en pénétrant dans
la galerie. En 2000, trois salles au musée Fesch d'Ajaccio furent
consacrées à l'exposition intitulée *Riveder le stelle* qui évoquait plus
directement encore la lumière et le mouvement dantesques —
encore que tout le cheminement de Marcheschi ait été jusqu'ici
accompagné du Poète et que *Phao* ni peut-être aucune de ses autres
œuvres ne doivent être exclus de cette inspiration. Voici successivement les trois salles de l'Enfer, du Purgatoire et du Paradis.

    Riveder le stelle — on aura reconnu la fin du dernier vers de
l'*Enfer* :

    E quindi uscimmo a riveder le stelle.

    « Et par là nous sortîmes pour revoir les étoiles. »

Car la *Divine Comédie* est une ascension vers les étoiles — chaque chant se clôt d'ailleurs sur le mot *stelle*. Le *Purgatoire* : « pur et tout prêt à monter aux étoiles » (*puro e disposto a salire alle stelle*) et le dernier vers du *Paradis* — qui donne son sens au poème entier : « l'amour qui meut le soleil et les autres étoiles » (*l'amor che move il sole e l'altre stelle*), chaque fois l'étoile est associée au mouvement — *uscimmo, salire, move*.

Marcheschi, dans cette méditation, suit toutes les étapes de cette ascension, qui conduit de l'obscurité de l'Enfer (fig. 4) à la demi-lumière du Purgatoire (fig. 5), avant l'illumination du Paradis (fig. 6). La lumière de Marcheschi est résurrection. Elle atteint son degré le plus intense dans la salle du Paradis.

Après cette trop rapide présentation d'une œuvre forte, pensée, exigeante, je voudrais surtout m'intéresser au travail sur la lumière — et avec la lumière — de Marcheschi. La lumière est pour lui aussi bien un phénomène physique avec lequel jouent ses œuvres qu'une réalité symbolique.

Je prendrai comme exemple l'Ange qui figure sur un des panneaux du *Phao* intitulé *Le Frère* (fig. 7). On y voit se dégager de la ténèbre la forme lumineuse de l'ange. La matité de la suie capte la lumière, tandis que la brillance de la cire la renvoie. Ce corps jaillissant dans sa splendeur, dans son épaisseur aléatoire évoque étrangement ce que saint Thomas écrivait dans la *Somme théologique* — et qui inspire sans doute aussi la vision de Dante :

> *Dicendum quod, licet aer, in sua raritate manens, non retineat figuram neque colorem ; quando tamen condensatur, et figurari et colorari potest, sicut patet in nubibus. Et sic angeli assumunt corpora ex aere, condensando ipsum virtute divina, quantum necesse est ad corporis assumendi formationem.*

> « Il faut donc dire que, quoique l'air, lorsqu'il demeure dans sa rareté, ne retient pas la figure ni la couleur, quand il se condense, peut prendre figure et se colorer, comme cela apparaît dans les nuages. C'est ainsi que les anges prennent leur corps de l'air en le condensant par une vertu divine autant qu'il est besoin pour la formation du corps qu'ils prennent. »

La lumière, chez Marcheschi, fait naître ainsi la forme, aussi bien qu'elle permet de montrer l'indicible. Je pense à la salle du Paradis.

Un de nos guides dans cette recherche a été Apollon : nous avons évoqué l'éblouissant dieu du soleil des Anciens, nous avons vu l'Apollon inspirateur du poète selon Poussin, l'Apollon dont Dante espère être le réceptacle. Mais, pour Dante, l'inspiration, si

Fɪɢ. 4. — Jean-Paul Marcheschi, Ajaccio, Musée Fesch,
15 novembre 1999-28 février 2000, *Riveder le stelle*, salle de l'Enfer, 650 x 100.

Fɪɢ. 5. — Jean-Paul Marcheschi, Ajaccio, Musée Fesch,
15 novembre 1999-28 février 2000, *Riveder le stelle*, salle du Purgatoire, 650 x 100.

FIG. 6. — Jean-Paul Marcheschi, Ajaccio, Musée Fesch,
15 novembre 1999-28 février 2000, *Riveder le stelle*, salle du Paradis, 650 x 100.

FIG. 7. — Jean-Paul Marcheschi, Nice, Galerie des Ponchettes,
10 juillet-29 août, *Phao, Le Frère*, 356 x 357.

elle est vision éblouissante, peut-être aussi une expérience douloureuse. Dante rappelle, au début du *Paradis*, la fable de Marsyas qu'il
lit d'une façon originale. Ovide, dans les *Métamorphoses* VI
(v. 382-400) rapporte qu'Apollon avait puni l'audace de Marsyas qui
voulait rivaliser avec lui en le faisant écorcher vif. Edgar Wind, dans
Mystères païens de la Renaissance, a savamment analysé les deux
épisodes et met en rapport le rite de purification dionysiaque de
l'écorchement, le châtiment de Marsyas et la création poétique. Le
cri de Marsyas « quid me mihi detrahis ? » (pourquoi m'arraches-tu
à moi-même) est interprété par Dante comme l'expression de cette
douleur nécessaire à la création poétique. En effet, Dante prie
Apollon en ces termes (*Paradisio*, I, 19-21) :

> *Entra nel petto mio, e spira tue*
> *sí come quando Marsïa traesti*
> *de la vagina de le membra sue.*

> « Entre dans ma poitrine et souffle, toi,
> comme quand tu as tiré Marsyas
> hors de la gaine de ses membres. »

Apollon doit faire sortir hors du corps qui la retient la parole, voire
investir le corps du poète et parler par sa bouche. Cette lecture allégorique de la fable explique qu'elle soit placée dans ce chant, au
moment où le poète aura besoin de forces surhumaines pour traduire les visions qu'il accueille.

Marcheschi aussi a représenté Marsyas supplicié (fig. 8). Une
longue tache rouge coule de son corps qui évoque évidemment le
corps écorché. Cette tache est d'autant plus remarquable, d'autant
plus violente que Marcheschi emploie très rarement la couleur.
Mais, si elle exprime la douleur de toute création, cette couleur peut
aussi s'expliquer par la lumière. De fait, si, dans la *Divine Comédie*,
la parole jaillit de la lumière, celle-ci fait naître aussi la couleur.
C'est l'ultime vision de Dante, au chant XXXIII, celle du cercle
lumineux et coloré de la Trinité (v. 117). Ainsi, le *Marsyas* de Marcheschi fait naître le rouge, non pas seulement représentation du
sang qui coule, mais de la couleur aussi qui naît de la lumière de
l'inspiration. Mais, dans le même temps, il nous dit que toute
création est sacrifice, que la lumière se gagne par l'ascèse. « Cette
quête de la lumière… d'un temps antérieur à la raison », comme
l'écrit admirablement Françoise Graziani (*Phao*) ne peut se faire
que dans l'oubli et la plénitude de soi — en quoi Dante était le
meilleur guide.

Fig. 8. — Jean-Paul Marcheschi, 1992, *La séquence des corps, Marsyas*, 270 x 380.

Je conclurai en soulignant la continuité, jusque dans la plus récente contemporanéité, du rapport à la lumière et au mouvement. Focillon parlait d'une vie des formes. Je crois qu'au-delà des variations des perceptions que j'évoquais en commençant, il existe une permanence de certaines représentations, une permanence des formes symboliques, si du moins « permanence » ne signifie pas « fixité » ou « identité ». Les interrogations d'un Marcheschi, d'un

Poussin, d'un Dante ou d'un Virgile ne peuvent être exactement les mêmes, pas plus que n'est semblable le langage qui les dit. Chacun s'inscrit dans une histoire différente qui s'enrichit des expériences des prédécesseurs. Il y a loin entre la douceur de la lumière de Virgile et de Poussin et l'éblouissement de la lumière de Dante et de Marcheschi, mais c'est toujours la même quête de la lumière jaillissante, toujours cette volonté d'aller au-delà de la confusion de l'ombre pour dire clairement l'indicible, pour donner forme à l'impalpable. Peut-être aussi cela témoigne-t-il chez eux d'une conception de l'art qui serait un *fiat lux* — et cette ultime citation nous permettra de boucler le cercle tout en l'élargissant, puisque ces mots de la Bible furent, on le sait, donnés comme exemple du sublime par un rhéteur grec.

BIBLIOGRAPHIE

[Les traductions des textes en langues étrangères, même quand elles sont miennes, sont tributaires des traductions indiquées ci-dessous].

VIRGILE, *Énéide*, texte établi par H. Goelzer et traduit par A. Bellessort, 2 vol., Paris, Les Belles Lettres, 1925-1936.

OVIDE, *Métamorphoses*, texte établi et traduit par G. Lafaye, 3 vol., Paris, Les Belles Lettres, 1925-1928-1930.

DANTE, *La Divine Comédie*, texte original, traduction de J. Risset, 3 vol., Paris, Flammarion, 1985-1988-1990.

DANTE ALIGHIERI, *L'eloquenza in volgare*, introduzione, traduzione et note di G. Inglese, Milan, Rizzoli, 1998.

DANTE ALIGHIERI, *Epistola a Cangrande*, E. Cecchini éd., Florence, Giunti, 1995.

Jean-Paul Marcheschi, Ouvrage dirigé par S. Biass-Fabiani et J.-P. Marcheschi, s. l., Somogy Éditions d'art, 2001.

N. POUSSIN, *Lettres et propos sur l'art*, Paris, Hermann, 1964.

E. WIND, *Mystères païens de la Renaissance*, traduit de l'anglais par P.-E. Dauzat, Paris, Gallimard (Bibliothèque illustrée des histoires), 1992 [1re éd. anglaise, Londres, Faber and Faber, 1958].

Ce travail est, de plus, nourri, sans qu'il y soit renvoyé, de deux ouvrages d'Alain MICHEL, *La parole et la beauté*, Paris, Les Belles-Lettres, 1982 et *Théologiens et mystiques au Moyen Âge*, Paris, Gallimard (Folio 2998), 1997, et d'un long et riche entretien avec Jean-Paul Marcheschi.

CATALOGUES D'EXPOSITION

Paris, Musée du Louvre, 2 juin-28 août 1983, *L'inspiration du poète de Poussin*, catalogue et essai introductif sur l'allégorie du Parnasse par M. Fumaroli, Paris, Réunion des Musées nationaux (Les dossiers du Département des Peintures, 36), 1989.

Nice, Galerie des Ponchettes, 10 juillet-29 août 1999, Jean-Paul Marcheschi, *Phao*.

Ajaccio, Musée Fesch, 15 novembre 1999-28 février 2000, Marcheschi-Dante, *Riveder le stelle*.

Colette NATIVEL

DE LA SCIENCE ANTIQUE
À LA SCIENCE MODERNE :
GALILÉE ET LE LIVRE DU MONDE

Les pages célèbres d'Ernst Robert Curtius sur le livre de la nature s'ouvrent sur cette déclaration [1] : « Voici un des clichés courants de la conception populaire de l'histoire : la Renaissance a secoué la poussière des parchemins jaunis pour lire dans le grand livre de la Nature et du Monde. Or, cette métaphore provient, elle aussi, du Moyen Âge latin. » Une telle affirmation s'inscrit parfaitement dans le dessein de Curtius, qui consiste à montrer une permanence à travers l'histoire des arts et des idées du Moyen Âge aux temps Modernes — permanence assurée en grande partie par les textes latins. A lire les citations qui suivent cette déclaration initiale, on est pourtant frappé par leur hétérogénéité, comme Eugenio Garin l'a fortement souligné dès 1958 [2]. Il s'agit d'une métaphore sans cesse reprise, mais nullement d'un cliché, d'une métaphore « endormie » ou « morte ». Le « véhicule » métaphorique n'offre qu'une permanence de surface, tandis que sa « teneur » peut être extrêmement variable et correspond à des élaborations et des applications très différentes, ainsi que Hans Blumenberg l'a montré dans son grand livre sur le sujet, *Die Lesbarkeit der Welt* [3].

Le titre choisi par Blumenberg indique qu'il s'intéresse avant tout aux conditions de lisibilité du monde, et beaucoup moins aux contenus des lectures effectives. Je propose ici une approche qu'on peut qualifier de « poétique » : il s'agit d'étudier l'exploitation des ressources de la métaphore en tant que telle, sa malléabilité, ses possibilités de renouvellements, de développements et de combinaisons. Il sera question de lecture plus que de lisibilité. En effet,

---

1. E. R. Curtius, *La Littérature européenne et le Moyen Âge latin*, trad. J. Bréjoux, Paris, PUF, 1991, p. 497.
2. E. Garin, « Alcuni osservazioni sul *libro* come simbolo », dans *Umanesimo e simbolismo*, E. Castelli éd., Padoue, Cedam, 1958, p. 91-102.
3. H. Blumenberg, *Die Lesbarkeit der Welt*, Francfort, Suhrkamp, 1981.

toute métaphore simple est, en réalité, la partie visible d'un réseau de ramifications qui ouvrent autant de possibilités de « filer » l'analogie par des opérations de sélection et d'occultation sur des similarités et des différences tantôt retenues, tantôt passées sous silence. On conçoit dès lors l'importance d'une étude attentive aux processus de redescription et d'innovation, de continuation et de polémique.

Le livre du monde et les livres des hommes

J'examinerai ici une exploitation particulière de la métaphore du livre du monde, celle que l'on rencontre chez Galilée. Ce choix peut sembler surprenant, voire paradoxal, dans le cadre d'un colloque sur la tradition et la modernité, puisque Galilée oppose justement le livre du monde à ceux des hommes, notamment à ceux d'Aristote, et qu'il ne cesse de répéter que la science doit être fondée sur l'observation directe de la nature et non sur des sources livresques. La modernité semble se séparer de la tradition, la rejeter. Souvent, dans un but polémique, les ouvrages philosophiques d'Aristote sont nommés en un souffle avec les poèmes d'Homère, de Virgile, d'Ovide ou de l'Arioste. Ainsi Galilée écrit à Kepler en 1610 à propos de certains adversaires de l'utilisation de la lunette : « Ce genre d'hommes pense, en effet, que la philosophie est quelque livre comme l'*Énéide* ou l'*Odyssée* et que la vérité ne doit pas être cherchée dans le monde ou dans la nature, mais dans la confrontation des textes (j'emploie leurs termes). »[4] De même, un passage de *L'Essayeur* ridiculise Orazio Grassi, professeur au Collège romain des Jésuites, dans les termes suivants : « Peut-être croit-il que la philosophie est l'œuvre de la fantaisie d'un homme, comme *L'Iliade* et le *Roland furieux*, où la vérité de ce qui y est écrit est la chose la moins importante. Il n'en est pas ainsi, Signor Sarsi. La philosophie est écrite dans cet immense livre qui se tient toujours ouvert devant nos yeux... »[5] Et ailleurs on peut lire (*Op.* VI, 615) : « Je ne crois ni aux poètes ni aux philosophes lorsque l'expérience va dans le sens contraire. »

------

4. Lettre de Galilée à Kepler, 19 août 1610, dans Galilée, *Opere*, Edizione nazionale, t. X, p. 421 sqq. Ci-après, cette édition sera désignée par *Op.*

5. Galilée, *L'Essayeur*, trad. C. Chauviré, Paris, Les Belles Lettres, 1980, p. 141. Sarsi est le pseudonyme adopté par O. Grassi. Dans la suite, cette traduction sera désignée par *Ess.*

Selon les passages qui viennent d'être cités, la science en marche peut donc se passer de l'autorité d'un *corpus* livresque et se pratiquer dans une confrontation directe avec la nature. Cette conception de la science implique une rupture avec une autre, que l'on pourrait appeler « humaniste » et qui dominait à la Renaissance. Michel Foucault l'a décrite ainsi : « Le partage, pour nous évident, entre ce que nous voyons, ce que les autres ont observé et transmis, ce que d'autres enfin imaginent ou croient naïvement, la grande tripartition, si simple en apparence, de l'observation, du document et de la fable, n'existait pas. »[6] Ces lignes n'impliquent pas, bien sûr, que l'homme de la Renaissance manque d'esprit critique, mais qu'il l'exerce autrement. L'expérimentation existe, mais vise plutôt à explorer l'exceptionnel ou l'étonnant, qu'à rendre compte du comportement courant, habituel, de la nature, dont l'expérience commune est supposée fournir une représentation fiable — et de cette expérience on trouve des descriptions ou des allégories utilisables dans les textes, même mythiques. La science, telle que Galilée déclare la concevoir, demande au contraire, toujours selon Foucault, de « poser pour la première fois un regard minutieux sur les choses elles-mêmes, et de transcrire ensuite ce qu'il recueille dans des mots lisses, neutralisés et fidèles ». La priorité du regard de qui regarde comme s'il était *le premier*, et de la transcription fidèle, *propre*, dans la langue, de ce qui est vu, va de pair avec une attitude critique à l'égard du document, qui reflète le regard des autres, et avec un refus, bien sûr, de la fable, qui n'est plus supposée véhiculer des vérités physiques sous le voile d'allégorie.

En réalité pourtant, la position de Galilée est moins extrême qu'elle n'apparaît à première vue. Il connaissait les livres des hommes et a été influencé par eux. On a montré, par exemple, l'influence d'Aristote et des aristotéliciens sur la pensée logique et épistémologique de Galilée[7]. Ailleurs aussi, en optique et en astronomie, il se fonde sur des références livresques plus souvent qu'il ne l'avoue[8]. Cela le conduit parfois à adopter des positions rétrogrades, comme c'est le cas à propos de la comète de 1618. Il n'empêche que, par ses déclarations polémiques et leur retentissement, il

6. M. Foucault, *Les Mots et les choses*, Paris, Gallimard, 1966, p. 143.

7. Cf. notamment W. W. Wallace, *Prelude to Galileo : Essays on Medieval and Sixteenth-Century Sources of Galileo's Thought* , Dordrecht-Boston, Reidel, 1981.

8. Cf. en dernier lieu, S. Dupré, *De Optica van Galilei*, Bruxelles, Koninklijke Academie voor Wetenschappen en Kunsten, 2001.

inaugure une pensée de la *modernité* de la science, qui se résume en des phrases telles que celles-ci :

> « ... en notre siècle [...], je l'affirme, nous disposons de faits nouveaux et d'observations nouvelles tels que, si Aristote avait été de notre temps, je ne doute point qu'il aurait changé d'opinion. »

> « Si Aristote — en doutez-vous ? — avait vu les nouvelles découvertes dans le ciel, il aurait changé d'opinion, corrigé ses livres, embrassé des doctrines plus accordées au sens... »[9]

En somme, Aristote aussi est (ou serait) un « Moderne », car la modernité n'est pas liée à une époque. Elle est de tous les temps. La grandeur de certains Anciens consiste justement à avoir été des Modernes, car la modernité correspond en premier lieu à une attitude dans un contexte donné.

Le livre du monde et le livre de Dieu

Les polémiques suscitées par Galilée autour de la relation entre le livre du monde et l'Écriture sont bien connues. La longue *Lettre à Christine de Lorraine*, qui date de 1615, est le principal texte entièrement consacré à cette question de la science et de la foi. Galilée s'y réfère à Tertullien, Jérôme, et d'autres Pères de l'Église, mais surtout à Augustin, cité pas moins de treize fois, pour appuyer une défense de l'indépendance de la recherche scientifique par rapport à la lettre de la Bible (*Op.* V, 316) :

> « ... il me semble que dans les discussions de problèmes naturels il ne faudrait pas commencer par invoquer l'autorité de lieux de l'Écriture, mais des expériences sensibles et des démonstrations nécessaires. En effet, [...] il est admis que dans les Écritures sont dites, pour qu'elles s'accommodent à l'entendement de tous, beaucoup de choses qui diffèrent de la vérité absolue [...] ; mais, au contraire, la nature est inexorable et immuable, et n'outrepasse jamais les termes des lois qui lui sont imposées... »

En fait, le livre du monde peut être lu de différentes manières, à plusieurs niveaux. La lecture des savants est un prolongement et un approfondissement de celle faite par le peuple ignorant (*Op.* V, 329-330) :

---

9. Galilée, *Dialogue sur les deux plus grands systèmes du monde*, trad. R. Fréreux et F. De Gandt, Paris, Seuil, 1992, p. 83 et 137. Ci-après, cette traduction sera désignée par *Dial.*

« Interdire toute la science, que serait-ce d'autre que réprouver cent lieux de la Sainte Écriture qui nous enseignent comment la gloire et la grandeur du Dieu suprême se reconnaissent merveilleusement dans toutes ses œuvres et se lisent divinement dans le livre ouvert du ciel ? Qui peut croire que la lecture des plus hauts concepts, qui sont écrits sur ce papier, se limite à la seule vue de la splendeur du Soleil et des étoiles, de leur apparition et de leur disparition, ce qui est le terme jusqu'où peuvent pénétrer les yeux des brutes et du peuple ; mais il y a à l'intérieur des mystères si profonds et des concepts si sublimes que les veilles, les fatigues et les études de centaines d'esprits très perçants ne les ont pas encore entièrement pénétrés dans l'investigation continue poursuivie depuis des milliers d'années. [...] ce que le seul sens de la vue représente est comme nul en comparaison avec les hautes merveilles que, grâce aux longues observations faites avec soin, l'esprit des intelligents reconnaît dans le ciel. »

Galilée distingue nettement la lecture superficielle du monde, celle des *idioti*, et la lecture en profondeur des *misteri tanto profondi e concetti tanto sublimi*, que poursuit le philosophe. Certes, l'affirmation d'un sens profond de la nature était déjà présente chez les Pères de l'Église, mais elle avait une tout autre orientation : il s'agissait de reconnaître dans les êtres et les objets une *allegoria in factis*, une signification symbolique de la nature qui était révélée par l'Écriture et qui faisait voir dans une vigne réelle, par exemple, le symbole naturel de l'Église [10]. Les « mystères profonds » de Galilée sont d'une autre sorte : l'objectif est de découvrir le fonctionnement réel du corps humain et du monde qui l'entoure ; la lecture en profondeur ne doit plus prendre l'Écriture pour guide (*Op.* XV, 23) :

« Si je demande à Froidmont de qui le soleil, la lune, les étoiles, leurs dispositions et mouvements sont l'œuvre, je pense qu'il me répondra qu'ils sont l'œuvre de Dieu. Et si je demande qui a dicté l'Écriture sainte, je sais qu'il répondra qu'elle a été dictée par l'Esprit saint, c'est-à-dire pareillement par Dieu. Si je lui demande ensuite si l'Esprit saint n'a pas coutume, dans son langage, de prononcer des mots en apparence contraires à la vérité et ainsi faits pour s'accorder à la capacité du peuple, pour le plus grossier et le plus incapable, je suis bien certain qu'il me répondra, avec tous les auteurs sacrés, que telle est bien la coutume de l'Écriture. [...] Mais si je lui demande si Dieu, pour s'accorder à la capacité et à l'opinion du même vulgaire, a jamais eu coutume de modifier son œuvre ou [...] a toujours conservé et continué de maintenir son style concernant les mouvements, figures et dispositions des parties de l'univers, je suis certain qu'il répondra que la lune a toujours été sphé-

---

10. Cf. Basile de Césarée, *Homélies sur l'Hexaéméron* V, 6 ; Ambroise, *Hexaemeron libri sex* V, 12.

rique bien que tout le monde l'ait tenue pendant longtemps pour plane et, en somme, qu'il dira que rien dans la nature ne s'est jamais modifié pour adapter sa facture à l'estime et à l'opinion des hommes. »

La Bible ne s'adresse pas seulement au petit nombre des hommes de science, mais à un large public. D'où le fait qu'elle se prête à une polysémie. Elle ne prétend pas imposer une compréhension de la nature. Au contraire, aux yeux de Galilée, l'herméneutique de la Bible devient au moins en certains cas tributaire du bon décryptage du livre du monde. Lorsqu'il s'agit de connaître la nature en elle-même, la lecture du livre du monde par l'homme de science possède une priorité sur celle de l'Écriture par le théologien. C'est à la science de décider si la Bible parle littéralement ou par figure, lorsqu'elle déclare que Dieu arrête le soleil dans le ciel. Il serait erroné, pourtant, de voir dans cette exigence de l'autonomie de la science une entière sécularisation. Comme nous le verrons plus loin, pour Galilée l'exercice indépendant de la science ouvre à sa manière une voie vers Dieu.

Les « lettres » du monde

Dans *L'Essayeur*, les « qualités [*accidenti*] réelles et premières » des choses qui composent le monde sont définies ainsi (*Ess.*, 239) :

> « Je dis que je me sens nécessairement amené, sitôt que je conçois une matière ou substance corporelle, à la concevoir tout à la fois comme limitée et douée de telle ou telle figure, grande ou petite par rapport à d'autres, occupant tel ou tel lieu à tel ou tel moment, en mouvement ou immobile, en contact ou non avec un autre corps, simple ou composée et, par aucun effort de l'imagination, je ne puis la séparer de ces conditions ; mais qu'elle doive être blanche ou rouge, amère ou douce, sonore ou sourde, d'odeur agréable ou désagréable, je ne vois rien qui contraigne mon esprit à l'appréhender nécessairement accompagnée de ces conditions... »

Pour Aristote, des qualités comme le mouvement, la figure et la grandeur, qui ne sont perçues qu'indirectement, venaient en dernier ordre de certitude, après des propriétés sensibles comme la couleur, dont la sensation était « directe » (*De l'âme*, 428b-429a). Galilée inverse cette hiérarchie, les couleurs, odeurs, etc., devenant des qualités secondaires et les propriétés susceptibles d'une analyse géométrique étant placées au premier plan. C'est que pour lui seules les mathématiques proposent un langage univoque et précis, condition indispensable à un accord sans confusion entre les hommes et, par conséquent, à l'établissement d'une vérité concernant la nature.

Un autre passage connu de *L'Essayeur* insiste sur le fait que l'homme de science déchiffre le sens du monde en s'aidant d'un code mathématique (*Ess.*, 141) :

> « La philosophie est écrite dans cet immense livre qui se tient toujours ouvert devant nos yeux, je veux dire l'Univers, mais on ne peut le comprendre si l'on ne s'applique d'abord à en comprendre la langue et à connaître les caractères avec lesquels il est écrit. Il est écrit dans la langue mathématique et ses caractères sont des triangles, des cercles et autres figures géométriques, sans le moyen desquels il est humainement impossible d'en comprendre un mot. »

Si le monde est considéré comme un livre dont il faut dépasser la lecture « idéogrammatique » (la perception naïve par les sens) et qui est pourvu d'un code spécifique d'unités discrètes (les figures géométriques), cela change profondément la pensée du rapport de la science non seulement à l'égard d'Aristote, mais aussi à l'Écriture. Pour être compris, le monde perceptible demande un déchiffrement fondé sur la clé des unités discrètes de la mathématique. Cette clé est purement sémiotique, indépendante de toute herméneutique. Par cet appel à un décodage sémiotique, sans interprétation herméneutique, du livre du monde, Galilée s'oppose à la conception d'autres savants de son époque, pour qui les « caractères » dans lesquels le monde est écrit, comportent toujours une signification qui symbolise l'Être de Dieu et son rapport à la Création : ainsi, pour Kepler, les « lettres » du monde se divisent fondamentalement en lignes courbes et droites, dont les premières décrivent les propriétés du Créateur et les autres celles des créatures. Galilée, quant à lui, ne recherche dans les « caractères » du monde que des propriétés distinctives et fonctionnelles, mais non pas significatives : toujours selon *L'Essayeur*, pour une voiture, des roues rondes conviennent mieux que des roues carrées [11].

Pietro Redondi a montré que la comparaison du monde avec un livre écrit à l'aide d'un ensemble de caractères qui se combinent de différentes manières semblait contenir, aux yeux de certains lecteurs contemporains de Galilée, une allusion aux multiples rapprochements antiques entre l'alphabet et les atomes et pouvait passer

---

11. Sur cette opposition entre Kepler et Galilée, cf. mon ouvrage *La Structure poétique du monde : Copernic, Kepler*, Paris, Seuil, 1987, p. 209.

pour un aveu voilé de matérialisme [12]. Ainsi l'auteur d'un rapport anonyme conservé au Vatican et pas encore publié reconnaissait dans *L'Essayeur* « une doctrine enseignée déjà par certains philosophes de l'Antiquité et réfutée efficacement par Aristote ». Un autre document découvert récemment dans les mêmes archives établit le même rapprochement : « Si l'auteur entend par parties minimales des espèces sensibles, il rencontrera des partisans chez des philosophes de l'Antiquité, mais sera obligé d'affirmer beaucoup de choses absurdes et contraires à la foi. »

L'originalité de l'analogie entre lettres et atomes telle qu'elle apparaît chez les atomistes de l'Antiquité réside dans l'affirmation d'une hétérogénéité totale entre les composants invisibles et les corps visibles du monde [13]. Celui-ci comprend des unités invisibles et purement distinctives (les atomes qui ne diffèrent que de forme, de grandeur, de poids, de position), dont les combinaisons produisent des unités d'un autre ordre (des corps), pourvus de propriétés différentes (couleurs, odeurs, etc.). Les unités distinctives sont perceptibles dans le cas de l'écriture, mais non dans celui du monde. L'écriture alphabétique fournit donc un modèle entièrement perceptible d'un fonctionnement qui reste partiellement invisible dans le monde :

> « Il importe donc de considérer, non seulement la nature des éléments, mais encore leurs mélanges ; les positions respectives qu'ils prennent, leurs mouvements réciproques. Les mêmes, en effet, qui forment le ciel, la mer, les terres, les fleuves, le soleil, forment aussi les moissons, les arbres, les êtres vivants : mais les mélanges, l'ordre des combinaisons, les mouvements, voilà ce qui diffère.
>
> Réfléchis : dans nos vers mêmes tu vois nombre de lettres communes à nombre de mots, et cependant ces vers, ces mots, est-ce qu'ils ne sont pas différents par le sens et par le son ? Tel est le pouvoir des lettres quand seulement l'ordre en est changé ! Mais les principes du monde apportent incomparablement plus d'éléments à la création des êtres et à leur variété infinie. » [14]

Si atomisme, ou tendance à un atomisme, il y a chez Galilée, celui-ci n'est évidemment pas entièrement identique à celui de

---

12. P. Redondi, *Galileo eretico*, Turin, Einaudi, 1983.

13. Cf. Épicure, *Lettre à Hérodote* : « Et maintenant, pour revenir aux atomes, il faut penser qu'ils n'admettent aucune des qualités des apparences, sauf la forme, le poids et la grandeur et tout ce qui est nécessairement lié à la forme. »

14. Lucrèce, *De Natura rerum* I, 814-829, trad. A. Ernout, Paris, Les Belles Lettres. Sur la comparaison des atomes et des lettres chez les atomistes de l'Antiquité, cf. ma contribution « Atoms and Letters », dans *Metaphor and Analogy in the Sciences*, F. Hallyn éd., Dordrecht, Kluwer, 2000, p 53-69.

Démocrite ou d'Épicure. Il importe de considérer de plus près quelques différences importantes.

Il faut noter surtout, dans le texte galiléen, l'alliance inédite entre le motif des *caractères* et celui des *formes géométriques*. Chez les atomistes anciens, les lettres interviennent en fonction de leur dessin *graphique*, auquel aucun statut géométrique n'est assigné [15] ; certains atomes sont lisses, d'autres crochus, d'autres encore pourvus d'angles — comme les lettres sont fermées ou ouvertes, arrondies ou droites, etc., mais aucune propriété strictement géométrique ne leur est attribuée. Tout se passe, en fait, comme si Galilée superposait à la traditionnelle analogie atomiste la thèse du *Timée*, qui attribue une forme géométrique aux éléments. Nous retrouvons ici, dans le concret de l'image, cette alliance inattendue entre Platon et Démocrite, dont Koyré faisait le moteur du renversement du monde aristotélicien au XVIIᵉ siècle [16]. Cette géométrisation platonisante de l'alphabet métaphorique du monde contribue à éliminer la pensée d'un chaos originel, d'un règne du hasard et de la probabilité, que Cicéron, dans le *De natura deorum* (II, 90), réprouvait dans l'atomisme antique :

> « Ici ne dois-je pas m'étonner qu'il se trouve un homme qui se persuade que certains corps solides et indivisibles se meuvent par leur propre force et leur poids, et que, de leur concours fortuit, s'est fait un monde si beau, si brillant ? Je ne vois vraiment pas pourquoi celui qui croit que cela a pu se faire, ne croirait pas aussi qu'en jetant ensemble un nombre prodigieux des vingt et un caractères de l'alphabet (qu'ils fussent d'or ou d'une autre matière), et en les répandant sur le sol, on en pourrait composer d'une manière lisible les *Annales* d'Ennius ? Je doute pourtant que le hasard soit capable d'en faire jamais un seul vers. »

L'argument de la nécessité d'un auteur et d'une cause finale sera très souvent repris dans la suite [17]. Il permet de réfuter l'atomisme sur la base de certains « ratages » présumés de l'analogie : d'une part, l'atomisme n'explique pas la beauté du monde ; et

---

15. Sur ce modèle graphique, et non géométrique, de la pensée de la lettre chez Démocrite, cf. G. A. Ferrari, « La scrittura fine della realtà », dans *Democrito e l'atomismo antico*, F. Romano éd., Université de Catane, 1980, p. 75-89.

16. A. Koyré, *Études d'histoire de la pensée scientifique*, Paris, Gallimard, 1973, p. 321 : « C'est une alliance — alliance contre nature, sans doute, mais l'histoire en a vu bien d'autres — de Platon avec Démocrite qui a renversé l'empire d'Aristote... »

17. Deux exemples seulement. D'abord Kepler, qui, dans le *De Stella nova*, rapporte, entre autres, une conversation avec sa femme à ce propos (*Gesammelte Werke*, t. I, M. Caspar éd., Munich, Beck, 1938, p. 283-286). Mais aussi Chateaubriand, qui insère dans les « notes et éclaircissements » du *Génie du christianisme*, un long développement

d'autre part, l'analogie avec un texte écrit et lisible devrait intégrer aussi la notion d'une instance responsable de la beauté du monde comme un auteur l'est de la signification d'un texte.

Lucrèce avait, en fait, répondu d'avance à cette critique. En effet, s'il compare le monde à son poème, il est pourtant loin de lui attribuer la beauté d'une œuvre d'art réussie (V, 195-199) : « Et quand j'ignorerais la nature des atomes, j'oserais encore, après l'examen des phénomènes célestes et bien d'autres d'ailleurs, affirmer que la nature n'a pas été faite pour nous et qu'elle n'est pas l'œuvre des dieux : tant l'ouvrage laisse à désirer ! » Le monde est bien composé de « lettres », mais son imperfection empêche de le considérer comme un véritable livre. Il convient donc de noter ce paradoxe : si l'analogie entre les *lettres* de l'alphabet et les éléments constitutifs du monde apparaît d'abord chez les atomistes, la métaphore du *livre* est utilisée par leurs adversaires, qui considèrent le monde comme un immense *spectaculum*, un grand livre idéogrammatique. Or, chez Galilée, la mathématisation de la lettre, qui implique la présupposition de la clarté, de la distinction, de la nécessité, permet d'unir la lettre et le livre de manière cohérente en un seul réseau métaphorique.

Pour Galilée, le livre du monde est l'œuvre d'un Dieu. Comment conçoit-il dès lors la relation entre l'Auteur du livre du monde et son lecteur humain ? Sur ce point encore, la différence avec les atomistes anciens est grande. Alors que pour ceux-ci ni les dieux ni les hommes ne maîtrisent les mélanges des éléments, Galilée, par la mathématisation du *clinamen*, peut penser une domination de l'esprit sur la matière. A ce sujet, un autre passage célèbre, à la fin de la première journée du *Dialogue sur les deux plus grands systèmes du monde*, décrit la différence entre la connaissance divine et la connaissance humaine sur un mode essentiellement quantitatif. En effet, qualitativement, il n'y a aucune différence entre la manière dont l'intellect humain et Dieu conçoivent des vérités mathématiques (*Dial.*, 129) :

> « ... dans la compréhension d'une proposition, je dis que l'intellect humain en comprend parfaitement certaines et en a une connaissance aussi absolue que la nature elle-même peut en avoir ; c'est le cas des sciences mathématiques pures, c'est-à-dire de la géométrie et de l'arith-

---

destiné à réfuter l'atomisme, « le mouvement de la matière fournissant une preuve sans réplique en faveur de l'existence de Dieu ».

métique [...] la connaissance qu'a l'intellect humain du petit nombre de celles qu'il comprend parvient à égaler en certitude objective la connaissance divine, puisqu'elle arrive à en comprendre la nécessité et qu'au-dessus de cela il n'y a rien de plus assuré.

Pour mieux m'expliquer, je dirai que la vérité que nous font connaître les démonstrations mathématiques est celle-là même que connaît la sagesse divine... »

Il en va autrement en ce qui concerne l'aspect quantitatif. D'une part, l'homme, être fini, comprend nécessairement moins de propositions qu'un Dieu infini ; et d'autre part, il les ne comprend pas instantanément, mais il lui faut une durée, une quantité de temps, pour les assimiler :

« ... l'intellect divin peut bien connaître infiniment plus de propositions que l'intellect humain, puisqu'il les connaît toutes...

... ces passages que notre intellect fait dans le temps, en avançant pas à pas, l'intellect divin, à la façon de la lumière, les parcourt en un instant, ce qui revient à dire qu'il les a toujours présents. »

Même si l'intellect humain est de loin inférieur à l'intellect divin, il ne lui est donc pourtant pas totalement étranger, car il est capable de comprendre quelques-unes au moins des propositions mathématiques qui expliquent la nature. Ainsi, le livre du monde, même lu mathématiquement, n'en possède pas moins une dimension anagogique, dans la mesure où son déchiffrement conduit à sonder, au moins en partie, les arcanes de l'Esprit divin[18]. En ne se soumettant plus à l'autorité de la Bible, la science ne se sécularise donc pas totalement. Certes, un mode de lecture spécifique est défini pour le livre du monde, mais tant les allégories de la Bible que les cryptogrammes de la nature conduisent au Créateur.

D'un livre à l'autre : de Galilée à Valéry

L'atomisme permet d'expliquer la co-présence de la permanence et du changement dans le monde : les atomes sont des éléments incorruptibles, tandis que les corps changent en fonction de leurs combinaisons. Même si, dans l'ensemble, les atomistes anciens

---

18. J'ai traité ailleurs plus longuement de l'opposition entre une lecture « ironique » du monde (chez Ptolémée et Oresme, par exemple) et une lecture « anagogique » (notamment chez Copernic et Kepler) : *op. cit.* (n. 11).

proposent une vue passablement pessimiste d'un monde soumis au hasard d'un *clinamen* aveugle, on perçoit tout de même, chez un Lucrèce, une certaine euphorie devant la fécondité des êtres qui se succèdent, une fascination devant les configurations sans cesse nouvelles des atomes. Cela se traduit formellement par les anagrammes, polyptotes, etc., qui transforment sans cesse des combinaisons de lettres en mots nouveaux. Or, Galilée aussi médite sur la permanence et le changement, la vie et la mort, pour faire l'éloge d'un monde dominé par le changement :

> « Je ne puis sans un profond étonnement et, dirai-je, sans un refus de mon intelligence, entendre attribuer, comme un titre de haute noblesse et de perfection, aux corps naturels qui composent l'univers ce fait d'être impassible, immuable, inaltérable, etc., alors qu'on tient au contraire pour une grave imperfection le fait d'être altérable, engendrable, sujet aux mutations, générations, etc., qui s'y produisent sans cesse. Si elle n'était sujette à aucun changement, si elle n'était qu'un vaste désert ou un bloc de jaspe, ou si, après le déluge, les eaux en se retirant n'avaient laissé d'elle qu'un immense globe de cristal où rien, jamais, ne viendrait à naître, à s'altérer, à se transformer, je n'y verrais plus qu'une lourde masse paresseuse, inutile au monde, superflue en un mot et comme étrangère à la nature, différente d'elle-même, à mes yeux, comme le serait d'un animal vivant un animal mort. Et j'en dis autant de la Lune, de Jupiter et de tous les autres astres.
>
> « [...] Ceux qui exaltent tant l'incorruptibilité, l'inaltérabilité, etc., ne font, je crois que céder à leur grand désir de vivre le plus longtemps possible et à la terreur que leur inspire la mort ; ils ne s'avisent même pas que si les humains étaient immortels, leur tour ne serait pas venu de naître au monde ; ils mériteraient de rencontrer une tête de Méduse qui les changerait en statues de jaspe ou de diamant pour les rendre plus parfaits qu'ils ne sont. » [19]

Pour Italo Calvino, ces lignes constituent « une des plus belles et plus importantes pages » du *Dialogue sur les deux grands systèmes de monde* [20]. Ici comme en maints autres endroits de son œuvre, Galilée, qui par ailleurs a laissé beaucoup de notes sur Dante, l'Arioste, le Tasse et quelques autres, se révèle poète à son tour — capable de conférer une aura sublime à la science par le recours à des métaphores, des mythes et des apologues qui inscrivent la science dans la dimension du vécu humain.

---

19. *Op. cit.* (n. 9), p. 90 sq. Le même sujet avait déjà été traité par Galilée, presque dans les mêmes termes, dans les *Lettres sur les taches solaires* (*Opere*, t. V, p. 235 sq.).

20. I. Calvino, « Le Livre de la nature chez Galilée », dans *Pourquoi lire les classiques ?*, Paris, Seuil, 1999, p. 687.

Le passage qui vient d'être cité me semble avoir influencé les lignes suivantes de *Mélange*, recueil de courts textes en prose de Paul Valéry :

> « La mort ne s'oppose à la vie que dans l'individu et en raison de l'opposition de l'individu à la quantité des individus.
>
> Elles est en accord avec cette quantité et la diversité des types d'individus ou espèces. Elle en est une propriété intrinsèque comme le *changement de lieu* est une propriété, une définition du mouvement. Pas de vie sans *changement de vivant*. Mais pas de vie, sans *effort du vivant contre son changement*, sans inertie, ou plutôt sans... *égotisme*.
>
> Pas de vie si les êtres ne se cédaient ou la place ou la substance. Pas de vie s'ils ne la cédaient à regret.
>
> Il ne faut pas se laisser tromper par la volonté individuelle de vivre. Elle est de même nécessité que la mort.
>
> Le vivant imagine la vie éternelle comme la planète imagine la tangente. Chaque instant est *composé*. Une force l'éloigne du terme, du fini ; une autre l'y attire. » [21]

On retrouve ici la même association nécessaire entre la mort individuelle et l'épanouissement d'une vie sans cesse renouvelée et diversifiée. Mais Valéry n'imagine pas le refus de la mort comme une donnée négative, une peur inspirée par un manque de lucidité et qu'il faut dépasser. Ce refus lui semble, au contraire, faire partie de la vie même. Elle en est un besoin, tout comme le changement. Or, il est remarquable que pour signifier la nécessité de la co-présence du refus et de la nécessité de la mort, il recoure à une métaphore puisée dans la mécanique — la science du mouvement, que Galilée a justement renouvelée.

Valéry nous fait ainsi comprendre que Galilée fait partie lui-même d'une tradition qui, à travers ses cheminements et ses métamorphoses multiples, continue à nourrir la pensée et qui, dans la profondeur des questions essentielles, unit l'homme de science, le philosophe, l'écrivain et l'artiste.

Fernand HALLYN

---

21. P. Valéry, *Œuvres*, J. Hytier éd., Paris, Gallimard (« Pléiade »), 1957, t. I, p. 342.

LES SOURCES ANTIQUES
DE L'HUMANISME MODERNE

Si le destin de la Renaissance fut l'émergence d'un nouvel humanisme, c'est qu'en cette période de crise de la société traditionnelle et de remise en cause de toutes les certitudes, il apparut que le maillon faible de la grande chaîne de l'être était l'homme lui-même. De celui-ci jusqu'alors nul ne doutait ; on croyait savoir ce qu'il était, la connexion de tous les liens qui arrimaient le paysan à son sol, reliaient Terre et Ciel, bêtes et gens, plantes et terroirs. Harnais, bricole, collier, joug, licol symbolisaient ces attaches qui devaient lui mériter les noms de *vinculum mundi* et de *nexus universi*. Cette fonction nodale était collectivement assumée : l'homme traditionnel n'assurait la synergie des quatre éléments que parce qu'il fédérait toutes les énergies humaines dans une foi partagée, une culture commune et une citoyenneté solidaire ; l'humanité se constituait comme telle dans l'exercice de cette activité de liaison des données naturelles. La torsion des trois fils, domestique, civique, culturel, faisait la solidité du lien proprement religieux qui, dans la fidélité à une même alliance, rassemblait l'humanité sur elle-même, jusqu'à faire du lointain le prochain. Or le câble vient à se défaire et à s'effilocher : c'est la fin de la chrétienté, le babélisme linguistique, l'atomisation de la cité, la crise de l'exploitation patriarcale avec l'effondrement de la rente foncière. L'homme, réduit au statut d'individu, faute de communion, de communauté et même de communication, est en mal d'identité, au point de ne plus pouvoir se définir spécifiquement ou génériquement. La fin des transcendantaux est, beaucoup plus que la faillite d'un système classificatoire, le constat de l'impuissance des composants de la classe « homme » à se définir respectivement, réciproquement, réflexivement : il n'est d'homme que pour un autre homme dans une reconnaissance mutuelle. L'homme de sable, voué à sa solitude et à son angoisse de coulpe, représente un degré zéro d'humanité. Ce n'est pas en vain que les artistes et penseurs des XVe et XVIe siècles se présentent comme des enfants de Saturne, c'est-à-dire des mélancoliques, et que la poésie néo-latine versifie sur cet homme qui s'appelle *NEMO*, un blanc dans une fresque et, comme le montre Montaigne, un espace vide entouré de « grotesques ». On est vraiment, ainsi que l'écrit Michel Serres, en situation d'« hominescence ».

Ayant trop souvent valorisé les images avantageuses que cette époque a laissées d'elle-même, on a tendance à oublier les témoignages qu'elle donne de cette gestation douloureuse d'un homme nouveau. S'inspirant d'un primitivisme rude, issu de Lucrèce et de Vitruve, Piero di Cosimo (1461-1521), peintre florentin, met en doute la bonté et la sagesse de l'homme, pour nous représenter les débuts de l'histoire humaine sur le mode d'une effarante bestialité. Pensait-il au génocide en cours en Amérique, aux affres de la *reconquista* ou aux prodromes en Allemagne de la guerre des paysans, peu importe en définitive, ce sont toujours commencements dans la douleur. Mal différenciés d'une animalité avec laquelle ils commercent, les premiers hommes qui ne maîtrisent pas encore le feu, vivent en étrange promiscuité avec satyres et centaures, sans vie de famille, sans maisons, sans outils. Quand on apprend que lié aux milieux savonaroliens, Piero di Cosimo partageait les préventions du prophète florentin contre la vertu régénératrice des sciences et des arts, on comprend que ce *salvatico*, ainsi que l'appelle Vasari, ait pu apparaître comme une figure de cette crise qui tourmente ces deux siècles, en charge d'inventer l'homme, un homme qui doute de lui-même, de son identité, de ses origines, de sa filiation, de ses semblables, de son lieu naturel, *a fortiori* de sa destination ultime. Combien sur ce point Aby Warburg est plus lucide qu'Erwin Panofsky ! Quand l'économie domestique, le lien civique, l'unité linguistique sont en cause, quand la découverte d'un nouveau monde ôte au lignage d'Adam sa valeur paradigmatique et fait douter de l'unicité humaine, quand l'infinitisme cosmique relativise toute position et toute situation, l'homme est en quête de sa raison d'être ; trouvera-t-il dans sa mémoire antique, outre les exercices spirituels liés à une culture donnée, des modèles, des règles ou des normes pour son édification ?

Au-delà des clichés en vogue depuis Michelet, le rapport à l'Antiquité a été de nos jours réévalué : nul n'affirmerait aujourd'hui que la Renaissance renoue avec une tradition gréco-latine oubliée ; si une époque fut de plain-pied avec l'Antiquité, ce fut incontestablement cette *media tempestas*, pour reprendre les mots de Jean-André de Bossi, en 1469, dans son éloge funèbre de Nicolas de Cues ; l'école du commentaire qui nous a laissé les *phyla* des *In Parmenidem, In Timaeum...*, ou encore les lectures toujours recommencées du *De anima*, témoigne d'une étonnante et féconde continuité, que vient rompre l'émergence des temps modernes. C'est dire que la Renaissance est moins la prise en charge d'un *archivium* qui aurait été perdu, que le constat brutal d'une inactualité de la relation scolaire à l'Antiquité et le sentiment de l'urgence d'une nouvelle appropriation de cette Antiquité. Ce qui est en question c'est toute la culture en tant que manière d'assumer nos origines et de tirer de notre enracinement spirituel un mode de présence au monde. Ce qui change précisément au tournant des temps modernes, c'est notre rapport à l'Antiquité : les Anciens cessent d'être des contemporains, dont l'École aurait indéfiniment à répéter les enseignements, pour devenir des juges qui nous permettent de porter sur notre temps un regard venu d'ailleurs. Une mise en perspective, jamais pratiquée jusqu'ici, va procurer à celui qui s'en avise un point de vue affranchi. Pour cela, il faudra décaper textes classiques ou textes bibliques des sédimentations accumulées par des siècles de gloses, d'interprétations, bref de commentaires. Cette énorme distanciation entre nous-mêmes et les auteurs de référence fait de ces auteurs, moins des autorités que les gages d'un suffisant recul pour juger de l'actualité. L'humaniste est alors moins l'homme de tradition que l'ingénu, pour ne pas dire le *salvatico*, sous le choc d'une littérature qu'il aborde sans interprète. Ce dialogue abrupt, non médiatisé, permet aux Anciens, *a fortiori* à la Bible, de délivrer un message qu'ils avaient jusqu'alors gardé par devers eux. Rien d'étonnant que ceux qu'on devait appeler les humanistes n'aient cessé de Valla à Lefèvre d'Étaples et à Bovelles, d'Érasme et Vivès à Montaigne, de revenir sur des problèmes de transmission du savoir et de la culture.

A cet égard, la Renaissance ne saurait être prise en bloc, car si elle a ses ingénus, elle a aussi ses hommes de tradition. Qu'on envisage la manière dont est lu le Platon au XVe siècle, on devra noter que si les traductions de Ficin s'inscrivent dans le droit fil du commentaire académique, Gémiste Pléthon fait violence à la tradition, c'est-à-dire à la transmission néo-platonicienne voire augustinienne, pour tenter de retrouver Platon en son temps et non pas celui qui a été interprété par Origène, transmis par Eusèbe, traversé par Grégoire de Nysse, repris par Denys, passé au crible par Maxime le Confesseur, assimilé par Augustin. D'où cette refondation par le philosophe de Mistra d'une cité platonicienne aussi proche que possible de ses origines, jusqu'en sa fonction lieuse primitive, telle que la décrit le *Gorgias* : « Le ciel et la terre, les dieux et les hommes, faut-il le rappeler, sont liés entre eux par une communauté faite d'amitié et de bon ordre, de sagesse et d'esprit de justice, et c'est la raison pour laquelle à cet univers on donne le nom de *cosmos* et non celui de désordre... L'égalité géométrique possède un grand pouvoir chez les dieux aussi bien que chez les hommes » (508 a). La proportion est la règle qui permet de réaliser des cités homologues entre elles, permettant de distribuer semblablement les différentes composantes de la population et d'établir entre elles mutualité et échange. Bien plus l'utopie qui inspire la politique de Thomas More à Campanella, en passant par Filarete, Francesco di Giorgio Martini et Vinci, rêve d'édifier une muraille dont la raison serait une spirale gnomonique, capable d'ordonner le monde entier au dictamen de la figure parfaite et de contenir ainsi toute la terre habitée. Et c'est curieusement le Platon des *Lois*, réactualisé par Gémiste Pléthon, qui nous donne foi en une ville qui renferme toutes les autres villes, et dans cette ville en une rue qui contient toutes les autres rues, et dans cette rue une maison qui comprend toutes les autres maisons, et dans cette maison une chambre qui enclôt toutes les autres chambres, et dans cette chambre un homme qui récapitule tous les autres hommes, si grande est la force de l'analogie et l'autorité du paradigme. Cette énigme que Ficin élucidera en une très augustinienne christologie, Pléthon l'exprimera en un polythéisme à la mesure de l'infinie fécondité de l'archétype. L'ingénu, en l'occurrence, on l'aura deviné, est Gémiste Pléthon. Le message du *salvatico* ne fait cependant entendre sa modernité qu'en contrepoint du travail continu de l'homme de tradition qu'est l'académicien de Careggi. De Renaissance il ne saurait y avoir que dans cette relation paradoxale.

On retrouverait ce dialogue polémique à la génération suivante avec l'opposition d'Érasme et de Luther. L'un et l'autre certes seront des novateurs, soucieux de débarrasser le christianisme des surcharges et scories scolastiques en leur latin barbare et leurs ratiocinations obscures. Nul doute que la traduction latine du *Nouveau Testament*, à partir du grec de la Septante en 1516, ne doive être mise au compte du cicéronianisme d'Érasme pour qui le latin classique reste le facteur le plus sûr d'une *elucidatio* de la pensée chrétienne. Le penseur de Rotterdam cherche dans le discours cicéronien le truchement d'un christianisme épuré, véritablement évangélique et, de ce fait, universel. On est toutefois conduit à se demander si la référence à Cicéron ne joue pas ici le même rôle que celle faite à Platon chez Marsile Ficin : on est simplement passé d'un *logos* dialectique à un *logos* rhétorique, mais on doit convenir que l'évangélisme d'Érasme est moins ingénu que cultivé, tant il doit aux valeurs d'humanité véhiculées par le langage même de l'auteur du *De finibus* et du *De officiis*. Certes, le *Ciceronianus* dénoncera l'imitation servile des Anciens, posant le problème de la transmission et de la mutation des cultures. Pourtant, dès 1516, Luther comprendra ce qui l'oppose à celui en qui il avait cru trouver un compagnon de route : le choix de la langue vernaculaire pour la traduction de l'Écriture sainte et même pour la liturgie de la messe, au-delà de la volonté de se défaire des ultimes gloses scolastiques, témoignait d'une défiance à l'endroit d'une quelconque capacité morale de l'homme, bref de ce qu'il faut bien appeler l'humanisme, dont le langage de Cicéron, mis en honneur par Érasme, reste porteur. Et c'est ainsi qu'au *salvatico* Luther, s'oppose désormais le champion d'une acculturation du christianisme à la latinité classique et à ses valeurs. Érasme réalise, à un demi-siècle de distance, avec Cicéron ce que Ficin avait tenté de faire avec Platon. La tradition retrouve ses droits par d'autres voies.

Ficin avait fait du platonisme cette *pia philosophia* susceptible de distribuer tous les degrés de la croyance et d'ordonner toutes les formes d'orthodoxie à l'Unique, seul inconditionné ; l'œuvre de Platon ouvrait ainsi à un dialogue interreligieux un espace communicationnel propice. Un irénisme généalogique faisait du platonisme le lieu où se recueillent les pensées des *prisci* pour se constituer en matrice des théologies modernes. Pour Érasme, il ne s'agit plus d'ouvrir le christianisme sur les autres religions, mais de mettre en évidence la dimension universelle du message évangélique ; celui-ci ne serait-il pas en charge de cette *communis humanitas* dont la formule nous est offerte par le *Pro Quinctio* 16, 51 ? Le mot a une double acception : *humanior* se dit d'un homme bienveillant à l'endroit d'autrui mais aussi cultivé, rompu aux belles-lettres. Or Aulu-Gelle, dans ses *Nuits Attiques*, impute à Cicéron l'ancrage de la signification culturelle dans la signification éthique, la *paideia* devenant un gage de *philanthropia*. En charge d'une défense des *litterae humaniores* contre les « hommes obscurs » sans doute mais aussi contre le purisme radical de Luther, Érasme se doit de chercher dans Cicéron le tracé de ce chemin qui par grâce (*venustas*), beauté (*pulchritudo*), noblesse (*honestas*), convenance (*decorum*) conduit à la pleine humanité (*humanitas*). Pour la première fois en effet dans l'histoire, on assiste, avec Cicéron, à l'émergence de la notion d'*humanitas* pour désigner tant l'accomplissement total des virtualités de l'esprit humain que le rassemblement plénier de tous les hommes. On trouve, dans le *De finibus* III, 18, 61, l'expression *societas humani generis* assortie de cette note : « Les

hommes sont confiés par la nature les uns aux autres ; par cela
même qu'il est homme, un homme ne doit pas être un étranger pour
un homme. » D'où l'expression conjointe de *communitas naturalis*
(*ibid.*, 20, 65). Cette société universelle est donc fondée en nature,
entretenue par une *communio utilitatis*, comme il est indiqué dans
le *De officiis* I, 7, 22 : « Les hommes sont nés pour les hommes, afin
de se pouvoir rendre service les uns aux autres. » Le texte insiste sur
cette unanimité : « Cette société est largement ouverte, elle est
société des hommes avec les hommes, de tous avec tous ; en elle, il
faut maintenir tous les liens que la nature a produits à l'usage
commun de l'homme » (*ibid.*, 16, 51). Suivent les prescriptions bien
connues selon lesquelles on doit concéder à quiconque « tout ce que
l'on peut donner sans dommage » (*ibid.*). Le lien social devient
alors la pierre de touche de la vertu ; « si l'on s'en écarte, la grandeur
d'âme n'est plus que sauvagerie et bestialité » (*ibid.*, 44, 157). Selon
un processus circulaire, il est à la fois la cause et l'effet de la *vita
exculta* (II, 4, 15), nous dirions la « vie civilisée », appelée encore
convictus humanus (III, 5, 21). Il sera réputé « inhumain » de priver
du nécessaire quiconque, fût-il de peu d'utilité pour la société, car il
reste membre du corps commun de l'humanité (*ibid.*, 6, 30-32). Plus
loin, l'invocation de l'*humanitas* servira de critère pour trancher les
conflits de devoirs (*ibid.*, 23, 89). Rome devient alors beaucoup plus
que la cité des Latins, celle de tous les hommes de l'*oikouménè*.
C'est l'idée même que développera le grand ouvrage de Cicéron, le
De republica connu de nos Renaissants par le texte fameux du
Songe de Scipion qu'avait transmis Macrobe, mais aussi par les
extraits relevés par Vitruve et par Lactance, notamment la thèse
selon laquelle la *congregatio hominum* ne serait pas un palliatif
opposé à la faiblesse humaine mais l'expression de cette *utilitatis
communio* éprouvée même dans l'abondance et la prospérité
(I, 25, 39). L'homme jamais n'est étranger à l'homme ; témoin cette
joie du naufragé jeté sur une île déserte, découvrant des figures géométriques dessinées sur le sable (I, 17, 29). Était-il meilleur truchement, aux yeux de l'évangéliste Érasme, que le discours
cicéronien pour traduire l'universalité du christianisme, en un siècle
où précisément ce qui faisait défaut au moraliste comme au théologien, au juriste comme au philosophe, c'était l'homme ? Le
« Cicéron total » n'est pas la restitution érudite de l'œuvre du plus
célèbre avocat romain, c'est la plus large prise en charge, au moyen
d'une rhétorique maîtrisée et d'une éthique universaliste, de toutes
les questions d'actualité. Homme de tradition s'il en est, Érasme fait
revivre l'esprit missionnaire du christianisme des origines, en

l'incarnant dans l'*humanitas* de Cicéron, qui en retour y trouve un dynamisme et une portée insoupçonnés.

L'humanisme de la Renaissance serait ainsi caractérisé par l'ambiguïté même de son rapport à l'Antiquité, à la fois *rudis* et *eruditus*, ingénu et cultivé. N'a-t-il pas rompu avec l'héritage transmis par la tradition scolaire du commentaire ? Ce faisant il a pu prétendre redécouvrir l'*archivium* gréco-latin, non plus en héritier, mais avec un œil brut et un esprit sauvage. La rupture qui, au plan religieux, ira jusqu'à la Réforme, met toute tradition, quelle qu'elle soit, sur la touche. Or la question va se poser de savoir s'il est une transmission qui ne soit tradition, c'est-à-dire qui ne se doive effectuer selon des règles de dévolution et dans une obligation de fidélité envers la chaîne entière des transmetteurs. Autrement dit, peut-on prendre sans recevoir ? Le *salvatico* s'approprie ce qu'il n'a pas reçu, il fait main basse sur le trésor, sans faire valoir une hérédité qui lui imposerait des devoirs. C'est bien l'attitude, en des ordres très différents, de Valla, de Pléthon, de Luther, attitude qui signifie que ce que Thomas d'Aquin appelait la *catena aurea* est brisé, sans doute parce que la grande chaîne de l'être elle-même est rompue, dans la rupture d'un de ses maillons essentiels, devenu alors le maillon faible, nous avons nommé l'homme. Or si la crise en laquelle s'achève le XIVe siècle est avant tout une crise de l'homme, dans la fonction nodale qu'il exerçait jusqu'ici, en tant que microcosme en qualité de *copula mundi* et de *nexus universi*, on peut dire être parvenu au degré zéro d'humanité : doutant de lui-même, de son essence générique ou spécifique, de son identité, bientôt de son lignage, donc de son ancienneté, de son passé, bref de son héritage, cet homme ne peut pas ne pas se trouver dans cette situation du *rudis* et de l'ingénu à l'endroit des textes. On voit tout de suite l'avantage et le handicap qui s'attachent à cet état : le *novator* est dépourvu de préjugés puisque sans nourrices ni précepteurs, mais peut-on avoir des textes anciens ou modernes, voire du grand livre de la nature une lecture qui ne soit armée ? Le problème, que va poser la naissance de la science moderne, se pose analogiquement pour le déchiffrement de l'*archivium* : la Renaissance fera l'épreuve de la nécessité d'avoir recours à des traditions de substitution ; si les sciences de la nature devront user du truchement d'une conceptualisation platonicienne, aristotélicienne puis résolument euclidienne et même apollinienne (Apollonius de Perga), les humanités, on l'a vu sur quelques exemples, mais on aurait pu le voir aussi en étudiant les modalités de la transmission de la culture classique chez Lefèvre d'Étaples, chez Bovelles et chez Vivès, devront se donner des vecteurs de transmission spécifiques. Transgressant les lois de l'ordre médiéval, devenu peu à peu exclusivement scolastique, la Renaissance serait une vaste opération de contrebande, destinée à faire passer l'*archivium*, sans payer le prix qui est celui d'une interprétation normée ; très vite elle éprouve qu'il n'est pourtant pas de réception sans norme, qu'il lui faut à nouveau filer des caténaires, nouer ces fils en des réseaux et, pour ce, recréer en quelque sorte cet homme afin qu'il en soit le nœud.

Interrogeons, dans la quatrième génération des humanistes, celui d'entre eux qui eut la conscience la plus vive de cette difficulté, Montaigne. Son usage constant de la littérature antique et moderne est celui d'un humaniste, ainsi que l'avaient été avant lui Ficin et Amyot, Érasme et Juste Lipse, Machiavel et Gentillet, pour ne citer que quelques-unes de ses lectures. Selon le procédé, dont jadis Vincent de Beauvais avait donné le principe, la réflexion de la vie quotidienne au miroir des Anciens crée l'indispensable distanciation mettant en perspective cette actualité et permettant d'en juger. Ce procédé est incontestablement le fait d'un *eruditus* et non pas d'un *rudis* puisqu'il n'est rien qui ne doive être interprété au regard du miroir de l'antique. Pourtant l'attitude de Montaigne est là-dessus très ambiguë. Que l'on considère son rapport à Aristote cité 83 fois dans les *Essais* : la plupart du temps, il s'agit soit d'opposer le point de vue du Stagirite à celui d'un autre philosophe à des fins dialectiques, soit de confronter une expérience vécue à tel témoignage d'Aristote en matière de philosophie naturelle ou morale. Rien qui ne relève de cette « culture de l'âme » (II, 17, p. 658) offerte par un « commerce continuel... avec les humeurs anciennes » (*ibid.*), qui vient à convaincre Montaigne qu'il vit « en un siècle qui ne produit les choses que bien médiocres » (*ibid.*). Bien plus, l'essai « De l'expérience » (III, 13) commence par un commentaire du livre I de la *Métaphysique*. Cependant, il est trois textes en forme de dénégation à l'endroit de toute allégeance au Stagirite. En I, 26, p. 146, à propos de « l'institution des enfants », Montaigne déclare « ne s'être rongé les ongles à l'étude d'Aristote, monarque de la doctrine moderne ». En II, 12, s'en prenant à la « tyrannie de nos créances » qui « s'étend jusqu'aux écoles et aux arts », il accuse avec véhémence : « Le Dieu de la science scolastique, c'est Aristote ; c'est religion de débattre de ses ordonnances comme de celles de Lycurgue à Sparte. Sa doctrine nous sert de loi magistrale qui est à l'aventure aussi fausse qu'une autre » (p. 539). Et de critiquer, en réalité, moins l'auteur que l'usage qu'en fait l'école : « On n'y débat rien pour le mettre en doute, mais pour défendre l'auteur de l'école des objections étrangères ; son autorité, c'est le but au-delà duquel il n'est pas permis de s'enquérir » (p. 540). C'est donc moins Aristote dans sa littéralité qui est en cause que l'usage qu'en font les scolastiques, ainsi qu'il apparaît en II, 17 : « Les savants à qui touche la juridiction livresque ne connaissent autre prix que la doctrine et n'avouent autre procédé en notre esprit que celui de l'érudition et de l'art... Qui ignore Aristote, selon eux, s'ignore quand et quand soi-même » (p. 657). Cette irritation contre l'Aristote scolaire conduit au rejet du péripatétisme médiéval, non de l'œuvre du Stagirite, dont Montaigne retient particulièrement la figure du « magnanime » qui épargne dans le méchant non la méchanceté même, mais l'homme qu'il ne laisse pas d'être. Que dire des multiples reprises de l'*Éthique à Nicomaque* à propos de la prudence ou encore de l'amitié ? En cet Aristote en effet Montaigne se retrouve, du côté des Anciens et non pas des Modernes, quand il use du Stagirite pour réfuter Machiavel.

C'est que Montaigne se défie des « nouvelletés ». Le réalisme politique de l'auteur du *Prince* et de l'*Art de la guerre* est vigoureusement contré dans l'essai *De l'utile et de l'honnête* au moyen d'une argumentation où la pensée de Cicéron sans cesse se noue sur celle d'Aristote. Pour avoir rompu avec la tradition scolastique, Montaigne n'est pas un *salvatico*. D'Étienne de la Boétie, esprit affranchi s'il en fut, il nous rappelle qu'il n'y eut jamais « plus ennemi des remuements et nouvelletés de son temps » (I, 28, p. 194). Ailleurs c'est Platon qui est invoqué contre ceux qui « courent après les nouvelletés par où les mœurs se corrompent » et les « anciennes institutions viennent à dédain et à mépris » (I, 43, p. 270). Le plus souvent le terme stigmatise Luther dont les « nouvelletés... commencent à ébranler... notre ancienne créance » au point qu'il est à craindre qu'elles ne « déclinent en un exécrable athéisme » (II, 12, p. 439). Particulièrement significatif ce passage de l'*Apologie* : « C'est orgueil qui jette l'homme à question des voies communes, qui lui fait embrasser les nouvelletés et aimer mieux être chef d'une troupe errante et dévoyée au sentier de perdition... que d'être disciple en l'école de vérité, se laissant mener et conduire par la main d'autrui à la voie battue et droiturière » (*ibid.*, p. 498). C'est dire qu'il n'y a pas de transmission de la vérité qui ne soit le fait d'une *manuductio* par un maître d'école selon un cheminement éprouvé : n'est-ce pas ce qu'à partir de l'âge classique on appellera « tradition » ? Certes il y a aussi de l'ingénu chez celui qui se livre à une critique allègre du « pédantisme » (I, 25) ou qui va chercher modèle à imiter chez le paysan, comme dans l'essai *De l'exercitation* qui est une apologie de la « docte ignorance », ce nom que le Cusain avait précisément donné à l'ingénuité, une ingénuité seconde, il est vrai, que l'on acquiert quand on a fermé tous les livres (III, 12, p. 1039 ; voir aussi II, 12, p. 502). L'éloge de la prud'homie « ayant pour guide nature, fortune et volupté pour compagnes » (I, 26, p. 161) constitue, ne l'oublions pas, le centre et la clé de l'essai « De l'institution des enfants », vraie prud'homie, loin de cette prud'homie scolastique, serve et contrainte, « née en nous de ses propres racines par la semence de la raison universelle empreinte en tout homme non dénaturé » (II, 12, p. 1059).

Toute l'ambiguïté de la Renaissance est dans cette indécision entre l'ingénu et le cultivé, le *rudis* et l'*eruditus,* le *salvatico* et l'homme de tradition. Il faut pratiquer ici la *coïncidentia oppositorum*, à la suite de Nicolas de Cues et de Charles de Bovelles, l'ingénuité affranchissant les puissances de notre esprit d'une culture livresque, la *manuductio* n'ayant cure « d'interpréter les interprétations » (II, 13, p. 1069) mais de nous mettre au plus près des raisons et inventions des grands auteurs, afin que nous les puissions « transplanter en notre solage et confondre avec les nôtres » (« *Des livres* » II, 10, p. 408). L'humaniste n'est-il pas ce « suffisant lecteur » qui « découvre souvent ès écrits d'autrui des perfections autres que celles que l'auteur y a mises et aperçues et y prête des sens et des visages plus riches » (I, 24, p. 127) ? Le « livre suffisant » n'est-il pas au demeurant « tout ce qui se présente à nos yeux » (I, 26, p. 152) ?

Si tel est le véritable humanisme, que dirait Montaigne à ceux de nos contemporains qui s'en réclament pour en usurper les valeurs ? Qu'il est temps de fermer la parenthèse ouverte avec Michelet, mais sans doute déjà avec l'Aufklärung, d'un humanisme idéologique, invoqué en justification d'un universalisme formel, à connotation cosmo-politique, sans commune mesure avec celui que les grands Renaissants avaient induit de leur redécouverte de Platon, d'Aristote et de Cicéron. Sortons de ces temps obscurs, qui n'ont que trop duré et qui n'ont été marqués que d'une montée croissante du bruit et de la fureur et retrouvons cet universel concret qui, dans une appropriation du *kaloskagathos*, fait de tout être unique en sa singularité un homme universel.

Pierre MAGNARD

LE PARALLÈLE.
RÉFLEXIONS SUR LA PLACE ET L'UTILITÉ
DE LA CONTROVERSE SAVANTE
DANS LA RÉCEPTION DES AUTEURS DE L'ANTIQUITÉ

Ouvrons la plus récente de nos Histoires de la littérature grecque, ou latine. Sous le cadre chronologique, le plus neutre, le plus objectif en apparence, tous nos auteurs sont là, offerts à notre attention sinon à notre admiration, grands et petits, constitutifs au même titre d'un même précieux héritage.

On sait cependant que cet héritage n'est pas tant reçu que construit, reconquis patiemment, parfois héroïquement grâce à l'activité philologique entamée au Moyen Âge, relayée avec quelle ardeur par des générations d'humanistes et poursuivie aujourd'hui avec des techniques nouvelles et les résultats parfois spectaculaires dont Jean Irigoin nous donnait un aperçu hier. Dans le prolongement des travaux de Sabbadini, un petit ouvrage aussi savant que passionnant, *Scribes and Scholars*, publié par Leighton Reynolds et Ronald Wilson [1], relate, des premières Renaissances à nos jours, la prodigieuse aventure de récupération matérielle de ce patrimoine, d'abord grâce au travail de recherche et d'édition critique des textes, ensuite par la mise au point de technologies appropriées à leur lecture et à leur interprétation : dictionnaires, commentaires, traités savants, autant d'instruments d'une réappropriation de plus en plus exacte sur le plan scientifique.

Autre chose cependant que cette approximation toujours plus fine de la connaissance est l'assimilation et l'exploitation par les générations successives du capital culturel ainsi restitué. Au point qu'il y aurait une *autre* longue histoire à écrire, non prise en compte, celle-là, par Reynolds et Wilson, et pourtant liée, comme on le verra,

---

1. L. D. Reynolds, N. G. Wilson, *Scribes and Scholars. A Guide to the Transmission of Greek and Latin Literature*, Oxford, 1968, 1974 ; trad. fr. par C. Bertrand, mise à jour par P. Petitmengin, sous le titre *D'Homère à Érasme. La transmission des classiques grecs et latins*, Paris, 1988.

à la première, quoique plus riche d'aléas : une histoire systématique de la *réception* des auteurs antiques.

Certes, au nombre des techniques relevant de la philologie figure déjà cet indispensable guide d'utilisation qu'est le classement. Déjà Callimaque, planifiant dans ses *Pinakes* l'espace mental de la bibliothèque, et à sa suite Horace, Quintilien, avaient élaboré une liste (le *Canon*) des auteurs qui font autorité, des auteurs de la première classe, *classici*. Une notion de toute première importance, tableau d'honneur, table de la loi culturelle, puisqu'elle fonde, à travers l'enseignement, les bases de la culture dite « classique ». Or les Modernes, non contents d'emprunter aux Anciens l'idée, le modèle du *Canon*, ont aussi, prenant en considération nombre de leurs arbitrages, en partie tout au moins confirmé leur hiérarchie. En partie seulement, car plusieurs siècles de la latinité et avec eux un Tacite, un Pétrone, un Apulée, étaient venus trop tard pour être pris en compte ; et non sans un ré-examen approfondi, le débat autour du meilleur modèle suscitant les plus vives passions dans une société littéraire où la description s'élargit en prescription, où la référence à tel ou tel des Anciens sert de caution à la création en devenir.

Je voudrais consacrer les réflexions d'aujourd'hui à explorer, sous un angle particulier, ce travail d'évaluation (ou ré-évaluation) des modèles offerts par l'Antiquité. Marc Fumaroli, en dévoilant dans un livre récent[2] la richesse critique de la fameuse Querelle des Anciens et des Modernes, analysait la stratégie du « Parallèle » que Perrault n'invente pas, mais emprunte à Plutarque, à Macrobe et à plusieurs autres. Or c'est exactement la fécondité de ce modèle critique, le « parallèle », que j'espère montrer puissamment à l'œuvre dans cet autre débat ou plutôt cette série ininterrompue de débats qui nous intéressent et opposent entre eux, depuis longtemps déjà, les lecteurs des Anciens. Je m'aiderai dans cette enquête des travaux de plus en plus nombreux, de plus en plus nécessaires, consacrés à la critique érudite et savante, qui apparaît plus clairement chaque jour comme la véritable médiatrice entre les modèles antiques et la *classical tradition*, la grande littérature moderne d'inspiration classique.

1. Posons d'abord le modèle : c'est bien entendu le parallèle Homère-Virgile. D'un débat à rebondissements je n'éclairerai que deux moments particulièrement significatifs. Au milieu du

---

2. *La Querelle des Anciens et des Modernes, précédé d'un essai de Marc Fumaroli*, Paris, 2001.

XVIᵉ siècle, J. C. Scaliger, dans le livre V de sa *Poétique*, intitulé *Criticus*[3], affirme la supériorité absolue du poète latin à partir d'un double postulat. D'un côté une conception de la *mimesis* comme représentation idéale du réel, d'où la promotion simultanée de l'art, *ars*, qui corrige la nature empirique, et du jugement, *iudicium*, qui discipline le talent naturel ou *ingenium*. De l'autre un schéma historiographique : le débat Homère-Virgile s'inscrit et se décide dans le temps ; les deux poètes sont les représentants d'un *agon* plus vaste, entre deux civilisations (la Grèce et Rome) incarnées dans leurs champions. Le tort d'Homère, dernier des primitifs et premier des civilisés, est d'appartenir à une civilisation moins avancée, l'avantage de Virgile est d'écrire dans une langue parvenue à un état de maturité, pour une société parvenue à un degré suprême de raffinement : il pourra achever ce qu'Homère a seulement commencé. Dans le domaine de l'éthique : à la *morologia* d'Homère qui montre des dieux ridicules et met en scène un héros colérique est opposée la noblesse de Virgile, chez qui Énée est le parfait miroir du prince ; mais aussi sur le plan du style. Tel est le thème martelé tout au long de ce chapitre. Chez Homère l'*ingenium* est *maximum*, mais l'*ars* est chez lui balbutiant, et il appartient à Virgile de le porter, par décantation, jusqu'au sommet de la perfection. D'où ce remarquable diptyque :

> « L'un a prodigué, l'autre a choisi, l'un a jeté à foison, l'autre a ordonné ; là matière, ici forme ; là entassement, ici disposition : Homère génial chaos, mais masse brute et indisciplinée, *rudis indigestaque moles*, Virgile, le *deus et melior natura* dont parle Ovide. »

En ces termes, Scaliger pose les bases d'une interprétation appelée à durer, puisqu'une des dernières synthèses sur l'œuvre de Virgile, le *Virgile* de Brooks Otis s'intitule encore *A Study in civilised poetry*.

Or, un peu plus d'un siècle plus tard on voit se renverser, cette fois au nom d'un primitivisme idéal, cautionnant une esthétique du *sublime naturel*, la hiérarchie admise par les tenants d'une tradition essentiellement latine. Célébrant l'« aimable simplicité du monde naissant », Fénelon exalte la *naïveté* d'Homère, qualité par laquelle le vieux poète a beaucoup de points communs avec l'*Écriture*. C'est ce qu'il dit par la bouche d'Horace dans un de ses *Dialogues des morts* : « A vous parler ingénument, dit Horace à Virgile, si quelque

---

3. J. C. Scaliger, *Poetices libri VII* (Lyon, 1661), réimpr. Stuttgart, 1987, p. 214 et suiv. ; *La Poétique, Livre V*, trad. J. Chomarat, Genève, 1994.

chose vous empêche d'égaler Homère, c'est d'être plus poli, plus châtié, plus fini, mais moins simple, moins fort, moins sublime : car d'un seul trait il met la nature toute nue devant vos yeux. »

Ce nouveau discours, qui signe la fin d'une époque, trouvera son plein développement dans la *Préface de l'Homère anglais* d'Alexander Pope (1715), véritable anticipation de l'allégorie hugolienne d'une progression descendante de lunes gravitant autour de leurs soleils respectifs (« Virgile, lune d'Homère, Racine lune de Virgile, Chénier lune de Racine… » et ainsi de suite jusqu'à zéro). Je traduis pour vous cette page de Pope :

> « L'ouvrage d'Homère est un paradis brut, où l'on rencontre des beautés de toute espèce, en si grand nombre qu'il ne faut pas s'étonner si elles ne se présentent pas aussi directement que celles d'un jardin symétrisé. On peut encore le comparer à une abondante pépinière, qui contient les semences et les premières productions de chaque espèce. Ceux qui s'y promènent peuvent choisir, selon leur goût, quelques-unes de ces plantes pour les cultiver et les faire venir à leur point de perfection. Si quelques-uns de ces jeunes arbres ont poussé trop de bois et de feuilles, la fertilité du sol en est la cause. Si au contraire quelques-uns n'ont pas assez profité, c'est qu'ils ont été pressés et étouffés par d'autres…
>
> … C'est la véhémence de cet esprit d'invention qui allume dans les écrits d'Homère ce feu dont la rapidité transporte hors de lui-même tout homme d'un esprit vraiment poétique. Il anime toutes les choses qu'il décrit, il leur donne le mouvement, la vie et l'action… L'exactitude de l'ordre, la justesse des pensées et la beauté du mètre, tout cela s'est peut-être rencontré dans une infinité de poèmes, mais on ne voit que dans un petit nombre ce feu poétique et cet enthousiasme qui est le plus noble effet de l'imagination. Sans lui cependant, que servent ces autres qualités, à quelque point de perfection qu'elles soient portées ? Au contraire, si dans un ouvrage où elles seront négligées on voit briller ce beau feu, il les mettra au-dessus de la critique et nous forcera d'admirer, dans le temps même que nous le désapprouvons. Partout où il brille, quoique accompagné de défauts, nous ne voyons que sa splendeur semblable au soleil, dont la lumière éclatante ne nous laisse point apercevoir les taches. Ce feu paraît dans Virgile, comme réfléchi par un miroir, plus propre à éclairer qu'à échauffer, mais toujours égal et constant. Dans Stace et dans Lucain, il jette de temps en temps des flammes de peu de durée. Dans Milton il ressemble à celui d'un fourneau, dont l'ardente chaleur est sans cesse entretenue par l'art. Dans Shakespeare, semblable au feu du ciel, il frappe nos yeux au moment que nous nous y attendons le moins. Mais, dans Homère et dans lui seul, il répand partout une lumière vive et pure, il embrase tout et ne trouve rien qui lui résiste. »[4]

---

4. Trad. (anonyme) de la première partie de la *Préface de l'Homère anglais de Monsieur Pope*, Paris, 1728, cit. dans *op. cit.* (n. 2), p. 557 et suiv.

Si j'ai donné la première place à ce débat, qui s'ouvre très tôt, entre monde grec et monde latin, au sujet de l'épopée, qui est le genre poétique le plus élevé, c'est en raison de son exemplarité. Rien ne serait plus facile, en effet, que d'étendre notre analyse aux autres genres, et d'opposer ainsi Sénèque à Euripide, Horace à Pindare, Virgile encore à Théocrite, etc. J'ai étudié dans le détail, dans *L'abeille dans l'ambre* [5] et ailleurs, l'histoire de l'évolution de la critique relative à l'épigramme, entre le premier humanisme, séduit par la simplicité et la grâce de l'épigramme alexandrine et hellénistique et rebuté par les impuretés et la cruauté de Martial, double manquement à l'urbanité — et le XVIIe siècle baroque et classique, où l'on estime que la pointe, l'*argutia* est l'âme de l'épigramme, ce qui fait de Martial le modèle incontesté et dévalorise du même coup les charmantes pièces grecques comparées à un potage sans sel. Il faudrait ajouter que le procès n'est pas alors tranché pour autant, puisque l'Allemagne des Lumières, après avoir produit l'œuvre théorique de Lessing, tout entière fondée sur la pratique latine, voit s'élaborer, avec Herder, une fine appréciation des qualités de structure de l'épigramme grecque classique et hellénistique et s'amorcer, avec Gœthe, une véritable renaissance de l'*Anthologie* à Weimar.

Bien entendu l'épigramme n'est qu'un genre mineur, le dernier venu, le dernier aussi dans l'échelle des genres poétiques de l'Antiquité. Elle nous permet néanmoins de prendre conscience de la complexité du problème qui nous retient aujourd'hui. En effet, dans cette opposition entre deux modèles d'épigrammes, latine et grecque, un Latin se voit mobilisé contre Martial aux côtés des poètes de l'*Anthologie* : c'est Catulle, poète du *lepos* et de la *uenustas,* à qui seul Montaigne accorde son suffrage, quand il écrit :

> « Il n'est bon juge… qui n'admire sans comparaison l'égale polissure et cette perpétuelle douceur et beauté fleurissante des épigrammes de Catulle, que tous les aiguillons de quoy Martial esguise la queue des siens. » [6]

2. Ainsi, avec le parallèle Catulle-Martial, avons-nous déjà abordé le deuxième volet de ces réflexions : le débat interne aux Latins eux-mêmes, dont je ne veux retenir que deux exemples particulièrement éclatants, l'un pris à la satire, l'autre propre à la

---

5. P. L., *l'Abeille dans l'ambre. Célébration de l'épigramme de l'époque hellénistique à la fin de la Renaissance*, Paris, 1989.
6. Montaigne, *Essais*, II, 10 (« Des livres »).

comédie. Je traiterai plus rapidement du premier pour lequel je m'appuierai sur les excellents travaux de Pascal Debailly[7].

Debailly, qui applique à la satire la méthode que j'avais employée avant lui pour l'épigramme, étudie le renversement qui s'opère entre XVIe et XVIIe siècle. Alors que pour le Quatrocento italien, Juvénal, un des poètes les plus lus et les plus glosés au Moyen Âge, est encore le satirique latin le plus apprécié (édité dès 1470, objet dès 1475 du grand commentaire de Domizio Calderini), force est de constater qu'au siècle suivant, quand les humanistes cherchent à dégager l'essence du genre satirique, c'est Horace qui apparaît généralement comme le modèle de référence, au détriment de son successeur. L'obscénité n'est pas seule en cause, bien qu'elle choque profondément un Érasme. Pour un Josse Bade, la satire, ayant à traiter de sujets et de personnages de la vie commune, doit utiliser un style bas, *sermo pedestris*, propre à révéler simplement la *nuda ueritas*. Pour un Minturno, la manière horatienne (*ridentem dicere uerum*) est la meilleure parce que la répréhension morale y est parée des agréments du rire et de l'urbanité. Daniel Heinsius, au début du XVIIe siècle, reprend tous ces arguments dans une synthèse très approfondie. Oubliant que la critique morale doit passer par le rire, Juvénal, débordé par une indignation bilieuse et vengeresse, déplacée chez un sage véritable, cède trop à son penchant pour les sujets pathétiques et atroces ; utilisant l'hexamètre avec des couleurs épiques, il oublie que la satire, sur le plan esthétique et moral, est fille de l'ancienne comédie et non de la tragédie. Et Heinsius d'accentuer sur ce point l'antagonisme générique entre les deux grands satiriques : *Horatius enim comice illudit, Juuenalis tragice percellit. Quorum alter risum et uoluptatem, alter uero horrorem mouet* (« Horace se joue et raille à la manière des comiques, Juvénal assassine à la manière des tragiques, l'un excite le rire et le plaisir, l'autre inspire l'horreur »). Sans compter que cette tendance au tragique est aggravée par un abus du style affecté propre aux écoles de déclamation.

Telle est au seuil du XVIIe siècle l'opinion dominante. Pourtant déjà un esprit indépendant comme J. C. Scaliger, dépassant grâce à Aristote le *utile dulci* d'Horace et élargissant le champ d'application de la *mimesis* à la totalité des actions humaines, y compris les criminelles, allait ouvrir la voie à une poétique de l'indignation : car si

---

7. P. Debailly, notamment, « Juvénal en France au XVIe et XVIIe siècle », *Littératures classiques* 24, 1995, p. 29-47, et Id., « *Epos* et *satura* : Calliope et le masque de Thalie », *ibid.*, p. 147-166.

certaines conduites honteuses ne sont justiciables que du rire, d'autres engendrent un sentiment de haine (*odium*), accompagné d'une sévère critique. De là, la nécessité de définir deux genres de satires : *altera sedatior, qualis Horatiana, ac sermoni propior* ; *altera concitatior, quæ magis placuit Iuuenali et Persio... Horatius irridet, Iuuenalis ardet, instat aperte, iugulat* (« L'une plus calme, l'horatienne, plus proche de la conversation, l'autre plus mouvementée, qui a les faveurs de Perse et de Juvénal. Horace raille finement, Juvénal s'enflamme, presse l'adversaire et l'égorge »). C'est cette ardeur, comparable au glaive brandi du vieux poète Lucilius, et non une rhétorique creuse, qui explique la fréquence des formules et des pointes meurtrières : car, comme le dira plus tard Rigault dans la préface de son édition, « le rire étant impossible, l'indignation puis la douleur s'emparent de son esprit : comme elles le touchent profondément, elles l'enflamment de colère. Le style du poète alors flamboie sous l'impulsion de ces sentiments qui pour ainsi dire bouillonnent ; il s'en sert bientôt comme d'une arme et pourchasse les vices des hommes avec le feu et le fer ».

Cette admiration, exceptionnelle à l'époque de Scaliger, est relayée au début du siècle suivant par Juste Lipse et surtout par Casaubon qui introduit un concept très important. Ce dernier affirme d'abord que la satire poursuit les mêmes fins que la philosophie : or à cet égard la réflexion morale d'Horace témoigne d'une relative inconstance doctrinale, Perse et Juvénal font preuve d'une grande unité de pensée. Mais voici le point crucial : si Perse est des trois satiriques le plus philosophe et si Horace séduit par le charme de son propos, Juvénal l'emporte par l'ampleur de son imagination, l'abondance des exemples et par une hauteur d'inspiration qui atteint au sublime : *Vbertate inuentionis, copia exemplorum, tractandi dexteritate... præstat Iuuenalis... Character dicendi in Horatio humilior, in Persio grandior, in Iuuenale ut plurimum sublimis.*

Ce mot lâché constitue un sommet de l'effort interprétatif de l'œuvre de l'Aquinate, et la réflexion sur le sublime est aussi le point fort de l'analyse de Debailly qui, dans la suite, soulignant le fait remarquable que le vers de la satire est l'hexamètre, autrement dit le vers de Virgile et d'Homère, présente celle-ci, à l'instar de Dryden, comme une forme de poésie héroïque, partageant avec l'épopée, dont elle serait la version inversée, un idéal de grandeur et de noblesse. Une fois encore, on est tenté de suivre jusqu'à plus près de nous la conception exprimée ici. Celui auquel je pense n'est pas le premier venu, puisqu'il s'agit de Hugo, qui s'exprime ainsi dans son *William Shakespeare*, Livre II, intitulé *Les génies* :

« Juvénal a au-dessus de l'empire romain l'énorme battement d'ailes
du gypaète au dessus du nid de reptiles. Il fond sur ce fourmillement et les
prend tous l'un après l'autre dans son bec terrible depuis la couleuvre qui
est empereur jusqu'au ver de terre qui est mauvais poète et s'appelle
Codrus. Isaïe et Juvénal ont chacun leur prostituée ; mais il y a quelque
chose de plus sinistre que l'ombre de Babel, c'est le craquement du lit des
Césars et Babylone est moins formidable que Messaline... Pas une corde
ne manque à cette lyre, ni à ce fouet... Son cynisme est l'indignation de la
pudeur... Sa grâce, toute indépendante et vraie figure de la liberté, a des
griffes... *Il y a de l'épopée dans cette satire* : ce que Juvénal a dans la main,
c'est le sceptre d'or dont Ulysse frappait Thersite. Enflure, déclamation,
hyperbole ! crient les difformités meurtries, et ces cris, stupidement
répétés par les rhétoriques, sont un bruit de gloire... L'invective de
Juvénal flamboie depuis deux mille ans, effrayant incendie de poésie qui
brûle Rome en présence des siècles... De ce foyer splendide il sort des
rayons pour la liberté, pour la probité, pour l'héroïsme, et l'on dirait qu'il
jette jusque dans notre civilisation des esprits pleins de sa lumière. Qu'est-
ce que Régnier ? qu'est-ce que d'Aubigné ? qu'est-ce que Corneille ? des
étincelles de Juvénal. » [8]

J'abrège à regret, me sentant pour ma part infiniment redevable des trésors d'intelligence critique ainsi employés à la ré-
évaluation d'un grand génie de l'Antiquité. Mais Juvénal n'est pas
le seul parmi les classiques à bénéficier ainsi d'un couronnement
différé : Plaute a connu un plus long purgatoire. Cela ne veut pas
dire que son œuvre, ici encore, ait été négligée par les philologues :
au contraire, la découverte des douze comédies inconnues du
Moyen Âge avait déclenché chez les premiers humanistes un
moment de grande ferveur ; par la suite, la difficulté résultant du
mauvais état de la tradition manuscrite allait offrir un matériau
inépuisable à l'activité exégétique : *Plautus mare quasi quoddam est*
(tel un océan hérissé d'écueils). Pas assez toutefois pour détrôner
Térence, le seul auteur comique vraiment étudié et imité au Moyen
Âge, loué par Érasme pour l'exemplarité de son style et la moralité
quasi pré-chrétienne de ses comédies ; pendant ce temps et pour
longtemps le théâtre de Plaute est dénoncé comme un promptuaire
de vulgarité et de libertinage ; dans le sillage de l'*Art poétique*
d'Horace (270 et suiv.) on en conteste aussi la validité tant sur le
plan stylistique (la langue) que sur le plan littéraire (intrigue, caractères, respect de la vraisemblance et des bienséances). Au seuil de
l'âge classique, un texte qui n'a pas reçu toute l'attention qu'il

---

8. Victor Hugo, *William Shakespeare*, Première partie, Livre II (« Les génies »),
§ VII, Paris, 1985, p. 271 et suiv.

mérite, la *Dissertatio* que Daniel Heinsius compose en préface des six comédies de Térence[9] est un répertoire complet et articulé des objections soulevées contre son prédécesseur. Pas un aspect du comique de Plaute que le savant hollandais n'ait identifié, analysé, condamné. Avant tout Heinsius rappelle, après Horace, que la fin de la comédie est de plaire et d'enseigner. Son objet n'est donc pas de provoquer le rire : la difformité, la déformation du langage qui fait rire la plèbe chez Aristophane et chez Plaute, est exclusive du *sincerum*, du *uerum* et de la *perspicuitas* qui font le charme de Térence. Le public sage et cultivé attend un double plaisir, né de l'imitation de la vie et des grâces du langage : à cette définition se rattachent les considérations sur l'arrangement de l'action (qui doit être vraisemblable et naturelle), sur les caractères, où il faut rechercher le *juste milieu*, sur l'esprit, enfin, où la bouffonnerie froide doit céder la place à la finesse, les *sales* aux *charites*. Toute cette analyse est d'une acuité exceptionnelle : qui voudrait s'y intéresser y découvrirait la source des thèses de Balzac sur l'urbanité comme sur la « grande comédie ».

C'est au prix toutefois d'une dépréciation classiciste de ce qui fait la *valeur* de Plaute, dont l'exubérance géniale est sacrifiée à cette *mesure* intérieure que Térence a su réaliser.

Il est vrai qu'au milieu du XVIᵉ siècle Joachim Camerarius[10], premier des Modernes à avoir affronté avec rigueur et méthode les difficiles problèmes de la *recensio* plautinienne, base d'une magistrale entreprise de fixation du texte, avait en même temps réussi à soustraire Plaute à la juridiction des moralistes et des critiques littéraires : c'est en se plaçant sur le plan de ce que nous appellerions aujourd'hui l'histoire de la langue. Il soutient en effet que la grandeur de Plaute et son utilité irremplaçable pour une juste perception de la « vérité du parler latin » venait de ce qu'il avait écrit à une époque naïve, bien éloignée des prétentions savantes et raffinées, mais un peu artificielles et intellectuelles, déjà sensibles en Térence et prédominantes dans le milieu philhellène du classicisme augustéen. Ni Horace ni ses modernes disciples n'avaient compris que la signification de Plaute, le vrai motif de son actualité, résidait dans la pureté, la simplicité native et non littéraire de sa langue : en Plaute, insiste-t-il, le maître aguerri comme le jeune disciple possèdent l'inestimable témoignage du *sermo cotidianus*, de l'*oratio*

---

9. Amsterdam, 1618.

10. *De fabulis Plautinis dissertatio*, donnée comme *Epistola nuncupatoria* à son édition partielle de Plaute (1545).

populi Romani dans l'expression la plus riche et complète que l'histoire ait préservée. Pour cela, Plaute doit figurer en toute dignité, dans le cadre général du patrimoine linguistique de Rome, méritant sa place, non en dessous mais aux côtés de Térence, de Cicéron et des autres classiques.

Toute limitée qu'elle est au plan linguistique, l'approche de Camérarius ouvrait néanmoins la voie à une appréciation positive globale. Celle-ci sera réalisée seulement deux siècles plus tard par le jeune Lessing, parlant à la fois en philologue, en traducteur, en critique théâtral et en dramaturge[11]. En effet, entre 1747 et 1750, Lessing publie un *Traité* sur la vie et les œuvres de Plaute, une traduction allemande des *Captifs*, un *Essai critique* sur ces mêmes *Captifs* et une *Conclusion* à la critique des *Captifs*, enfin une comédie, *Il Tesoro*, adaptation du *Trinummus* de Plaute. La revue qui accueille ces publications s'intitule *Contribution à l'histoire et à la renaissance du théâtre*. L'objectif, qui est rien moins que la création d'un théâtre moderne, passe par une prise de distance radicale par rapport à la production classique française qui jusquelà a servi de modèle, et par conséquent par une contestation des arguments de Heinsius. Du plaidoyer passionné de Lessing je ne retiendrai que trois points forts. Premièrement Lessing exige du critique l'effort de situer historiquement l'auteur étudié :

> « La pire des injustices que l'on puisse commettre à l'égard d'un auteur antique est de prétendre le juger en fonction des usages tellement plus raffinés d'aujourd'hui. Tout au contraire, l'on doit se mettre à la place de ses contemporains, sous peine de lui attribuer des erreurs qui ne lui appartiennent pas en propre. »

Le public de Plaute ayant besoin de robustes effets comiques, ses personnages plus vigoureusement farcesques répondent bien mieux à cette exigence que n'auraient fait des caractères polis et à peine différenciés de bourgeois bien élevés, tels qu'ils pouvaient plaire à Athènes ou dans la Rome aristocratique des Scipions. De là l'importance donnée aux personnages de l'esclave et du parasite.

En second lieu, et démontrée la légitimité institutionnelle de caractères porteurs d'un comique bas, l'argument sociologique : l'évidente nécessité, pour l'auteur cette fois, de respecter le niveau stylistique de chaque personnage :

---

11. Cf. G. Chiarini, *Lessing et Plaute*, Ercolano, 1983.

« Toutes les compositions poétiques, on le sait, se divisent en deux types. L'un, où c'est le poète qui parle ; l'autre, où il fait parler des personnages de diverse extraction. Dans la comédie, ceux-ci ne dépassent en aucun cas la condition moyenne. Or comment plaisantent des hommes de basse extraction ? souvent de façon grossière et presque toujours avec des plaisanteries froides. Faut-il donc reprocher à Plaute d'avoir si bien attrapé le caractère de ses modèles ? »

Enfin le dernier argument, dirigé à la fois contre Heinsius et contre la mode de la comédie larmoyante ou sérieuse, tout en touchant à l'essence même de la comédie, permet à Lessing de mettre en lumière une qualité de Plaute trop souvent oubliée :

« Je me permets d'affirmer que les seules vraies comédies sont celles qui montrent également les vices et les vertus, l'honnêteté et la folie, parce que grâce à ce mélange elles s'approchent le plus de leur modèle, savoir la vie humaine… La farce veut seulement provoquer le rire, et la comédie larmoyante seulement l'émotion. La vraie comédie, au contraire, veut réaliser ce double objectif… Le plus riche de tous en plaisanteries et en bons mots, Plaute, […] a composé des comédies comme le *Trinummus* et les *Captifs* : dans ces deux comédies, et dans d'autres il introduit des scènes qui tirent des larmes à une âme sensible. »

3. Plus clairement encore que le débat Horace-Juvénal, le débat Plaute-Térence autorise deux remarques. Premièrement, le progrès vers une intelligence plus complète, plus généreuse de l'héritage latin est lié à la capacité du critique à libérer le jugement esthétique d'un schéma historiographique à la fois proche et différent de celui que j'évoquais à propos d'Homère et Virgile, hérité lui aussi des Anciens eux-mêmes et imposé par la Renaissance : celui qui assigne à l'évolution de la langue et de la littérature latines, sur le modèle de la vie humaine, une courbe de croissance qui, des premiers rudiments (le vers saturnien), passant par une adolescence (Ennius, Plaute), s'élève (par Térence, Lucrèce, Catulle) jusqu'à une *acmè* représentée en prose par Cicéron et en poésie par Virgile, puis s'attarde ou décroît avec Martial, Juvénal, Stace, avant l'hiver, la vieillesse et la mort. Une vue historique qui n'a rien d'inexact ni d'illégitime en soi, mais qui a toujours été, comme le montre le titre du livre de Nisard, *Poètes de la décadence*, et jusqu'au choix des expressions *Âge d'or, Âge d'argent*, l'argument facile d'un classicisme toujours menacé d'académisme.

Et c'est ma deuxième remarque : le débat qui se rejoue à travers les générations de lecteurs de nos « classiques », est bien celui qui oppose le classique au non-classique : Virgile à Lucain, Cicéron à Sénèque, Tite Live à Tacite. Élève d'Alain Michel et de

Marc Fumaroli, Christian Mouchel a consacré un livre passionnant au duel Cicéron et Sénèque dans la rhétorique latine de la Renaissance [12]. Permettez-moi d'élargir une démonstration limitée jusqu'ici à la poésie en choisissant d'évoquer à sa suite le duel Tite Live-Tacite.

Qui songerait aujourd'hui à refuser au Thucydide latin son rang d'auteur de première classe ? Pourtant nulle reconnaissance ne parut d'abord plus aléatoire : *Tacitus tacet*, « Tacite se tait », regrettait en son temps un de ses fervents partisans.

En effet, bien que Boccace possède déjà le manuscrit, arraché au mont Cassin, des *Histoires* et des *Annales*, l'œuvre historique de Tacite est totalement absente des pages que Pontano, un siècle plus tard, consacre à la manière d'écrire l'histoire, le canon étant, dans l'ordre et exclusivement, Tite Live, Salluste, César. Et quand les premiers éditeurs de Tacite, comme Emilio Ferretti, commencent à parler de lui, c'est pour se plaindre de son obscurité (*Taciti senticeta*, les « broussailles » de Tacite) et de sa mauvaise latinité. Il faut attendre la fin du XVIᵉ siècle et le Discours inaugural de Muret à son cours sur les *Annales*, pour voir l'historien, pour la première fois, compris et apprécié à la lumière, justement, du sublime de Thucydide :

> « Mais d'ailleurs, écrit Muret, ces sottes récriminations contre Tacite montrent que l'écrivain a atteint son but. Car il avait pris pour modèle Thucydide, se voulait, en matière de style, au plus près de lui. Or de Thucydide les Grecs relèvent l'obscurité et l'âpreté, mettant ces caractères au nombre des vertus, non des défauts du style. C'est que, bien qu'un discours nu et limpide ait des charmes, on loue parfois certaine forme d'obscurité qui, en éloignant la diction de l'usage courant, lui confère, par son étrangeté même, dignité et majesté en même temps qu'elle retient l'attention des lecteurs. C'est comme le voile tendu devant les yeux des profanes. Grâce à lui ceux qui entrent dans la pénombre du temple sont remplis d'une horreur sacrée. Quant à cette âpreté, c'est exactement comme l'amertume du vin : celui qui en est doté est le plus apte, croit-on, à supporter le vieillissement. Et les Grecs ont si bien relevé la constance de cette qualité chez Thucydide qu'à propos du récit de l'expiation de Cylon, où il s'en relâche à dessein, *ils disent que le fauve a souri...* » [13]

Dans ce texte capital, où sans le nommer Muret applique à l'écrivain latin l'analyse que Denys d'Halicarnasse consacre à Thu-

---

12. C. Mouchel, *Cicéron et Sénèque dans la rhétorique de la Renaissance*, Marbourg, 1990.

13. Cit. dans P. Laurens, *art.* « Muret », dans *Prosateurs latins en France au XVIᵉ siècle*, Paris, 1987, p. 511.

cydide, un pas décisif est accompli vers l'inversion de la hiérarchie traditionnelle, inversion réalisée quelques années plus tard par Juste Lipse, qui est aussi — ce n'est pas un pur hasard — l'infatigable éditeur de Tacite. Celui-ci, dépassant le plan du style et développant un argument déjà présent chez Alciat et chez Charles Pascal, veut que le critère du grand historien soit l'explication des événements, la connaissance des causes, l'instruction, la matière éthique et politique : sur tous ces points, Tacite, peintre des intrigues du palais impérial, si proches de celles des cours modernes, ravit à Live, peintre de batailles, le titre de *historicorum princeps* : « Tite Live passe pour le prince des historiens, *audit Liuius historicorum princeps*. Si l'on considère la grandeur de l'ouvrage et la variété des sujets, c'est juste. Pourtant (qu'il me soit permis de le dire) si Tite Live a toujours réussi à m'émouvoir, il ne m'a pas toujours rendu ni meilleur ni plus assuré contre les malheurs de la vie. » — Or il est un point sur lequel les deux plans de l'instruction et du style se rejoignent : c'est sur l'abondance des *sentences* qui parsèment toute la narration tacitéenne sans en rompre le fil, sentences « puisées à je ne sais quelle source secrète, si vraies et si brèves qu'on peut les tenir pour des oracles ».

Ainsi, par une série de touches, un grand écrivain incompris est-il rendu à l'émerveillement des lecteurs et proposé à l'imitation des Modernes, un Pierre Matthieu en France, un Virgilio Malvezzi en Italie. Le paradoxe est que cette reconnaissance et cette mise à la mode de la manière de Tacite entraîne, par réaction, de la part des sincères partisans de Tite Live une appréciation encore plus fine de son propre style. C'est l'œuvre du jésuite Famiano Strada qui, à l'*emphasis* (c'est la densité du style) et à la multiplication de ces traits brillants répandus sur tout le corps du discours comme les ocelles du paon, préfère le plaisir de l'*hypotypose*, qui laisse le lecteur extraire lui-même la signification d'une suite ininterrompue d'événements :

> « Quant à moi, je dis habituellement que le style historique est très semblable à l'huile. De même en effet que la première vertu de ce liquide est de ne laisser aucun goût dans la bouche mais de relever celui des aliments qu'elle assaisonne…, de même à mon avis, le style de l'historien est digne des premières louanges lorsque, délicatement répandu sur les choses, il les assaisonne de douceur et, ainsi préparées, les dépose insensiblement dans l'âme, de telle sorte qu'elle se délecte de tout ce qu'elle lit, mais ne comprenne pas pourquoi elle se délecte… »[14]

---

14. Cit. dans C. Mouchel, *op. cit.* (n. 12), p. 308.

Ce sont là de grandes pages de critique, importantes historiquement, et illuminantes pour nous à un double titre. D'abord parce
qu'elles nous rendent conscients du fait que tel statut accordé à un
écrivain (dans le cas présent Tacite) est non pas un donné, comme
je disais en commençant et comme le donneraient à croire nos histoires de la littérature, mais bien souvent une conquête de la critique savante élaborant, strate après strate, de nouvelles stratégies
de lecture. Ensuite parce que beaucoup de ces analyses, touchant
contradictoirement des points névralgiques comme les problèmes
de style, dévoilent des enjeux qui ont peut-être perdu aujourd'hui
de leur acuité, mais dont on montrerait aisément qu'ils sous-tendent
la relation aux Anciens de toute notre littérature. Si bien que l'on se
prend à concevoir, sur la base des exemples que je viens d'analyser,
une présentation générale de l'héritage antique qui s'organiserait
délibérément autour d'une histoire de la réception, histoire-passion,
intégrant la dimension polémique dont je viens de parler et enre-
gistrant, à travers le libre débat, ses partis-pris et ses vicissitudes, les
progrès accomplis vers une meilleure intelligence des auteurs dans
une République des Lettres au sein de laquelle, selon le mot de
René Rapin, il n'y a point de place pour un dictateur.

                                                        Pierre LAURENS

PASCAL QUIGNARD,
DECLAMATOR INQUIETATORQUE :
UN ANTIQUAIRE FABULATEUR EN MODERNITÉ

Une éducation « grammaticale, sévère, classique et catholique »[1]

« Je suis né en Normandie, à Verneuil-sur-Avre, dans l'Eure, le 23 avril 1948, à 11 heures du matin. [...] Mes parents étaient tous les deux des professeurs de lettres classiques. [...] Mon père appartenait à une famille d'organistes qui avaient exercé durant plusieurs siècles dans le Wurtemberg, en Alsace, en Anjou, à Versailles, aux États-Unis. Ma mère descendait d'une famille de professeurs de Sorbonne et avait passé son enfance à Boston. » Ainsi s'identifie dans un récent livre d'entretiens avec Chantal Lapeyre-Desmaison, Pascal Quignard « le solitaire ». Auteur d'une œuvre désormais nombreuse, Pascal Quignard a été révélé au grand public par l'adaptation filmique de son roman *Tous les matins du monde* (1991 ; film d'Alain Corneau) qui prête les traits de Jean-Pierre

---

1. *Pascal Quignard — rencontre avec Chantal Lapeyre-Desmaison*, p. 24 (désigné dans cet article par le sigle *Entretiens*) ; l'ouvrage présente la bibliographie de Pascal Quignard mise à jour (p. 236-240). On trouvera la référence des ouvrages cités en fin de cet article, qui prolonge deux travaux antérieurs : G. Declercq, « Le retrait de la langue. Rhétorique de l'ineffable dans l'œuvre de Pascal Quignard », dans *Mélanges offerts à Bernard Beugnot*, revue *Paragraphes,* Université de Montréal, 1999 ; Id., « Paradoxes fictionnels. Rhétorique de la fable dans l'œuvre de Pascal Quignard », dans *Hommage à Alain Michel*, revue *Helmantica, Universidad Pontifica de Salamanca,* 1999. Sur la déclamation romaine, dont il sera question *infra*, nous renvoyons aux travaux de Françoise Desbordes, magistralement synthétisés dans *La Rhétorique antique*, Hachette, 1996. Sur la question du sublime longinien et l'esthétique occidentale de l'ineffable, nous nous permettons de renvoyer à notre étude : « Aux Confins de la Rhétorique : sublime et ineffable dans le classicisme français », dans *Dire l'évidence*, C. Lévy et L. Pernot éd., éditions L'Harmattan, 1997, p. 403 sqq. ; rééd. dans *L'Indicible et la vacuité au XVIIe siècle*, avril-juin 2000, n° 207, p. 199-220. La citation des *Réflexions sur la poésie et la peinture* de l'abbé Du Bos est extraite de l'édition du théâtre de Racine par Georges Forestier, Pléiade, Gallimard, 1999, t. I, p. 1549 sq., n. 2. La citation du *Salon du Wurtemberg* est extraite des *Entretiens,* p. 130 ; le titre « c'est le secret qui fait ouvrir les livres... » est attribué par Quignard à Colette (*Entretiens*, p. 161).

Marielle à Monsieur de Sainte Colombe, musicien baroque, janséniste, et veuf inconsolable, qui initie en « sauvage » le jeune Marin
Marais (Depardieu fils), futur Musicien du Roi (Depardieu père) à
l'art de la viole de gambe (Jordi Savall), instrument privilégié d'une
rhétorique de la passion qui, sous le triple sceau de la musique, de
la peinture et de l'écriture, régit l'esthétique générale d'une œuvre
irriguée en profondeur par la lecture des *classiques.*

Ce dernier terme, qui désigne au sens large l'art et la littérature
de l'Antiquité grecque et romaine jusqu'à la fin du XVIIe siècle,
détermine en effet une part majeure de l'œuvre de Pascal Quignard.
Si l'on met à part les romans « modernes » (*Carus*, 1979 ; *Le Salon
du Wurtemberg*, 1986 ; *Les Escaliers de Chambord*, 1989 ; *L'Occupation américaine*, 1994), les « carnets intimes » de *Vie Secrète*
(1998), et les essais consacrés à des contemporains (*Michel Deguy*,
1975 ; *Le Vœu de silence. Essai sur Louis-René des Forêts*, 1985)
— ensemble dont on pourrait au demeurant montrer les harmoniques avec le reste de l'œuvre —, l'œuvre traite exemplairement de
deux périodes et cultures :

— *Rome* : une Rome insolite, frondeuse et marginale ; celle d'orateurs et déclamateurs peu connus, tel Latron (*La Raison,* 1990), ou
Fronton (*Rhétorique spéculative*, 1995) ou encore Albucius, dans le
roman éponyme qui lui est consacré (1990) ; mais aussi Ovide ou
Perse, à qui sont consacrés certains des *Petits Traités* (1990). Représentants d'une « latinité d'argent », voire de « bronze » ou de
« fer », tous offrent l'occasion d'une réflexion sur le pouvoir et les
défaillances du langage, sur la force imageante et fascinante de la
rhétorique, sur la marginalité et la singularité essentielles de qui se
consacre à l'écriture et à la lecture. Sans oublier les « notes de
chevet » d'une patricienne romaine du IVe siècle ap. J.-C. (*Les
Tablettes de buis d'Apronenia Avitia*, 1984), et une méditation aussi
érudite que provocante sur la peinture romaine pompéienne (*Le
Sexe et l'effroi*, 1994).

— *Le dix-septième siècle français* : siècle baroque, classique et janséniste envisagé dans sa peinture (« nuits spirituelles » de Georges
de la Tour : *Georges de la Tour*, 1991), sa musique, (en particulier les
« Leçons de ténèbres », de Tomas de Vittoria à Jean Gilles), sa spiritualité (Jacques Esprit, Pierre Nicole présents dans les *Traités*), sa
littérature (Racine, La Fontaine, Boileau traducteur de Longin), et
plus récemment sa gravure (*Terrasse à Rome*, 2000). A l'évidence,
les prédilections et les hantises esthétiques, stylistiques, spirituelles
de Pascal Quignard trouvent dans ce XVIIe siècle écho et illustration

autour de thèmes récurrents — ascétisme, misère de l'homme, initiation par la douleur, pouvoir sublime de l'image, esthétique de
l'ineffable.

Les années 1990-1991 illustrent cette double topique, romaine
et classique, par la parution groupée d'*Albucius*, de *La Raison* et
des *Petits Traités*, de *Georges de la Tour* et de *Tous les Matins du
Monde* dont l'alternance souligne de surcroît une écriture duelle,
partagée entre essai critique et pratique romanesque.

Un déclamateur en modernité

Cette prédilection topique ne doit pas prêter à confusion ; elle
n'est l'occasion ni de travaux d'érudition ni de romans historiques ;
elle procède d'une poétique et d'une esthétique concertées,
énoncées notamment dans l'Avertissement d'*Albucius* :

> « Quand le présent offre peu de joie et que les mois qui sont sur le
> point de venir ne laissent présager que des répétitions, on trompe la
> monotonie par des assauts de passé. On ouvre des cuisses des morts, et
> leurs ventres (vieux ventres doux de deux mille cent ans) se touchent et
> se recouvrent. On pioche dans ce qu'on ne peut dire de sa vie à personne
> et on transporte ces petites poutres de bois et ces petits duvets des oiseaux
> dans un nid de vieille patricienne ou d'antiques Hébreux. Cela abrite. Ce
> qui fut vrai protège mieux le faux et les désirs auxquels le faux cède le
> passage qu'une simple intrigue anachronique qu'on rapièce et qu'on tire
> par les cheveux. Caius Albucius Silus a existé. Ses déclamations aussi. J'ai
> inventé le nid où je l'ai fourré et où il a pris un peu de tiédeur, de petite
> vie, de rhumatismes, de salade, de tristesse. Ce fantôme y a peut-être
> gagné quelques couleurs et des plaisirs, et peut-être même de la mort. J'ai
> aimé ce monde ou les romans que son défaut invente » (p. 7-8).

A l'origine de la démarche créatrice est un état de disphorie lié au
statut déceptif du temps présent ; cet état *dépressif* — qui pour Quignard définit essentiellement quiconque s'apprête à se faire
lecteur — détermine une investigation empathique et invasive du
passé : « Il lut beaucoup. Mille vies mortes, qui étaient soit anciennes
soit fictives, s'étaient tôt substituées à sa vie » (*Le lecteur*, 1976,
p. 11). Cette archéologie singulière doit en effet se comprendre
comme *restauration romanesque* (sur le modèle de Viollet-le-Duc
dont *Albucius* fait l'éloge), c'est-à-dire comme *invention* (au sens
rhétorique du terme), par amplification et « farcissage » des restes
et fragments légués par l'histoire : « ce qui fut vrai protège mieux le
faux et les désirs auxquels le faux cède le passage qu'une simple

intrigue anachronique… » Cette matrice historique de la fiction
(qui offre de surcroît un abri au *moi* d'un écrivain qui ne peut et ne
veut se dire au présent) est exemplairement illustrée par l'incipit de
Tous les Matins du monde. Car de Sainte Colombe, le protagoniste,
l'histoire ne nous a guère laissé qu'un nom, et quelques pièces musicales ; or le roman s'empare de ces *fragments* pour nous introduire
d'emblée dans une époque, une vie, mais plus encore dans la souffrance d'un deuil :

> « Au printemps de 1650, Madame de Sainte Colombe mourut. Elle
> laissait deux filles âgées de deux et six ans. Monsieur de Sainte Colombe
> ne se consola pas de la mort de son épouse. Il l'aimait. C'est à cette
> occasion qu'il composa le Tombeau des Regrets » (p. 9).

Cet entrelacs du vrai et du faux — du fictif plus exactement—,
au fondement du vraisemblable romanesque, Quignard l'emprunte
à l'art des déclamateurs latins, au premier rang desquels Albucius,
évoqué par Sénèque le père dans ses *Controverses*, recueil de discours judiciaires sur des causes imaginaires, « fables » par lesquelles
s'entraînaient, dans la Rome post-cicéronienne, les futurs orateurs :

> « Je ne tiens rien plus haut que la traduction que Henri Bornecque
> a donnée de l'œuvre du père de Sénèque — c'est le grand Sénèque.
> J'ajoute que je dois beaucoup aussi à la version que Du Teil a publiée des
> romans de Quintilianus le déclamateur. C'était sous le cardinal Mazarin,
> la première quinzaine d'août 1658. Il faisait très chaud. Les Solitaires
> étaient encore aimés. C'est ainsi que j'ai connu du bonheur, dans la fraî-
> cheur des arbres. J'ai embelli ma vie de jours que je n'ai pas vécus »
> (*Albucius*, p. 8 sq.).

Cet état d'enchantement, par empathie avec les êtres du passé, peut
surgir d'un fragment de réel, insolite jusqu'à l'incongruité ; alors
soudainement un passé enfoui assaille et investit le rêveur ou plutôt
le *declamator*, c'est-à-dire le *fabulateur* :

> « En juin 1989, j'étais seul et j'étais las. J'ai noté soixante de ces
> pages assis sur un banc de bois, parmi d'énormes corbeaux funéraires, sur
> le rempart du jardin impérial à Tokyo.
> Il y avait une petite tortue dans l'étang en contrebas des remparts
> qui tendait sa tête hors de l'eau en s'approchant du pilier de bois près de
> la rive. La tête laissait après elle un sillage. Sans cesse la masse de son
> corps l'entraînait vers le fond. J'ai regardé la tête verte, âgée, implacable,
> écailleuse. Je me suis dit : " Tiens, c'est Auguste ! " Cela allait de soi. Main-
> tenant j'en suis plus surpris. Le pays où les portes de taxi se ferment toutes
> seules et où on retire ses chaussures pour manger m'a enseveli dans une
> Rome imaginaire plus vivante et plus irriguée de sang que les visages des
> bonzes zen avec qui j'étais venu m'entretenir » (*ibid.*).

Une éthique du retirement

L'accès au passé ne procède pas d'une hallucination fortuite ; il requiert au contraire une ascèse et un retrait du monde dont le maître taoïste Tchouang-tseu (IVe s. av. J.-C.) est l'incarnation paradigmatique :

> « Confucius veut un rôle social, siéger auprès du prince, modéliser la vertu, édicter le rite, préparer la guerre, etc. Tchouang-tseu ne veut exercer aucune sorte de rôle. Dès qu'un prince fait appel à lui, il s'enfuit. Dès qu'un courtisan ou un policier le retrouve, il part de nouveau. Lui demande-t-on ce qu'est la vertu ? Il se lave les oreilles. Dès qu'on lui parle de la société civile, il court se réfugier chez les tigres et les ours dont il a moins peur. Bref il y a ceux qui veulent des rôles, le titre d'écrivain, de philosophe, même le salaire qui va avec, etc. Et ceux qui veulent le moins de rôle possible. Ceux qui démissionnent des missions qu'ils avaient assumées » (*Entretiens*, p. 119).

Tchouang-Tseu au IVe av. J.-C., Latron au Ier av. J.-C., Sainte Colombe en 1650 — le retrait du monde est un geste qui hante l'œuvre et l'homme. Éthiquement symbolisé par les Solitaires de Port-Royal dont Sainte Colombe est un proche, le geste devient passage à l'acte pour Pascal Quignard lui-même : secrétaire général des éditions Gallimard, président du festival international d'opéra et de théâtre baroques de Versailles, il démissionne de ses charges en 1994.

Que le geste fictionnel préfigure l'acte réel souligne en l'occurrence la quête de soi qui anime l'élaboration de l'œuvre :

> « Comment je définirais le fond de ma vie ? Le fond s'est partagé entre la dépression, la lecture, la musique, l'eros, l'anachorèse » (*Entretiens*, p. 120).

Au-delà d'une misanthropie de surface, le retrait procède d'une éthique dont les accents jansénistes retentissent dans le refus de Sainte Colombe de venir jouer à la Cour :

> « Votre palais est plus petit qu'une cabane et votre public est moins qu'une personne. […]
> Vous êtes des noyés. Aussi tendez-vous la main. Non contents d'avoir perdu pied, vous voudriez encore attirer les autres pour les engloutir » (*Matins du Monde*, p. 35 ; 36).

Dans les Traités, Quignard emprunte à Pierre Nicole un argument « anorexique », qui dit encore plus radicalement la *vanité* de l'homme :

> « Je parle de la nécessité où ils sont de soutenir tous les jours la
> défaillance de leurs corps par le boire et par le manger. Qu'y a-t-il de plus
> capable de leur faire sentir leur faiblesse, que de les convaincre par ce
> besoin continuel, de la destruction continuelle de leur corps qu'ils tâchent
> de réparer, et de soutenir contre l'impétuosité du *torrent du monde* qui les
> entraîne à la mort ? Car la faim et la soif sont proprement des *maladies
> mortelles*. Les causes en sont incurables, et si l'on en arrête l'effet pour
> quelque temps, elles l'emportent enfin sur tous les remèdes » (*Noèsis*,
> XIVᵉ Traité, t. II, p. 149).

Le retrait révèle ainsi sa dimension spirituelle ; il est expérience
douloureuse de l'absence et du manque. *L'absence* d'abord, essence
même de la lecture qui suppose de s'abstraire du monde :

> « J'ai une petite *intention d'absence,* dit-il en se levant tout à coup.
> Je vais quitter un instant le salon. Je crois que j'ai le ventre un peu étreint
> d'angoisse. Je vais lire.
> Prier, jadis, reliait aux morts » (*ibid.*, p. 164).

Le *manque* ensuite, lié à l'expérience de l'écriture qui touche au
vide, explore les failles et les béances — expérience de notre
essentiel *défaut* qui se révèle au sein même de la pensée (*noèsis*) :
« Il pense : il meuble avec fièvre un petit territoire de néant »
(XIVᵉ Traité, t. II, p. 131) ; aussi la nuit — symbolique et physique —
de l'écrivain s'éprouve-t-elle d'abord comme angoisse, effroi,
insomnie :

> « Rien sous la main que le vide. Sinon le petit morceau de crayon
> qu'il étreint. Les mots, qui désignent des choses absentes, relaient bien
> piètrement ce qui lui fait défaut et qui l'a poussé malencontreusement à
> s'adresser à eux : ils préservent au bout du compte le manque quand il
> cherchait par leur moyen à se protéger contre le vide et les appels à la
> mort, à se soustraire à l'abandon, et à s'abriter vainement de la longueur
> des nuits et de l'effroi » (*ibid.*, p. 157 sq.).

L'amour même des livres procède de cette philosophie et esthétique
de la vanité :

> « Les plus beaux livres font douter des intentions qui les ont animés.
> La beauté ou la solidité de leur matière renvoie à un soin que la beauté
> ne justifie pas. Elle désigne avec le doigt des trous, des fragilités, des esseu-
> lements et des peurs —quelque chose qui a été fui plutôt qu'assouvi »
> (*ibid.*, p. 175).

Rhéteur romain mélancolique, sur le point de se suicider en se
tranchant la gorge, Latron traduit cette vanité et cette réticence
essentielles par cet inquiétant aphorisme : « Pourquoi parler ?
Quand les lèvres se détachent l'une de l'autre les dents ont si froid »
(*La Raison*, p. 54).

La quête empathique d'un antiquaire

Cette expérience du vide et du silence est simultanément idio-syncrasique et critique :

— *idiosyncrasique* car elle renvoie à une expérience personnelle de l'insomnie, de la dépression et de l'aphasie, explicitement évoquées dans l'œuvre (*Le Lecteur, Le Nom sur le bout de la langue, Rhétorique spéculative, Vie secrète*) ;

— *critique* car ces mêmes épreuves retournent leur négativité exis-tentielle en activité créatrice et réflexive : la langue nous fait fonda-mentalement défaut parce qu'elle n'est pas naturelle à l'homme qui naît *infans* ; aussi la défaillance subie ou la réticence assumée font-elle signe vers un en-deçà de la culture, substrat sexuel et vio-lemment prédateur (*Le Sexe et l'effroi*) ; mais cette infra-langue devient le fondement de la rhétorique fascinante et imageante définie dans *Rhétorique spéculative* ; l'aphasie devient matière de conte et de glose dans *Le nom sur le bout de la langue* ; l'insomnie, compagne des affres d'un écrivain qui travaille jusqu'au seuil incertain de l'aube, permet d'entrer en empathie avec les toiles de *Georges de la Tour*.

L'expérience créatrice est donc ambivalente ; négative dans la mesure où elle abstrait du présent ordinaire :

> « Pendant un an j'ai traduit Lycophron [*Alexandra*, 1971]. Je n'avais plus l'audace de pousser les portes en verre des boulangeries. Dans le même temps, j'éditais les œuvres complètes de Maurice Scève [1974] » (*Noèsis*, XIVe Traité, t. II, p. 145) ;

mais aussi positive, puisque au fondement d'une poétique fondée sur l'innutrition et l'empathie qu'elle établit avec les écrivains et les œuvres du passé. Empathie avec une Rome *imaginaire* mais plus *vivante* que le Japon contemporain ; empathie avec les Solitaires au point de ressentir la chaleur de l'été et la fraîcheur des arbres de « la première quinzaine d'août 1958 ». Cette plongée totale et radicale de l'esprit et des sens est tout à la fois celle du lecteur, de l'essayiste et du romancier qui déclare : « J'espère être lu en 1640 » (*Noèsis*, XIVe Traité, t. II, p. 174).

La clé de ce paradoxe temporel est à chercher dans deux pos-tulats propres aux âges antique et classique : la nature cyclique du temps et le statut palimpsestique de toute création : *tout dire est un redire* :

> « Il n'y a rien à dire, et nous venons, sans que, à proprement parler, nous y ayons beaucoup donné les mains, à l'heure où nous venons. Nous

arrivons tout à coup, après que plus de sept mille langues, durant des millénaires, ont parlé, et après qu'elles se sont retirées » (*Langue*, XXᵉ Traité, t. IV, p. 80).

La quête empathique du passé est une remontée à l'origine même des langues ; où il n'est plus d'auteur, mais une *tradition*, essence de la culture classique :

> « [le maître] disait que les livres avaient été écrits par d'autres que ceux dont ils portaient le nom et que les récits qu'ils contenaient renvoyaient à des choses plus anciennes » (*Le Livre des lumières*, VIIIᵉ Traité, t. I, p. 155 sq.).

Interrogé sur les écrivains dont il se sent proche, Pascal Quignard livre sa bibliothèque dans un singulier *à rebours* ; énumération qui, mieux qu'un commentaire dit que la littérature essentielle est 1) fable (« roman »), 2) réécriture (métamorphose ovidienne) et 3) régression vers le retrait et la méditation sur le vide originel (Tchouang-tseu) :

> « Je vais le faire à reculons. Je citerai la préface du *Virgile* de Klossowski. La préface des *larmes d'Éros*. Bien sûr en disant Bataille, je dis Lacan, Lévi-Strauss, Mauss, Élias, Levinas, Bergson, Hello. Les préfaces de Littré à ses traductions d'Homère et de Dante. Tout le Rancé de Chateaubriand, la *Chartreuse* de Stendhal, tout Rousseau. Nicole, Esprit, la Rochefoucauld, Saint-Evremond, tout Montaigne. A Rome, dans le même sens à rebours, les *Confessions* d'Augustin. Tout Tacite. Le roman d'Apulée et Sénèque le Père. Bien sûr, Latron, Albucius, Lucrèce.
>
> Tous les petits romans des *Métamorphoses d'Ovide*. Tous les petits romans de la Thora. Tous les petits romans du Nouveau Testament. Tous les petits romans de Jacques de Voragine. Toutes les sagas des Islandais. Tous les petits romans des *Mille et une Nuits*. Tout ce qui est de la main de Chrétien de Troyes.
>
> En Grèce, toujours à reculons, Lycophron, Aristote, Gorgias, Héraclite... toujours à reculons jusqu'à Tchouang-tseu » (*Entretiens*, p. 97).

Mais cette descente, nous l'avons vu, est euphorique, exaltante. On trouve ainsi dans l'œuvre de Quignard une passion envers les « auteurs anciens », qui l'apparente aux humanistes renaissants et classiques : « Il faut que je compense tout le moderne que j'avale dans mes lectures par des lectures plus anciennes » déclare-t-il tandis qu'il est encore membre du comité de lecture de Gallimard :

> « Quand je lisais professionnellement trois ou quatre manuscrits d'essai ou de roman qui allaient paraître quelques mois après [...] j'avais soin de lire le matin un ancien chinois, un sanskrit, un latin, un grec par pur équilibre démocratique. Par pur plaisir de voyager loin dans le temps et l'espace » (*Entretiens*, p. 112).

Mais cette fréquentation alors prophylactique manifeste une authentique passion, qui est d'abord celle qu'il éprouve pour les « langues aïeules », à propos desquelles il ne peut être question de langue morte :

> « [La langue] qui réserve le plus de vivacité et de surprise, la plus douée de subtilité et d'imagination, de ressource, la plus fraîche, la plus riche, la plus judicieuse, et dégourdie, la plus sagace est la morte » (*Les langues et la mort*, IXe Traité, t. II, p. 20).

De ces ascendants professeurs, philologues et grammairiens, Pascal Quignard a hérité d'une passion quasi charnelle pour la langue latine, qui incarne par excellence la *tradition* culturelle occidentale, et qui anime ses écrits :

> « Si je cite si longuement le texte latin, ce n'est pas seulement pour procurer du plaisir à celui qui aime cette langue, ni pour impatienter celui qui l'ignore dans des assauts de pédanterie. Je le fais lorsqu'une force et une promptitude plus grandes s'y produisent sans qu'on puisse les traduire, et qui se voit sans comprendre, ne serait-ce que par le nombre des mots et la quantité des syllabes. Il y a du plaisir à montrer ce qu'on aime » (*Albucius*, p. 65).

Ce soin à montrer, donc à transmettre, inscrit Pascal Quignard dans la longue *translatio* de l'art et du savoir, dans ce souci de la *paideia* qui définit l'esprit de l'humanisme antique et classique.

Montrer ce qu'on aime réfère encore à la rencontre empathique avec des « textes plus anciens ». Sur ce point, sans être cicéronien (toute son esthétique s'en distingue), Quignard place sa quête romanesque sous le signe d'une vertu exaltée par l'Arpinate — l'amitié. *Albucius* qui redonne au déclamateur éponyme une vie *fabuleuse* définit le devoir de mémoire en ces termes :

> « Annaeus Seneca était son ami. Il a noté le détail des souvenirs que l'affection lui remettait en mémoire. A Rome, dans les premières années de l'empire, des hommes parlaient d'autres hommes après que la mort les avaient enlevés aux plaisirs de la lumière. On les nommait des " amici ". Des amis. Ces mots se sont perdus et le sens n'en est pas plus aisé à déchiffrer qu'un ciel plein de nuages qu'on interroge la nuit. Je parle de l'amitié » (*Albucius*, p. 11).

La pêche philologique

La quête des *marginalia* de l'histoire fait l'objet d'une magnifique métaphore, celle du *filet,* porteuse d'une triple symbolique, — celle, évangélique, du pêcheur d'homme ; celle, romaine, du rétiaire ; et celle, moderne, de l'écrivain qui « tisse » :

« Je ramène ce que je puis avec un filet dont plus beaucoup de monde n'a l'usage. Le mot " dear ", en anglais moderne, n'est pas non plus d'un accès facile. L'ambition que nourrissait un ancien Romain du temps de la République était d'être appelé, après calcination, " carus amicis ", cher à ses amis » (*Albucius, ibid.*).

Ce *filet* est celui de la philologie ; art de fouiller la langue, de cerner par les mots les contours d'un personnage. D'un surnom attribué à Albucius — *inquietator* —, va naître un développement critique et narratif qui, en reliant par le mot *coi* le culte mortuaire romain des *imagines* aux *peintures mortes* du XVIIᵉ siècle français, construit le caractère du personnage :

« L'homme était inquiet. C'est dire, dans cette langue devenue très ancienne, qu'il comptait parmi les êtres qui ont peur de la tranquillité, de l'appel de la " requies " posthume. Ils ont peur des visages de cire si sereins qui sont rangés dans l'armoire aux images des morts, qui est située dans l'atrium. Mot singulier que ce mot romain de " quies ", capable de définir à la fois la relâche, le sommeil et la mort. Dans notre langue (outre la marque déposée d'une fabrique misérable de silence artificiel et agglutinatif) le mot a donné " quitte " et il a donné " coi " : brusques adjectifs périmés. Sous Louis XIII on ne disait pas " nature morte " mais " peinture coite " parce que ces objets ordinaires et à demi obscurs étaient quittes du langage dans la nuit où ils paraissaient sur le point de s'ensevelir. [...] Cestius avait surnommé le romancier " Inquietator ". Caius Albucius Inquietator. L'inquiétateur, l'agitateur de la langue latine à l'aube du premier siècle » (*ibid.*, p. 11 sq.).

Le « câble » philologique permet ainsi de tisser la trame romanesque et de saisir les harmoniques qui relient secrètement les époques avec lesquelles l'écrivain est en empathie, au point que l'affleurement autobiographique n'est jamais loin dans le jeu du portrait :

« " Tristis, sollicitus declamator... " "C'était un romancier inquiet, tourmenté, jamais content de soi, qui ne puisait aucun repos dans le silence. Aucun secours dans le succès..." » (*ibid.* p. 13).

Pascal Quignard en effet se dépeint lui-même comme *declamator inquietatorque* ; aussi les rhéteurs, écrivains et artistes qu'il prend à son filet sont-ils des hommes à l'écart du pouvoir, des institutions et des honneurs officiels. L'humanisme pratiqué par Quignard est celui d'un *antiquaire* portant à la lumière les figures tourmentées et inquiétantes de rebelles, marginaux et exilés : « Je classe des documents d'une tradition persécutée » (*Rhétorique spéculative*, p. 87). Aussi faut-il ajouter un dernier qualificatif au déclamateur ; fidèle à l'origine judiciaire des controverses, le romancier

philologique est *testator* : par ses fables qui exhument les aphorismes anti-philosophiques de Latron ou la douleur d'Ovide
esquissant les premiers vers des *Tristes* sur le pont du navire qui va
le mettre à jamais en exil de sa langue (*Sur le petit doigt*, XIᵉ Traité,
t. VI, p. 171), Pascal Quignard témoigne, atteste et proteste, donnant
voix aux rebelles et solitaires d'une histoire enfouie. Il s'écarte en
cela du modèle humaniste orthodoxe ; et quoique curieux jusqu'à
l'érudition envers une culture marginale, qui le rapproche (décadence en moins) du Des Esseintes d'*A Rebours,* il récuse le qualificatif d'érudit — du moins si l'on entend par ce terme une démarche
de « polissage » culturel. A l'instar de Sainte Colombe, apôtre de la
solitude ascétique, Quignard revendique le droit à « s'ensauvager »,
à se déprendre de ce que les Romains appelaient *urbanité*, et les
classiques *honnêteté* :

> « Puis-je ajouter quelque chose sur le mot " érudition " ? C'est tout
> le contraire de mon dessein. Je ne suis pas un érudit. *Rudis* est le sauvage.
> *E-rudis* est celui à qui on a ôté son aspérité, sa sauvagerie, sa violence ori-
> ginaire ou naturelle ou animale. Aussi le latin *rudis* correspond-il en latin
> au mot *infans*. Le *puer*, au fur et à mesure que le grammairien lui fait
> quitter l'*in-fantia* et lui enseigne les lettres pour écrire, devient *e-rudis*. Je
> cherche encore à m'é-érudir. Je ne suis pas encore assez rude » (*Entre-
> tiens*, p. 112 sq.).

Une rhétorique laconique et fascinante

S'abstraire et *s'é-érudir* sont les dispositions requises pour la
quête philologique de l'antiquaire, lecteur mais également rhéteur
— puisque dans l'esthétique et le lexique quignardiens, *romancier* a
pour synonyme *déclamateur*, c'est-à-dire un producteur de fables,
où l'imaginaire amplifie l'anecdote historique jusqu'à lui conférer
une vie et une vérité excédant tout ce que peut offrir la réalité présente. « J'ai une mémoire fabuleuse. A vrai dire aussi fabulante que
fabuleuse » déclare Pascal Quignard (*Entretiens*, p. 74) : la *chrie* est
donc au principe d'une rhétorique singulière qui privilégie la *narration* au détriment de la *preuve*, l'*image* au détriment de la *raison*.
La *Rhétorique spéculative* en définit les principes, les *Petits Traités*
en explorent les fragments laissés par les rhéteurs antiques, l'œuvre
romanesque la met en œuvre, Albucius le déclamateur en est l'emblème.

Rien de plus éloigné par conséquent de cette rhétorique imageante que la dialectique philosophique et la syllogistique aristoté-

licienne ; le petit opuscule — anti-phrastiquement intitulé *La Raison* — prête au rhéteur Latron, protagoniste de ce *roman* quignardien, quelques cinglantes formules où l'incongruité des images traduit le discrédit de la raison argumentative :

> « Quand je vois une lyre, un compas de géomètre, une peau roulée pour écrire, un argument construit sous la forme : Si a… alors b…, je pleure d'émotion en me disant à moi-même : Comme ces choses sont touchantes ! [...]
>
> Méfiez-vous de tout homme qui a besoin d'une armoire, d'un système convaincant, d'une femme et d'un balai ! » (*La Raison*, p. 41 ; 48).

De même que l'Histoire se voit dénier toute prétention à donner, par la caution de la réalité, une cohérence au monde :

> « Les historiens ont peur et font semblant de croire que ce qui arrive dans le monde des hommes est cohérent. [...] Ils sont malades de peur et plus fabulistes que les déclamateurs » (*Albucius*, p. 107) ;

de même la philosophie se voit refuser toute prétention à donner sens au monde par la caution de la rationalité : « les philosophes sont des Sirènes qui se querellent tandis qu'Ulysse passe » (*La Raison*, p. 21). Aussi faut-il opposer la vanité sonore de la démonstration à la puissance imageante de la monstration, prônée par une « tradition lettrée antiphilosophique » qui relie Quignard à celui qu'il considère comme le fondateur de la « rhétorique spéculative », le rhéteur latin Fronton :

> « Fronton affirme que les arguments que peuvent articuler les philosophes ne sont que des claquements de langue parce qu'ils démontrent sans image : " s'il fait jour, alors il y a de la lumière. " Le rhéteur ne démontre jamais : il montre, et ce qu'il montre est la fenêtre ouverte. Il sait que le langage ouvre la fenêtre, parce que l'*oratio* donne à chaque époque sa lumière de la même façon que la nuit donne le jour » (*Rhétorique spéculative*, p. 13).

Très significativement, la *Rhétorique spéculative* trouve dans le Traité du sublime du pseudo-Longin le fondement d'une rhétorique de l'image, liée à l'ineffable, et qui définit l'effet persuasif par le *saisissement* spéculaire : « Ce qu'on appelle " arrêt sur l'image ", c'est le moment, c'est le *movere* quand il devient immobile » (*Le Nom sur le bout de la langue*, p. 80). Par le foudroiement de l'image, le *court-circuit* de la raison, le rhéteur — *déclamateur*, ou *fabulateur*, ou *romancier* — touche aux forces sauvages qui hantent et soustendent le langage :

> « Il y a une violence de la pensée, qui est une violence du langage, qui est une violence de l'imaginaire, qui est une violence de la nature. Tel

est le sorite qui commande ce que Longin appelle tour à tour le grand art, le grand jeu de l'art » (*Rhétorique spéculative,* p. 64).

Irriguée par les forces *effarantes* — foudroyantes et effrayantes, érotiques et thanatiques — de l'image (qu'évoque le *Petit Traité sur Méduse*, dans *Le Nom sur le bout de la langue*), la rhétorique quignardienne vise à fasciner et soumettre :

> « En Grèce antique, le rhéteur fut envié à l'égal d'un sorcier et persécuté comme tel. Le fond ensorcelant de la rhétorique n'est pas difficile à démêler : c'est que le langage rend esclave.[…]
>
> Le style doit sidérer le lecteur comme le mulot est fasciné par la vipère dont la tête se dresse en s'approchant de lui et qui siffle » (*Rhétorique spéculative*, p. 79 ; 171).

Dans la traduction de Longin par Boileau, le sublime prend deux formes : celle de l'ineffable qui a forme spéculaire (le silence d'Ajax) et celle, verbale, qui consiste en « la petitesse énergétique des paroles ». Retenant la leçon du rhéteur, et à distance du grand style cicéronien, Pascal Quignard épouse la forme extrême de l'atticisme — le laconisme :

> « Marullus prescrivait qu'on fût sec, qu'on fût rude, qu'on fût brusque et qu'on fût court. Il exigeait que tout soit articulé jusqu'à la sécheresse dans le ton, précis jusqu'à la rudesse dans le vocabulaire, surprenant jusqu'à la brusquerie dans la construction de la phrase et, dans la durée, prompt jusqu'à être tranchant et presque trop court. Sec afin qu'on saisisse l'oreille. Rude afin qu'on touche l'esprit. Brusque afin qu'on retienne l'attention et qu'on inquiète le rythme du cœur. Court afin qu'on reste sur sa faim plutôt qu'on verse dans l'ennui » (*La Raison* p. 11).

Pascal Quignard semble avoir fait siens ces préceptes, à considérer la brièveté des réponses qu'il accorde aux hypothèses formulées par Chantal Lapeyre-Demaison sur son *art* :

> « Il s'agit de convoquer une fraîcheur sensible dans et par les mots, dans un geste très certainement enfantin...
> — Oui
> — ... voire animiste...
> — Totalement oui.
> — ... Dire les choses pour les faire exister, les rendre moins cruellement absentes.
> — Oui
> — C'est une pratique magique.
> — Oui
> — Le perdu engendre un vide, ce vide autorise (est l'auteur de) toutes les fictions.
> — Oui. C'est la lumière qui arrive soudain. C'est la voix qui ouvre les poumons. C'est le premier cri » (*Entretiens*, p. 144).

Le vide et la perte d'une part, l'illumination d'autre part, déterminent, on va le voir, l'essor de la fable et sa fonction initiatique.

L'art du fabulateur

L'amplification fabulatrice procède paradoxalement mais fondamentalement de la réticence qui sous-tend le laconisme aphoristique :

> « La menace ne vient pas du vide, mais de la peur du vide. Le vertige, le sophisme, le rien sont des joies. La dubitation est le plaisir de l'énergie de penser. On peut désirer dire. On ne peut pas désirer répondre » (*Noèsis*, XIVᵉ Traité, t. II, p. 163).

La fable, à l'instar de la musique de Sainte Colombe, sera donc *proposition*, c'est-à-dire formulation en mode assertorique ; non que le langage ainsi créé soit dogmatique, mais parce que la rhétorique spéculative répugne au dialogue dialectique. De fait, les rares dialogues de l'œuvre illustrent le dépassement de la raison : dialogue avec un cadavre, aussi *fascinant* qu'*inquiétant,* dans un « chapitre » inédit des Tablettes d'Apronenia Avitia (*Une scène de roman supprimée,* XLIIᵉ Traité, t. VII, p. 25-40) ; dialogue *initiatique*, qui clôture le roman, entre Marin Marais et Sainte Colombe, sur la *fin* de la musique — les réponses tâtonnantes de Marais sont rudement rejetées par le vieux musicien (« non et non »), jusqu'à ce qu'enfin le disciple trouve, aphoristiquement, une séquence d'*images* qui fait réponse :

> « Un petit abreuvoir pour ceux que le langage a désertés. Pour l'ombre des enfants. Pour les coups de marteau des cordonniers. Pour les états qui précèdent l'enfance. Quand on était sans souffle. Quand on était sans lumière » (*Matins du Monde*, p. 133).

L'aphorisme qui fait image (telles les pensées de Marc Aurèle, qualifié d'« empereur romancier » — *Rhétorique spéculative*, p. 59) correspond à la fonction conjuratoire de la rhétorique :

> « La nomination de tout, le vertige rhétorique exposent moins qu'ils n'exorcisent (mais plus — il est vrai — pour celui qui énonce que pour celui qui lit) » (*Noèsis,* XIVᵉ Traité, t. II, p. 163 sq.).

Acte philologique par excellence, la nomination est le fondement de la poétique fabulaire :

> « Le fragment de réel tombant comme la foudre dans le réel provoque plus en moi d'imaginaire que le faux donné pour tel » (*Entretiens*, p. 182).

Aussi bien fabuler ou romancer, ce n'est pas *inventer* au sens moderne du terme :

> « Il faut que je comprenne et pour comprendre il me faut tout remâcher, tout retraduire, rediger, remétamorphoser, réexprimer.
>
> D'abord sur Borges. C'est vrai que le faux auteur inventé de toutes pièces, le faux monde purement imaginaire m'intéressent moins que l'auteur réel retrouvé dans les rayons de la bibliothèque, dans les tours des couvents comme Lucrèce par le Pogge » (*Entretiens*, p. 181 sq.).

C'est ainsi que l'histoire de Sainte Colombe est *entée* sur l'Histoire de Port-Royal :

> « La neuvième fois où il [Sainte Colombe] sentit près de lui que son épouse était venue le rejoindre, c'était au printemps. C'était lors de la grande persécution de 1679. [...]
>
> L'année où on ouvrit les charniers de Port-Royal (l'année où le roi exigea par écrit qu'on rasât les murs, qu'on exhumât les corps de Messieurs Hamon et Racine et qu'on les donnât aux chiens [1710]), il [Marais] reprit le thème de la Rêveuse » (*Matins du Monde*, p. 103 ;101).

La *chrie* historique au demeurant n'exclut nullement l'inattendu (« Il y a plus d'imprévisibilité à se fier au réel [...], qu'à aller vers l'imaginaire ») qui se traduit par une surprenante poétique du « détail » : objets insolites qu'affectionne tel personnage — une cuiller pour Latron, un saladier ou « *lanx* » pour Albucius — ou manie singulière tel Sainte Colombe qui se plaît à écraser les hannetons sous son bougeoir. Le détail est dans la narration un élément qui cristallise la fascination, dans un monde marqué par l'ineffable et l'aporie communicationnelle :

> « Le détail qui se niche souvent dans l'objet de peu, vient signifier qu'il y a un reste, un impossible à dire et que c'est cet impossible qui donne tout son poids à ce qui est dit. [...] Je crois que ce qui n'est pas dit mais transparaît dans l'objet élu, chez vous ou chez Ponge par exemple, est le fond même de l'écriture, une profondeur obscure de sentiments inavoués, parce inavouables ou informulables. C'est pourquoi la littérature moderne est si riche de cet aspect. Qu'on le veuille ou non, une certaine conception triomphaliste du langage et de la communication — même dans un monde qu'Internet fait rêver, et peut-être surtout dans ce monde-là — n'est plus historiquement possible. Le détail vient en dire le deuil, il est tout ce qui reste à dire. Il en est l'indice » (Chantal Lapeyre-Demaison, *Entretiens*, p. 177).

Le détail cependant permet de surmonter l'aporie par l'éclosion de la fable qu'il rend possible. D'une part, en donnant cohérence à un réel hasardeux :

« Les romans sont toujours plus vraisemblables que le chaos des vies
qu'ils rassemblent et réparent sous les espèces des intrigues et des petits
détails consonants » (*Albucius*, p. 111),

d'autre part, en donnant *corps* à des êtres dont la vraisemblance
s'impose au rêveur/fabulateur :

« A certains moments tout le passé semble alors une nuée sans
consistance, tel un rêve mirifique, un rêve qu'on n'aurait pas dû faire
— toutes les richesses de Sindbad le Marin que nous tenons dans nos
mains alors que nous contemplons deux paumes nues et vides. Tout à
coup, comme à l'improviste, comme en ce moment, j'éprouve le besoin de
me souvenir, d'ajouter des ombres, des poils, des odeurs, de la couleur, du
réel à toutes ces histoires que je note. A toutes ces histoires que des souvenirs, des traces, des énigmes, des dates, des fantômes dans nos têtes se
racontent à eux-mêmes. J'éprouve l'envie irrésistible de lester ce passé de
grenaille de plomb, de grenaille d'acier, de sang. Je note des détails, je vois
des lumières, j'entends des sons.

Je note et je rêve. Je note, je note et je me dis avec acharnement qu'il
faut à ce souffle un corps, à ce regard des larmes, à ces lèvres une espèce
de plainte. Je note et tout à coup je me dis qu'il faut à ce rêve aussi, peut-
être, une sorte de dormeur » (*Salon du Wurtemberg*, p. 368).

Cet art évocatoire est simultanément art de la mémoire et de
l'*ekphrasis* ; mais contrairement à la réminiscence proustienne, il ne
renvoie pas, du moins directement, à un passé subjectif, mais à un
passé de culture et de tradition pour lequel Quignard, philologue, et
déclamateur, se sent en empathie. Empathie culturelle, c'est-à-dire
rhétorique, esthétique et spirituelle. La fable quignardienne, qui
refuse l'invraisemblance absolue, transpose cette exigence poétique
au plan éthique en donnant à la double approche de l'essai et du
roman le sens d'une démarche initiatique qui traverse autant le
roman de Sainte Colombe que l'exégèse des « nuits » de Georges de
la Tour : une commune démarche herméneutique réunit en l'occurrence écritures critique et narrative.

« C'est le secret qui fait ouvrir les livres dès le premier livre »

L'essai et le roman précités méditent sur deux arts, le pictural
et le musical, dont le point de convergence est une approche de
l'ineffable, autour des thèmes antithétiques de la nuit et de l'illumination, de l'agonie et de l'extase :

« Il y eut deux grandes chandelles dans notre histoire et elles ont
coïncidé dans le temps : les leçons de ténèbres de la musique baroque, les
chandelles des toiles de La Tour » (*Georges de la Tour*, p. 4).

La peinture de La Tour est quête spirituelle :

> « Il fit de la nuit son royaume. C'est une nuit intérieure : un logis humble et clos où il y a un corps humain qu'une petite source de lumière éclaire en partie. Telle est l'unité de l'épiphanie : 1. La nuit, 2. La lueur, 3. Le silence, 4. Le logis clos, 5. Le corps humain » (*ibid.*, p. 6).

Art de l'ascèse en phase avec les courants religieux les plus exigeants du siècle (Jacques Esprit, Bérulle, Saint-Cyran), — déclinaison picturale des « leçons de ténèbres » (Charpentier, Lambert, Delalande, Couperin), chantées durant la semaine sainte tandis que l'on souffle une à une les chandelles portant les lettres du nom de Dieu :

> « L'extraordinaire monochromie est due à la lueur. [...] Les détails meurent. [...] Tout devient de plus en plus grave et tout devient de plus en plus simple. La nuit nous simplifie. Le silence et l'heure recueillent. L'unique source de clarté simplifie » (*ibid.*, p. 16).

> « Contempler la peinture a pour lui encore le vieux sens : prier devant l'image douloureuse. Ses toiles furent autant de variations sur le crucifix où Dieu est cloué dans la nuit du samedi saint.
> Georges de La Tour, plus que Philippe de Champaigne, est le baroque janséniste » (*ibid.*, p. 8).

L'essai sur La Tour est l'occasion d'une approche empathique de l'art classique ; l'art du peintre est ainsi rapproché de l'esthétique racinienne et de l'atticisme classique :

> « Ce qui n'est qu'un reportage sur une toile des Le Nain devient une scène éternelle. Une masse brune, une flamme citron, un rouge franc, un vermillon plus sourd, une grandeur triste. Je songe à la préface de Racine en tête de *Bérénice,* qui date de 1670, et qui dit que tout doit se ressentir de cette " tristesse majestueuse " qui fait le plaisir de la tragédie. Louis Racine rapporte que son père, un jour où il avait mené La Fontaine à l'office des Ténèbres, le vit qui s'ennuyait des chants dans l'ombre et lui tendit une petite bible ouverte à la page de la *Prière des Juifs* de Baruch. Les jours suivants, arrêtant les passants dans la rue, Jean de La Fontaine demandait : " Avez-vous lu Baruch ? C'était un beau génie. "
> Ils étaient comme les Grecs du Vᵉ siècle et ils le savaient. Le génie français est sublime et modeste. Poussin, La Fontaine, Couperin ne se haussaient pas » (*ibid.*, p. 8).

Monsieur de Sainte Colombe, pareillement, ne se hausse pas ; et il initie Marin Marais au sublime des peintures « coites » du peintre Baugin dont le goût pour les « nuits » et pour l'or en font un double de La Tour. Davantage, c'est la description de l'atelier de tannerie du père de Marais, qui fait surgir *à l'improviste* les couleurs d'un « La Tour » :

> « La seule chose qui avait trouvé grâce aux yeux de l'adolescent le jour de son retour était la faible lumière qui tombait comme un fût de la boule à bougies accrochée très bas, juste au-dessus de l'établi et juste au-dessus des mains calleuses qui saisissaient le marteau ou qui tenaient l'alène. Elle colorait d'un teint plus faible et jaune les cuirs marron, rouges, gris, verts, qui étaient posés sur les étagères ou qui pendaient, retenus par des petites cordes de couleur » (*Matins du Monde*, p. 51).

Racine à son tour contribue à l'initiation du jeune violiste : au sortir de l'atelier du peintre, Sainte Colombe et Marais écoutent deux artistes répétant la scène de *Britannicus* où Néron relate à Narcisse la *sidération* éprouvée à la vue de Junie ; outre la mise en abîme du pouvoir fascinateur de l'image, la scène est l'occasion d'illustrer la déclamation classique :

> « L'une disait d'une voix soutenue : […] " Que veux-tu ? Je ne sais si cette négligence, les ombres, les flambeaux, les cris et le silence… "
>
> L'autre répondait lentement, à l'octave plus basse : " J'ai voulu lui parler, et ma voix s'est perdue. Immobile, saisi d'un long étonnement, de son image en vain j'ai voulu me distraire ". […]
>
> Tandis que les actrices déclamaient avec de grands gestes étranges, Sainte Colombe chuchotait à l'oreille de Marais : " Voilà comment s'articule l'emphase d'une phrase. La musique aussi est une langue humaine " » (*Matins du Monde*, p. 70 sq.).

Pascal Quignard a lu sans nul doute le commentaire par l'abbé Du Bos de la déclamation prescrite par Racine pour Monime dans *Mithridate* :

> « C'est ainsi qu'en usait l'actrice à qui Racine avait enseigné lui-même à jouer le rôle de Monime dans *Mithridate*. Racine, aussi grand déclamateur que grand poète, lui avait appris à baisser la voix en prononçant les vers suivants, et cela encore plus bas que le sens ne semble le demander : *Si le sort ne m'eût donné à vous… Nous nous aimions,* afin qu'elle pût prendre facilement un ton à l'octave au-dessus de celui sur lequel elle avait dit ces paroles : *Nous nous aimions*, pour prononcer à l'octave : *Seigneur, vous changez de visage !* Ce port de voix extraordinaire dans la déclamation était excellent pour marquer le désordre d'esprit où Monime doit être dans l'instant qu'elle aperçoit que sa facilité à croire Mithridate, qui ne cherchait qu'à tirer son secret, vient de jeter elle et son amant, dans un péril extrême » (*Réflexions sur la poésie et la peinture*, III, IX).

Comme les toiles de La Tour et la musique de Sainte Colombe, la déclamation racinienne est modulation et sublimation de la douleur. Voix, musique, peinture réfèrent ici à une esthétique et une spiritualité qui caractérisent le XVIIe siècle que mettent en scène les petits traités et les romans, mais qui aussi, sur un plan transhistorique, renvoient à une expérience à la fois plus universelle et plus personnelle :

« Le jansénisme, la Contre-Réforme baroque furent des décisions
intérieures plus universelles que la loi et ses guerres qui leur ont donné
cours. Et les œuvres que ces époques, en Italie, en Angleterre, en Espagne,
et en France, ont produites ont un dessein plus vaste que leur temps, ou
que la seule doctrine classique. Parce que leur fond est la stupeur devant
la mort, qu'elles décrivent pour elle-même, et non le dieu qui la rédime.
Parce que le temps, l'abandon, la sexualité, la mort forment la sainte
famille qui règne sans miséricorde et sans trêve sur les hommes »
(*Georges de La Tour*, p. 23 sq.).

Par-delà la technique de la viole, c'est cette douloureuse expérience intérieure qui définit Sainte Colombe et à laquelle il initie
Marais. Une expérience dont la traduction romanesque requiert la
mise en œuvre d'une topique antique de la douleur et de l'ineffable.

Le premier topos réfère à Homère, au chant XI de l'*Odyssée,*
où Ulysse qui évoque les morts est confronté à l'apparition de sa
mère ; oubliant les règles que lui a dictées Tirésias, il tente aussitôt
de l'étreindre :

« Trois fois je m'élançai, et mon cœur me pressait de la saisir ; trois
fois elle me glissa des mains, pareille à une ombre et un songe. Une vive
souffrance croissait dans mon cœur. […] Ma mère, pourquoi te dérober à
l'étreinte, dont j'ai un si grand désir. […] L'auguste Perséphone n'a-t-elle
suscité qu'un fantôme pour me faire encore plus gémir et pleurer ? »
(trad. M. Dufour, éd. Garnier, p. 162).

En succombant au piège de l'image fascinatrice, faute de maîtriser
sa passion, Ulysse subit une douloureuse leçon de *vanité* ;
pareillement, Sainte Colombe tente d'embrasser son épouse
défunte lors des « visites » qu'elle lui rend :

« " Madame ! " s'écria-t-il.
Il se leva aussitôt, plein de violence, au point qu'il fit tomber son
tabouret. Il éloigna la viole de son corps parce qu'elle le gênait et la posa
contre la paroi de planches, sur sa gauche. Il ouvrit les bras comme s'il
entendait déjà l'étreindre. Elle cria :
" Non ! "
Elle se reculait. Il baissa la tête. […]
Quand elle eût recouvré un souffle plus égal, elle lui dit doucement :
" Donnez-moi plutôt un verre de votre vin de couleur rouge pour
que j'y trempe mes lèvres. "
Il sortit en hâte, alla au cellier, descendit à la cave. Quand il revint,
Madame de Sainte Colombe n'était plus là » (*Matins du Monde*, p. 57 sq.).

Comme Ulysse cédant à la brutalité de son désir, Sainte Colombe
fait l'expérience du vide et de l'absence, que l'image ne peut
combler qu'à condition d'admettre son insaisissabilité, c'est-à-dire
son *défaut* — face noire de l'ineffable.

Le second topos, virgilien, réfère au suicide de Didon délaissée par Énée ; de ce dernier, Marais tient le rôle auprès de la fille aînée de Sainte Colombe, Madeleine, qu'il séduit puis délaisse pour aller à la Cour, provoquant le suicide de la jeune femme. On sait qu'au chant VI de l'*Énéide*, Énée rencontre l'ombre de Didon — qui refuse de lui parler et s'en va rejoindre son époux :

> « D'un geste brusque, elle s'enfuit hostile sous la forêt ombreuse où son premier mari Sychée répond à son amour et partage sa tendresse. Et cependant Énée, frappé d'une si grande infortune, la suit longuement de ses yeux en pleurs et la voit qui s'éloigne, plein de pitié » (VI, 472-476, trad. A. Bellessort, Les Belles Lettres).

Le silence de Didon est celui d'une revanche, mais aussi d'une reconquête de soi et d'une conjugalité retrouvée — sa retraite hiératique constituant le modèle d'une rhétorique de l'ineffable qui sublime la douleur. Or la descente initiatique d'Énée aux Enfers est inscrite de manière insistante dans les titres des pièces de musique secrètement composées par Sainte Colombe :

> « Monsieur Marais avait conservé le souvenir que Monsieur de Sainte Colombe connaissait des airs qu'il ignorait alors qu'ils passaient pour les plus beaux du monde. Parfois il se réveillait la nuit, se remémorant les noms que Madeleine lui avaient chuchotés sous le sceau du secret : Les Pleurs, les Enfers, l'Ombre d'Énée, La Barque de Charon, et il regrettait de vivre sans les avoir entendus ne serait-ce qu'une fois. Jamais Monsieur de Sainte Colombe ne publierait ce qu'il avait composé ni ce que ses propres maîtres lui avaient appris. Monsieur Marais souffrait en songeant que ces œuvres allaient se perdre à jamais quand Monsieur de Sainte Colombe mourrait » (*Matins du Monde*, p. 125).

La démarche initiatique va donc s'accomplir lors de l'ultime visite que Marin Marais, s'arrachant au confort de la Cour, rend à Sainte Colombe par une nuit d'hiver — au seuil ambivalent de la mort et de l'illumination. Déjà, l'essai sur Georges de la Tour, en méditant sur la mort/extase de saint Antoine et de saint Alexis, glosait ce face à face de la beauté et de la mort comme consomption ardente et mystique, douloureuse et anéantissante approche de Dieu :

> « La beauté est une flamme de chandelle dans la tristesse, dans l'argent, dans le mépris, dans la solitude. Dans la nuit. Une haleine d'enfant la courbe ; un souffle la menace ; le vent définitif l'éteint.[...]
>
> Plus on s'approche du feu, plus on contemple qu'il se résume à la quantité de matière qui vient à manquer dans sa flamme. [...] C'est ce " plus rien " qui crie dans le crépitement. C'est ce " plus rien " qui est blanc au cœur des flammes et dont on ne peut approcher le visage sans hurler de douleur. C'est Dieu » (*Georges de la Tour*, p. 72 ; 73).

Il s'agit là d'une forme *disphorique* de sublime aux confins du néant dont l'angoisse sous-tend toute l'œuvre de Quignard ; démarche sacrificielle d'anéantissement de soi, à l'instar de Mucius Scaevola regardant ses propres mains rôtir dans la flamme où il les a plongées (*Georges de la Tour*, p. 74).

L'initiation de Marais par Sainte Colombe s'achève plus sereinement par une forme *euphorique* du sublime, les deux violistes communiant dans l'exécution conjointe du *Tombeau des regrets*, célébration de la mémoire de Madeleine la sacrifiée — qui en conjure le deuil :

> « Monsieur de Sainte Colombe entrouvrit le cahier de musique en maroquin tandis que Monsieur Marais versait un peu de vin cuit et rouge dans un verre. Monsieur Marais approcha la chandelle du livre de musique. Ils regardèrent, refermèrent le livre, s'assirent, s'accordèrent. [...] C'est ainsi qu'ils jouèrent les Pleurs. A l'instant où le chant des deux violes monte, ils se regardèrent. Ils pleuraient. La lumière qui pénétrait dans la cabane par la lucarne qui y était percée était devenue jaune. Tandis que leurs larmes lentement coulaient sur leur nez, sur leurs joues, sur leurs lèvres, ils s'adressèrent en même temps un sourire Ce n'est qu'à l'aube que Monsieur Marais s'en retourna à Versailles » (*Matins du Monde*, p. 134 sq.).

Dans cette *fable* baroque et janséniste, méditation sur le sublime ascétique des classiques, la musique conduit à son terme la *leçon de ténèbres*. L'ultime *ekphrasis* du roman organise de surcroît la scène comme une peinture *coite* dont la chandelle, le rouge du maroquin, la lumière jaune, autant d'indices du style de La Tour, soulignent la convergence des arts — le pictural, le musical et le littéraire — vers une esthétique du sublime et une éthique de l'austérité.

Pascal Quignard au demeurant énonce pour lui-même cet art poétique, pétri du plus exigeant des classicismes, d'une formule dont la *simplicité grammaticale* dit en modestie la grandeur de celui qu'aujourd'hui nous nommons *écrivain*, mais qu'en des époques plus anciennes, conscientes de l'existence d'une tradition et d'une culture communes, on appelait *lettré* :

> « C'est la simplicité du mot. Un seul pli pour dire lire, écrire, penser fragmentairement, vivre individuellement : le petit adjectif littéraire. J'ai été ébloui soudain par la simplicité absolue de la définition qui, par là, était entraînée. [...] Je suis un littéraire. Qu'est-ce que vous faites ? Je mets des lettres bout à bout pour faire des mots qui aient un peu de sens » (*Entretiens*, p. 164).

*
* *

Romancier déclamateur, humaniste rebelle, philologue provocateur : l'art de Pascal Quignard n'est singulier en notre modernité qu'à proportion de la familiarité qu'il entretient avec les âges et les arts classiques ; rhéteur splendide et généreux, dont les aphorismes foudroyants et les fables fascinantes animent une mémoire culturelle de très longue durée — où l'acte créateur définit l'homme en tension, entre angoisse du néant et aspiration à la beauté.

Cet art des *mots*, qui est autant une éthique qu'une esthétique, ne cesse de conjoindre dans sa méditation, indissociablement, la beauté *et* la vanité des êtres et des choses. Au cœur des *Petits Traités,* une insolite réflexion cristallise cette méditation :

> « Il est resté une lettre de M. Le Maître au petit Racine à Port-Royal le chargeant de mettre de l'eau dans les écuelles de terre pour détourner les souris de ronger les in-quartos de Chrysostome et de Tacite.
> Qui sont les contemporains ? Racine qui étudie ? Tacite qu'il lit ? Les souris qui le mangent ? L'eau qui coule près de là depuis des centaines de siècles et à laquelle l'enfant va pour remplir l'écuelle ? » (*Le Mot contemporain* », XLIXᵉ Traité, t. VIII, p. 17).

Telle est, dans l'art singulier du fabuliste et de l'antiquaire, la parabole de la modernité et de l'antiquité.

RÉFÉRENCES BIBLIOGRAPHIQUES

Alexandra de Lycophron, Mercure de France, 1971.
Maurice Scève, Œuvres complètes (éd.), Mercure de France, 1974.
Michel Deguy, Seghers, 1975.
Carus, Gallimard, 1979.
Les Tablettes de buis d'Apronenia Avitia, Gallimard, 1984.
Le Vœu de silence. Essai sur Louis-René des Forêts, Fata Morgana, 1985.
Le Salon du Wurtemberg, Gallimard, 1986.
Les Escaliers de Chambord, Gallimard, 1989.
Petits Traités, 8 t., Maeght Éditeur, 1990.
Albucius, P.O.L., 1990.
La Raison, Le Promeneur-Quai Voltaire, 1990.
Tous les Matins du monde, Gallimard, 1991.
Georges de la Tour & Pascal Quignard, Les Flohic Éditions, 1991.
Le Nom sur le bout de la langue, P.O.L., 1993.
Le Sexe et l'effroi, Gallimard, 1994.
L'Occupation américaine, Seuil, 1994.
Rhétorique spéculative, Calmann-Lévy, 1995.
Vie Secrète, Gallimard, 1998.
Terrasse à Rome, Gallimard, 2000.
Pascal Quignard le solitaire. Pascal Quignard — rencontre avec Chantal Lapeyre-Desmaison, Les Flohic Éditeurs, 2001.

Gilles DECLERCQ

LE THÉÂTRE DU XXᵉ SIÈCLE ET L'ANTIQUITÉ

Le théâtre n'a jamais eu d'avenir. Les images, au fil des siècles, qui l'ont nourri n'ont jamais été images d'avenir. Son aliment est le passé, plaisir de le revoir ou de le découvrir offert à notre contemplation, à notre réflexion :

> « L'homme s'ennuie, et l'ignorance lui est attachée depuis sa naissance.
> Et ne sachant de rien comment cela commence ou finit, c'est pour cela qu'il va au théâtre.
> Et il se regarde lui-même, les mains posées sur les genoux.
> Et il pleure et il rit, et il n'a point envie de s'en aller. »

Le spectateur de théâtre, ainsi évoqué par l'actrice de *L'Échange*, qu'est-il d'autre qu'un visionnaire du passé ? Passé, soit récent : c'est ce qu'on appelle le présent dans le théâtre réaliste ; soit beaucoup plus ancien, pour une leçon plus essentielle, dépouillée des accidents et des oripeaux d'une actualité superficielle. C'est de ce second sentiment que part le recours à l'Antiquité. Il table certes sur la noblesse et la grandeur, mais, visant surtout l'énigme de la condition humaine, remonte inlassablement à la source même du théâtre.

L'Antiquité au théâtre présente différents visages. Quand en 1849, Rachel joue à la Comédie-Française *Le moineau de Lesbie* d'Armand Barthet, il s'agit d'une simple couleur, d'un habillage agréable et convenu pour des situations comiques manifestement contemporaines. Divertissement de bourgeois cultivés qui ne nous retiendra pas, et que d'ailleurs notre XXᵉ siècle n'a plus guère connu. Le théâtre qui nous intéresse est plus ambitieux, c'est celui des mythes antiques. Encore faut-il préciser que nous laisserons de côté, comme trop particulier, tout ce qui est biblique comme les *Judith* ou *Sodome et Gomorrhe* de Giraudoux ; nous écarterons aussi tout ce qui est d'abord théâtre lyrique comme la *Déjanire* de Saint-Saëns ou la *Pénélope* de Fauré. Non retenu également le théâtre étranger, bien que traduit et joué en France, comme *Le deuil sied à Électre* de l'américain Eugène O'Neill ou encore le *Sakountala* de l'Indien Kalidasa, même si ces textes ont eu avec le théâtre français des interactions intéressantes. Notre domaine sera le théâtre français, parlé, prenant appui sur les grandes situations léguées par le monde antique à nos interrogations. Et ce n'est pas là seulement goût intemporel de lettré : la dimension civique n'est jamais absente. Péguy l'a dit dans une très belle page sur la défense du grec et des humanités : « Les grands républicains [...] avaient vu très nettement combien il importait au maintien de l'esprit public sous un gouvernement républicain que les humanités fussent premières maintenues. »

Rappelons enfin, pour être justes, que, dans le théâtre du XIXe siècle, parmi les complaisances précédemment évoquées, n'avait pas disparu la veine la plus authentique issue du monde gréco-latin. Chez les romantiques, Alexandre Dumas a fait représenter *Caligula* à la Comédie-Française et une *Orestie* à la Porte Saint-Martin. La *Diane au bois* de Banville et, plus tard, le *Polyphème* de Samain ont, dans un autre genre, gardé vivante la tradition antique. Une distinction s'impose cependant entre trois sortes de pièces :

— d'abord la pièce qu'on peut dire « historique », et qui ne l'est jamais bien sûr, même si surchargée d'archéologie et d'érudition. Un modèle en pourrait être la *Théodora* de Victorien Sardou avec la dispute de la fameuse fourchette. Le genre peut au demeurant virer à l'ironie : ainsi par exemple le *Claude de Lyon* d'Albert Husson ou *L'étouffe-chrétien* de Félicien Marceau. Mais tout en frôlant la légende et l'histoire, ces œuvres n'atteignent jamais à la grandeur du mythe ;

— ensuite la pièce proprement mythique et mythologique qui elle aussi connaît des genres très variés, du sérieux des *Prométhée* aux fantaisies d'*Amphitryon 38* comme à la franche bouffonnerie de *Protée* ;

— enfin un type de pièce, qui peut comporter des éléments de la pièce historique comme de la pièce mythologique, mais qui se donne avant tout comme « pièce traduite ». A partir d'un texte d'Eschyle ou de Sénèque, un nouveau texte est élaboré pour le public français du XXe siècle, texte qui est soit une traduction relativement fidèle, soit une adaptation déclarée, soit même une recréation comme *Les Troyennes* de Sartre qui, jouées sous le nom d'Euripide, présentaient d'un bout à l'autre une densité que même *Le Diable et le bon Dieu* n'avait connue que par instants.

Ces distinctions obligées une fois faites, force est de reconnaître que bien des œuvres relèvent en partie de plusieurs de ces catégories à la fois et que, de toute façon, leur évolution a souvent été parallèle. Des trois, c'est la pièce mythologique qui nous retiendra surtout mais l'histoire et la traduction ne seront jamais loin. Notre plan sera chronologique : une première période jusqu'à la guerre de 14 environ, où la présence des mythes antiques sur la scène française est encore étroitement bridée par les freins d'un classicisme et d'un alexandrin moribonds ; la période suivante, l'entre-deux-guerres, tout entière vouée à la recherche et l'expérimentation ; plus près de nous enfin, la troisième période, qui correspond à la seconde moitié du XXe siècle et qui présente une physionomie plus contrastée, allant de la floraison des années cinquante à ce qui n'est plus aujourd'hui qu'émiettement et dispersion.

Au début du XXe siècle, le sort du mythe antique au théâtre est étroitement lié à celui de la dramaturgie classique, son écriture à celle du vers lige : l'alexandrin. Double déformation inévitable : d'un côté le moule de nos pièces classiques, typiquement français, répond de moins en moins aux structures des spectacles antiques telles qu'on les redécouvre alors, telles par exemple que les célèbre un Paul de Saint-Victor ; et d'un autre côté, l'alexandrin, bien qu'encore goûté, s'essouffle. Il y a encore quelques beaux vers mais le remplissage fait son œuvre, ne laissant qu'un rythme vide masqué par le génie de quelques grands acteurs.

Des auteurs appliqués comme Georges Rivollet ou Alfred Poizat qui ont connu avec l'Antiquité des succès estimables, n'ont même pas laissé un nom, et le recours au vers libre n'a pu sauver ni la *Lysistrata* de Maurice Donnay ni l'*Hélène de Sparte* de Verhaeren. L'exemple ici vaudra mieux que l'analyse. Je l'emprunte à l'*Hippolyte couronné* de Jules Bois en 1904. C'est, dans l'acte premier, une courte tirade adressée par Hippolutos à son aïeul Pitthéos :

« Pitthéos, grand aïeul, le soir de tes années
Confie à mon printemps, l'enseignement sublime.
Ta sagesse, inouïe étonne mon infime
Intelligence des mystères solennels,
J'hésite au seuil de tes pensers essentiels.
Mais vaguement dans ton discours je sens ton âme
Qui me promet l'événement que je réclame,
Quel qu'il soit, douloureux et fatal, mais vibrant.
Je meurs de n'être pas plus intense et plus grand.
Je meurs de me sentir inutile et je rêve
Une existence pure et fière, — même brève ! »

Certes des nouveautés se font jour dans la présentation des sujets antiques, mais elles ne vont pas dans le bon sens, dans le sens du théâtre. Les indications scéniques se multiplient pour réclamer un décor et des costumes d'un réalisme archéologique plus grand mais au même moment, on semble ne pas voir la contradiction flagrante avec l'artifice de l'alexandrin. Dans cet univers reconstitué et convenu à la fois, l'auteur s'excite sans succès à recréer la sensation de vie. Du même Jules Bois, en 1909, la fin de la très longue didascalie introductive de *La Furie* :

> « *L'architecture est préhistorique et préhellénique. Les armes, surtout celles des autochtones (l'armée de Lykos), sont lourdes, silex et airain : les vêtements pittoresques et très ornés ; le fard, les couleurs vibrantes sont la règle. Les hommes sont tatoués de fleurs ; les femmes rappellent, par les robes, les bijoux, les types étrangement vivants, retrouvés dans les fouilles de Cnossos, de Phoestos, en Crète. Je ne donne ici, bien entendu, que des détails généraux, afin de bien indiquer que l'apparence des personnages, comme leurs âmes et le milieu où ils évoluent, n'a aucun rapport avec l'ancienne tragédie et avec la Grèce antique, telles que le théâtre nous les a figurées. Tout est ici vivant, réaliste, enfiévré.* »

Un phénomène particulier à cette époque témoigne des vicissitudes de cet impuissant désir de renouvellement au théâtre, c'est celui des théâtres de plein air. A partir du Théâtre du Peuple de Bussang en 1895, les représentations en plein air ont connu un développement considérable dont le plus beau fleuron est le théâtre antique d'Orange qui, depuis 1897 avec *Les Érinyes* de Leconte de Lisle et l'*Antigone* de Sophocle, programme tous les ans plusieurs soirées consécutives de pièces à l'antique. Mais très vite l'insuffisance du simple parlé, de la seule parole, même déclamée, se fait sentir. La musique et le chant s'introduisent, se taillant au fil des ans la part du lion, jusqu'à nos jours où Orange est désormais entièrement voué au théâtre lyrique. Le déclin du parlé à Orange éclaire l'échec de ces premiers théâtres en plein air. On s'était contenté de transporter tel quel dans un lieu nouveau un spectacle et des façons de jouer qui étaient celles des salles du temps. Le monde antique ne survivait à la scène que par la magie de quelques grands noms, de quelques grandes voix : Mounet-Sully ou Madeleine Roch. C'était assez pour bouleverser un nombre important de spectateurs mais, passé le choc émotif, l'effet se perdait vite et le monde antique s'estompait. Tout le monde n'était pas une Simone pour garder de son Œdipe un impérissable souvenir :

> « Un acteur sut me voler à moi-même : Mounet-Sully, le front ceint du bandeau d'Œdipe. Combien de fois m'en fus-je entendre les lamenta-

tions et les colères du roi aux yeux sanglants ! Alors, échappée aux pauvres dimensions de ma vie quotidienne, je retrouvais l'espace illimité où me précipitaient la poésie et les atteintes aiguës du désespoir. »

Les lourdeurs d'un cadre et d'un système usés n'empêchent pas Péguy, comme il le dit dans *Les Suppliants parallèles*, de recevoir de plein fouet l'adresse du peuple de Thèbes à son roi : « La supplication / ... dans *Œdipe-roi* / a reçu il y a plus de vingt-deux siècles sa formule même, son rite, je dirai son rythme, et son schéma essentiel » — ce qui ne l'empêche pas de conclure un peu plus loin : « L'humanité grecque meurt aujourd'hui sous nos yeux. » Plus optimiste, une autre conclusion, celle que tire Alfred Mortier dans l'avant-propos de sa *Penthésilée* :

> « Les " fantômes tirés de la poussière antique " malgré les baves de l'opérette, et la sandaraque de l'École impériale, malgré même le prétendu néoclassicisme de Ponsard, et malgré les cinq actes, en vers fabriqués depuis quelques saisons par les tragiques pour arènes et murs gallo-romains, n'empêchent en aucune façon l'antique laurier de reverdir. Que naisse un poète ! Et, soudain, la maison de Pélops, la " jeune postérité " du vieux Cadmus reviendront à la lumière, aussi jeunes que devant les contemporains de Périclès. »

« Que naisse un poète ! » : le souhait méritait d'être exaucé.

La poésie est en effet partout dans les recherches du théâtre de l'entre-deux-guerres, et particulièrement dans la mise en spectacle des mythes antiques. Elle se présente sous trois formes principales : lyrique, ironique et dramatique.

Lyrique d'abord, bien évidemment, chez Claudel avec sa traduction de *L'Orestie* achevée en 1917 et mise en musique par Darius Milhaud. Traduction audacieuse et âpre devant laquelle même Jean-Louis Barrault a reculé et qui n'a été portée à la scène que récemment. Mais surtout Claudel, voulant donner corps au titre, seul resté, du drame satyrique qui terminait la saga des Atrides, a composé le merveilleux *Protée* dont je ne citerai qu'un vers :

> « Et ce n'est pas une fois ni deux que le fils de Zeus a traversé, et retraversé d'un bord à l'autre cette mer si bleue qu'il n'y a que le sang qui soit plus rouge ! »

La poésie surréaliste ne fera jamais mieux !

Montherlant est moins drôle mais lui aussi d'un lyrisme puissant, du moins dans *Pasiphaé*, pièce écrite en 1928, jouée dix ans plus tard et restée inachevée :

/ Pasiphaé à sa nourrice /

« Tu vois ce jour, nourrice ? Pour toi, et pour la plupart des hommes, c'est un jour comme les autres. Pour moi c'est un jour qui me verra faire un acte dont j'ai envie. Est-ce que tu les comprends ces mots : faire un acte dont on a envie ? Mais non, tu ne les comprends pas. Vraiment aimer, vraiment souffrir, vraiment désirer, tous bavardent de cela comme s'ils savaient ce que c'est, et la plupart le soupçonnent à peine. Regarde-moi, nourrice ! Aujourd'hui, je recule la mort. »

L'humour et l'ironie font le charme des mythes antiques repris par Gide, Cocteau et Giraudoux, pour ne rien dire des vraiment trop fantaisistes *Mamelles de Tirésias* ! Chez Gide, l'ironie s'attache surtout à moderniser par le cynisme la grandeur humaine et la dignité du héros vaincu par la fatalité. Même si son texte ne nous paraît pas toujours y répondre, un goût réel de la nouveauté l'habite comme le montre cette remarque dans son *Journal* après une représentation de son *Œdipe* à Darmstadt dans une traduction d'Ernst Curtius en 1932 : « Le directeur, Harthung, eut la très ingénieuse idée de soutenir et motiver tous les anachronismes de la pièce [...] par un décor mi-antique, mi-moderne, mêlant les colonnes d'un temple grec à une projection, sur la toile de fond, de Notre-Dame de Paris. » Gide se réjouit de ce refus de l'illusion scénique qui met en valeur ce qui lui tient à cœur : « le combat des idées ».

Les inventions drolatiques de Cocteau dans l'*Orphée* de 1926 oscillaient davantage du cocasse au merveilleux. Le héros en pull-over, Eurydice en femme à scènes, l'ange-vitrier Heurtebise avec sa hotte, la Mort en robe de bal, pareil univers de provocations poético-saugrenues avait de quoi ne pas satisfaire le spectateur honnête beaucoup plus que les trouvailles incongrues de *La Belle Hélène*. La légende d'Œdipe dans *La Machine infernale* est à peine mieux traitée, mais, même si Jocaste appelle sans cesse Tirésias « Zizi », l'ensemble garde, il faut le reconnaître, un mouvement et une clarté indéniables. Son *Antigone* et son *Œdipus-rex* le montreront sous un meilleur jour encore. Cocteau cependant était bien dans l'air du temps. La même année que son Orphée, était joué à Bruxelles. *Les Malheurs d'Orphée* d'Armand Lunel sur une musique de Darius Milhaud, opéra en un acte dans lequel « Orphée devenait un rebouteux provençal qui guérissait les animaux, un loup éclopé, un ours podagre, un renard au bras en écharpe [...] tandis que le maréchal-ferrant avait au-dessus de sa porte un de ces beaux assemblages de fers à cheval qu'on voyait encore alors en Provence ». Ces souvenirs de Jean Hugo nous acheminent vers la plus durable réussite dans la reprise des mythes antiques, celle de Giraudoux.

L'auteur de *Siegfried* avait compris que ce que le théâtre attendait, c'était un langage, un style. Même si à la fin de sa vie l'histoire légendaire se réduit pour lui à un simple titre : *Pour Lucrèce*, la trilogie sérieuse et moqueuse d'*Amphitryon 38*, de *La Guerre de Troie n'aura pas lieu* et d'*Électre* lui assure la première place dans cette fortune et cette diffusion des mythes antiques qui, selon Michel Lioure, constitue « un des traits fondamentaux du théâtre au XIXᵉ siècle ». Les trois pièces en question sont trop connues pour qu'il soit nécessaire d'évoquer leur humanisme et leur tonalité. Il n'est peut-être pas indifférent, en soulignant une continuité d'ordinaire occultée, de noter ce qu'elles doivent à des auteurs précédemment évoqués et justement oubliés comme Alfred Poizat ou Alfred Mortier.

Outre plusieurs autres pièces à sujet antique dont une *Électre* en 1905, une *Antigone* en 1910 et un *Cyclope* joué au théâtre de la Nature de Champlieu, Poizat fait représenter en 1921 à la Comédie-Française une *Circé* dont le deuxième rôle masculin est tenu par Elpénor et que Pierre Brisson complimentait en des termes qui annoncent Giraudoux : « Rien n'est plus malaisé que de porter en scène en les raillant les héros légendaires — j'entends sans tomber dans ce comique d'opérette vulgaire et plat dont le public, blasé, ne goûte plus aujourd'hui la saveur grossière. (Ce qu'il faut, c'est) une irrévérence légère sous laquelle se trahit une tendre affection. » La voie de Giraudoux était là toute tracée. Ne croit-on pas entendre déjà Alcmène refusant l'offre de l'immortalité que lui fait Jupiter lorsqu'à l'invitation de Circé : « Reste ici près de moi [...] Tu te revêtiras de ma divinité », la sagesse d'Ulysse répond : « Être un homme est à mon ambition. » Des rapprochements analogues seraient possibles avec la *Penthésilée* de Mortier notamment : vous m'excuserez d'en faire l'économie. La conclusion à tirer de ce retour en arrière est que la force de Giraudoux dans l'utilisation des mythes antiques, plus qu'à la surprise et aux ruptures, tient au contraire à son enracinement résolu dans le terreau d'une tradition. Il est unique parce qu'il vient de beaucoup.

Reste la troisième sorte de poésie, celle que j'ai appelée « poésie dramatique ». Plus que d'un texte, c'est celle qui relève de la pureté, de la vivacité du jeu scénique, du jeu physique. Soit qu'on tente de les restituer fidèlement, soit qu'on les modernise énergiquement, les pièces et les mythes antiques offraient à cet égard des occasions exceptionnelles. Deux types de restitution : *Les Perses* d'Eschyle joué par le Groupe antique de la Sorbonne, et l'*Antigone* si dépouillée de Cocteau mise en scène par Léon Chancerel. Un exemple de modernisation : dans l'esprit conjugué de Copeau et d'Artaud, Jean-Louis Barrault, durant l'été de 1941, monte en plein air au stade Roland Garros, avec une musique d'Honegger dirigée par Charles Münch, *Les Suppliantes* d'Eschyle. Ce n'est pas une réussite, au dire de Barrault lui-même. Mais une voie nouvelle s'ouvrait. La leçon antique n'était plus seulement de texte mais de corps, de démesure et de soleil.

Le théâtre en France sous l'Occupation et dans les années qui ont suivi la Libération, reste, malgré plusieurs ouvrages récents, en partie une énigme. Le regain qu'y ont connu les sujets à l'antique n'est pas non plus expliqué. C'est une véritable floraison — et chez les meilleurs — qui va de Sartre à Anouilh, de la nouvelle Électre des *Mouches* à l'éternelle Antigone. Il faut être octogénaire et s'appeler Claudel pour se tenir à l'écart du mouvement et préférer aux sujets antiques les figures modernes de Jeanne d'Arc ou de Christophe Colomb. Mais Thierry Maulnier avec *La Course des Rois* (c'est la fable de Pélops et d'Hippodamie), Jean Vilar avec la lecture publique de sa pièce de jeunesse *La Nuit tombe* inspirée des *Phéniciennes*, Maurice Druon avec *Mégarée* (l'histoire des fils d'Œdipe) témoignent entre autres de cet engouement. Qu'une pensée politique de résistance à une oppression tyrannique ait habité *Les Mouches* de Sartre ou *Antigone* d'Anouilh ne fait guère de doute. Donner aux mythes une couleur d'actualité est la règle du genre. Mais plus encore c'est pour l'éternité que prêche le mythe. Gabriel Marcel l'a écrit très justement :

> « Si *La Guerre de Troie n'aura pas lieu,* jusqu'à un certain point, et, à un moindre degré, *Électre,* si l'*Antigone* d'Anouilh ont obtenu de nous cette adhésion intime sans laquelle il n'y a pas et ne peut pas y avoir d'efficacité dramatique réelle, c'est que ces ouvrages, au moins par moment, ont pris pour nous une résonance éternelle — nous avons eu alors le sentiment que c'était bien au fond nous-mêmes qui étions en question. »

La médaille aurait-elle aussi son revers ? Gabriel Marcel au même moment attribue à la pauvreté d'invention des auteurs modernes ce retour, ce recours aux légendes antiques : « Je ne puis m'empêcher de croire que la faveur qui s'attache aujourd'hui aux sujets mythologiques est liée dans l'ensemble à une déficience de l'imagination créatrice. » Il est difficile ici de le suivre. Le théâtre vit de reprises autant que de nouveautés, de répétitions et de méditations sur des situations et des figures de toujours que l'ancien répertoire offre généreusement. L'Actrice le rappelle au roi d'Espagne dans la quatrième journée du *Soulier de satin* ; il suffit pour notre sujet — et ce n'est pas Claudel qui s'y opposerait — de remplacer Lope et Calderon par Eschyle et nous touchons sans doute une des raisons essentielles qui expliquent, au cœur des années de deuil, l'appel à de solennelles figures :

> « Ah ! si jamais, ô mon Roi, ma voix a su porter jusqu'à votre cœur les accents de Lope et de Calderon [...]
>
> Prêtez à ma pauvre supplication de femme une oreille favorable !
>
> Car s'il est vrai que j'ai nourri de mes simples affections ces grandes paroles que j'avais charge de rendre sensibles,
>
> Il est bien juste qu'à leur tour toutes ces créatures sur la scène que je fus et qu'il ne dépend que de moi d'animer, comme de grandes colonnes
>
> M'entourent et me prêtent appui ! »

Les héros des mythes et des légendes antiques ont été les grandes colonnes dont nous avions alors besoin.

Il y a les textes mais leur représentation aussi apprend beaucoup. Prenons deux exemples : Vilar et Barrault. Ni l'un ni l'autre ne sont des inconditionnels de l'antique mais ils n'en ignorent pas l'importance et savent, quand il le faut, y recourir. Du 1ᵉʳ novembre 1951 au 1ᵉʳ juillet 1963, sur 57 spectacles, Vilar six fois présente un univers antique. Écartons *Cinna* et *Phèdre* qui doivent trop à notre classicisme. Restent l'*Œdipe* de Gide, *La Guerre de Troie* de Giraudoux, et surtout l'*Antigone* de Sophocle et *La Paix* d'Aristophane fortement actualisée. Fréquent dans les représentations de pièces antiques, l'écueil rencontré par *Antigone* dans la cour du palais des papes a été le chœur et son trop grand statisme. Appelé en renfort, Maurice Béjart à Chaillot l'anime superbement et Vilar impressionne dans le rôle du coryphée, ordonnant et expliquant la cérémonie aux acteurs comme au public. En Ulysse, un peu plus tard, dans *La Guerre de Troie n'aura pas lieu*, il devait trouver un autre de ses plus grands rôles, montrant ce courage lucide, cette sagesse à hauteur d'homme, cette générosité sans illusion et ce sourire que donne la connaissance des êtres et des choses.

L'expérience antique de Barrault est toute différente. Le relatif échec des *Suppliantes* ne l'a pas découragé. Il dit sa joie devant *Les Perses*, qu'il voit jouer par le Groupe antique dans la cour de la Sorbonne. Il pense à Prométhée dont il a jadis tenu le rôle à la Radio avec Lugné-Poe dans le rôle de l'Océan, il pense aussi aux *Sept contre Thèbes* qu'Henry de Monterlant lui conseille vivement. Mais c'est au rêve de son maître Dullin qu'il se rallie pour finir, il monte *L'Orestie* et c'est au Brésil qu'il le doit :

« C'est au Brésil que je contractai le besoin de me lancer dans l'*Orestie*. A Rio, j'avais assisté à des séances d'occultisme. Magie blanche dont le diable est exclu, où les esprits indiens et africains " montent " l'adepte. Quand celui-ci est saisi par l'Esprit, une espèce de dialogue intérieur commence. Je remarquai trois vagues de transes, ce qui me rappela aussitôt la scène où, dans *Agamemnon*, Cassandre est " montée " par Apollon. J'y reconnus les trois vagues. Une juxtaposition parfaite.

A Bahia, j'assistai à ces cérémonies de " candomblé " qui me firent penser, avec la même exactitude, à la cérémonie des *Choéphores*, quand les " filles de saints ", sur la tombe d'Agamemnon, chauffent Oreste à la température du crime.

Enfin, en forêt brésilienne, j'avais assisté à des macumbas : sortes de cérémonies magiques cette fois, avec la présence du diable (Ishu), destinées originellement à la vengeance. Celles-ci rappelaient exactement les messes noires de Clytemnestre au milieu de ses Érinyes.

Je ne pensais plus qu'à la trilogie d'Eschyle. »

Barrault écarte alors la traduction de Claudel, trop longue et trop peu homogène, en demande une autre plus resserrée à André Obey et, pendant près d'un an, avec l'aide de plusieurs hellénistes, d'un père dominicain, d'un maître de conférences en Sorbonne et d'un ami grec qui connaissait, dit-il, Eschyle par cœur, travaille à bâtir un spectacle de quatre heures trente, qui en mai 1955 connut un grand succès.

Pour l'époque contemporaine c'est-à-dire la seconde moitié du XXᵉ siècle, parler de vaches maigres serait excessif. Ce qui est sûr, c'est que nous avons affaire chaque fois à des entreprises individuelles, à la volonté de personnes isolées, non à une tendance d'ensemble repérable dans le corps social, alors que la tendance opposée est nettement perceptible qui s'inscrit dans le sillage de Baudelaire paraphrasant le mot célèbre de Berchoux : « Qui me délivrera des Grecs et des Romains ? » L'émiettement et la dispersion sont au contraire de règle dans la mise en spectacle de l'Antiquité. Pareille diversité dans les expériences décourage leur présentation et condamne à quelques exemples significatifs. Le théâtre national de Strasbourg, dans la saison 89-90, a présenté *Troïlus et Cressida* ainsi que l'*Amphitryon*, de Kleist il est vrai. La maison des Arts de Créteil, en 1992, l'*Oreste*, d'Alfieri il est vrai ; le théâtre de Gennevilliers, en 1988, l'*Hécube* d'Euripide mais avec Maria Casarès ; les Amandiers de Nanterre, en 1998, *Les femmes de Troie* par Matthias Langhoff d'après Euripide et le, si discuté, *Visage d'Orphée* d'Olivier Py. Théâtres de banlieue, adaptations étrangères pour la plupart. La Comédie-Française pourtant s'est essayée en 1988 à *La Guerre de Troie n'aura pas lieu*. Parmi les manifestations plus jeunes, Jacques Nichet a réussi en 1993 un très remarquable spectacle avec *Alceste* en Languedoc-Roussillon ; une *Marmite* se prépare à la Cartoucherie de Vincennes ; le tout jeune théâtre de l'Étreinte va lancer pour La *Légende d'Antigone* une longue marche de 2000 km, et l'on ne peut passer sous silence le colloque sur Aristophane, l'an dernier, à la Faculté de Nice. Mais, pour en finir avec les représentations sur une note de réconfort, voici quel a été en juillet dernier le programme de la deuxième semaine de théâtre antique à Vaison-la-romaine : *Antigone* de Cocteau, *La Marmite* de Plaute, *Le Mystère d'Alceste* de Marguerite Yourcenar, *La Dernière nuit de Socrate* de Tsaner, l'*Antigone* de Sophocle et *Les Perses* d'Eschyle par le Théâtre Démodokos qui a repris vaillamment le flambeau du Groupe antique de la Sorbonne.

Pour les textes eux-mêmes, deux créations me paraissent attirer l'attention *: Œdipe ou la violence des dieux* de Jean-Jacques Kihm créé en 1991 aux arènes de Cimiez et *Le Dict de Cassandre* de Jean Laude créé au théâtre Molière en 1997. De chacune de ces deux pièces, je donne un court extrait avant de conclure.

Voici d'abord, chez Kihm, le monologue final de Créon, couronné, seul, face au public :

> « Peuple de Thèbes ! Peuple de Corinthe ! Peuple de toute la terre ! Peuple du présent et de l'avenir !
>
> Tirésias est en prison. Jocaste est morte. [...] Œdipe s'est crevé les yeux.
>
> Je suis roi de Thèbes. Je promets de respecter les lois.
>
> J'ai condamné le coupable. J'ai condamné Œdipe à l'exil. J'ai condamné Œdipe aux chaînes invisibles de l'exil. J'ai condamné Œdipe aux chemins errants de l'exil, sur lesquels il marchera, pauvre, mendiant, aveugle, guidé par ses deux filles. Il ne retrouvera jamais le chemin de la ville qui a vu ses forfaits.
>
> Je vous prie, si vous le rencontrez sur la route qui mène à l'éternité, d'avoir pitié de lui comme il n'a pas eu pitié de vous, parce qu'il souffre et qu'il est malheureux. »

D'une écriture toute différente, plus immédiatement poétique et mallarméenne, la méditation chez Jean Laude, de Clytemnestre face à sa rivale :

> « Tapie, sournoisement dans l'ombre, je la vois
> avec tes yeux
> l'engeance de ta Nuit inapaisable,
> guettant dans l'innommé
> les approches du sang [...]
> je te regarde et je me scrute en toi
> qui parles.

Et de ma nuit remontent
les signes d'un passé
qui, d'un jour trouble,
éclairent tes paroles. »

L'avenir du théâtre à sujet antique reste incertain. Sans doute les mythes qu'il présente sont-ils inépuisables mais le grand public continuera-t-il à s'y intéresser ? Jean-Marie Domenach est pessimiste : « Le frisson tragique que l'Électre de Giraudoux, l'Antigone d'Anouilh, le Caligula de Camus, l'Oreste de Sartre n'avaient pas suscité, il nous arrive de l'éprouver devant les minables, les éclopés, les paralysés, les anonymes et les impondérables de Ionesco et de Beckett. » Mais, relevant le défi de ce désastre, il y a tout de même des auteurs comme Bernard-Marie Koltès ou Jean Genet qui ramèneront tôt ou tard le public à la source qui a si longtemps alimenté notre théâtre. Aux fervents du théâtre antique, quel meilleur conseil donner que celui de Genet à son metteur en scène, Roger Blin : « Il faut encourager chaque comédien à être, fût-ce le temps d'une apparition fulgurante et vraie, d'une si grande beauté que sa disparition dans la coulisse soit ressentie par la salle comme désespérante. »

BIBLIOGRAPHIE

J.-L. BARRAULT, *Souvenirs pour demain*, 1972.
R. BLIN, *Souvenirs et propos*, Gallimard, 1986.
J.-M. DOMENACH, *Le retour du tragique*, Seuil, 1967.
L. JOUVET, *Témoignages sur le théâtre*, Flammarion, 1952.
J. VILAR, *Le théâtre, service public*, Gallimard ,1975.

Michel AUTRAND

TRADITION ANTIQUE ET POÉSIE CHRÉTIENNE :
LE PARADIS DU LANGAGE

Paul Claudel, évoquant Racine vers la fin de sa vie, le place « dans un Élysée prosodique digne de Virgile et de Dante ». Si l'admiration pour Racine est tardive et relève d'une heureuse palinodie, la vénération de Claudel pour le Mantouan et le Florentin est ancienne et nourrit en profondeur sa propre poésie. A chacun des deux il consacre de superbes pages, denses et puissantes, où, à l'« haleine spirituelle » virgilienne répond la « Grâce d'attention » qui irradie de la *Divine Comédie*. Ce mot de Grâce, avec la majuscule qui théologise l'élégance, nous le retrouvons à propos de Virgile, ainsi que celui de « délectation » que se partagent encore les deux grands poètes : « Il m'a ouvert », dit Claudel à propos de Dante, « une des portes du paradis, comme Virgile l'a fait également » — et d'insister : « Il en reste une espèce de paradis intérieur, si vous voulez, où le poète ne recourt jamais sans utilité — et de même pour Virgile. » C'est sur ce « Paradis du langage », lieu intime et spirituel, en même temps que laboratoire de création, mystérieusement transmis du paganisme antique au grand poète catholique notre quasi-contemporain, que nous voudrions ici nous interroger.

Il conviendra dès lors de réfléchir sur cette élection de Virgile, si fondamentale pour la transmission à l'Occident chrétien d'un idéal poétique, celui qu'Horace baptisait *molle atque facetum* (*Satirae* 1, X, 44), « grâce et exquise élégance » ; dans sa version profane, elle inspire André Chénier, elle enchante Sainte-Beuve ; christianisée, elle devient la secrète matrice d'une poésie théologique qui « révèle l'éclat et la gloire des choses » (Th. Haecker), qui chante leur présence dans un univers ordonné par la piété, et par là-même, comme le dit H. U. von Balthasar, se fait l'écho de « la nostalgie des origines perdues, de l'instauration — enfin ! — du règne de la paix, et, en filigrane, de la victoire sur la mort, de la glorification, de la résurrection ». Nous en étudierons ensuite quelques exemples précis chez deux poètes représentatifs du renouveau de l'écriture poétique en France au début du XXᵉ siècle, à la faveur du mouvement symboliste, Francis Jammes et Paul Claudel.

Présence de Virgile : « Ô Virgile sous la Vigne »

Cette superbe invocation empruntée à l'Ode « Les Muses »,
doublement allitérée et assonancée, sublimée par sa majuscule, nous
apparaît comme un condensé, une formule, au sens quasiment alchi-
mique du terme, de l'essence de ce Virgile christianisé, de ce Virgile
eucharistique oserions-nous dire, qui se constitue de la haute antiquité chrétienne au Moyen Âge. Nous n'insisterons pas ici sur le
processus historique, admirablement décrit notamment par le Professeur Jacques Fontaine, de la *translatio* des valeurs antiques, et
notamment de la poésie, dans la littérature latine chrétienne nais-
sante : les *Hymnes* de Prudence, par exemple, sont nourris de réminiscences virgiliennes ; c'est l'époque d'une double conversion, celle
des élites lettrées à la foi chrétienne, mais aussi du christianisme à la
culture antique, qui sera , un siècle plus tard, avec saint Benoît, ce
second « Père de l'Occident » après Virgile, mise en état de fructifi-
cation dans ces serres culturelles que seront les monastères. Et
parmi les auteurs païens préservés, Virgile vient en tête, grâce à sa
IVe Églogue, celle de l'*Incipe, parve puer*, de l'enfant mystérieux qui
sourit à sa mère innommée : Vierge à l'Enfant qui se dessine, et
absout Virgile de vers plus légers voire licencieux. Aussi bien, *tenere
Virgilium*, « savoir son Virgile par cœur », était-il une pratique
commune des clercs, qui a garanti le passage du poète de l'Antiquité
au Moyen Âge.

L'interprétation constantinienne de l'Églogue à Pollion n'est
pas la seule raison de ce succès ; à côté de l'exigence doctrinale qui
faisait pratiquer ce que l'on appelait l'*accessus ad auctores*, notices
d'introduction aux auteurs païens qui en démontraient, en général à
travers une interprétation allégorique, la possible lecture par des
chrétiens, jouait un autre facteur, plus difficile à saisir : ce charme, ce
« je ne sais quoi » qui émane du vers virgilien, auquel n'a cessé
d'être sensible, à travers les vicissitudes de la langue, la tradition
latine : Virgile, de manière quasiment orphique, est l'initiateur au
secret de la belle latinité, et plus généralement de la poésie parfaite.
André Chénier commentant le vers très célèbre de Malherbe

« Et les fruits passeront la promesse des fleurs »

en souligne « l'élégance exquise », le qualifie de « tout à fait virgilien. Divin ». Virgile devient l'étalon d'une sorte d'absolu du
langage poétique, et le modèle esthétique des plus grands ; ainsi
Pétrarque serait-il mort le front sur un manuscrit de Virgile, tandis
que Ronsard fait cet aveu :

> « Il ne faut s'esmerveiller, si j'estime Virgile plus excellent et plus rond, plus serré et plus parfaict que tous les autres, soit que dès ma jeunesse mon régent me le lisait à l'escole, soit que depuis je me sois fait une idée de ses conceptions en mon esprit (portant toujours son livre en ma main) ou soit que l'ayant appris par cœur dès mon enfance je ne le puisse oublier » (Préf. 1587 à *Franciade*).

« Rondeur » — c'est-à-dire équilibre élégant —, concision et précision associées à l'harmonie : c'est de concepts rhétoriques qu'use Ronsard pour louer ce Virgile dont les citations en effet n'ont cessé, depuis l'Antiquité, d'illustrer les manuels de beau langage. Ce charme particulier, universellement célébré, a fait l'objet de peu d'analyses techniques, et l'étude structurale ne saurait l'épuiser ; échos, répétitions, « hantises verbales » en sont une composante importante, que l'on retrouvera chez Chénier, mais qui ne sauraient entièrement rendre compte de ce que Marie Desport a appelé « l'incantation virgilienne ».

Celle-ci, outre ses qualités proprement musicales de *vocalitas*, repose sur un ensemble tonal, pourrait-on dire, où se conjoignent éléments thématiques, sonores, rythmiques, pour produire un effet que Claudel, dans les admirables pages qu'il consacre à Virgile dans son essai intitulé « La poésie est un art », n'hésite pas à qualifier de « spirituel » :

> « La poésie est composition et c'est grâce à la composition qu'elle procure à l'oreille et au cœur de l'auditeur le plaisir qui lui est propre. Ce plaisir naît en effet du rapprochement, du contact et de l'amalgame, par le moyen de sens confiés à la vibration, d'idées appartenant aux ordres les plus divers, qui nous procure le sentiment d'une extension heureuse, pénétrante et presque divine, de nos pouvoirs.
> Prenons par exemple le fameux texte de Virgile :
>> *... per amica silentia lunæ* (*Æn.* II, 255)
> Nous avons à la fois une sensation lumineuse, une sensation spatiale et auditive, et, précédant les deux autres, une sensation morale, celle de la paix que les dieux dispensent à la terre. [...]
> Encore un paysage marin. C'est un vers de cette page miraculeuse, la mort de Palinure, qui termine le Vᵉ chant de l'*Énéide* :
>> *Æquatæ spirant auræ, datur hora quieti* (*Æn.* V, 844)
> On entend, on sent sur sa joue cette haleine spirituelle qui rebrousse la surface illuminée sans préjudicier à un sommeil magique. Chaque mot nous est un véritable délice. [...] »

Et la conclusion :

> « La création sous cette haleine magique est comme transfigurée... Un combat de cavalerie, le travail des champs, la souffrance des amants, la

tempête, la destruction d'une ville, la descente aux enfers, les jeux athlé-
tiques, tout a subi non pas seulement métamorphose, avènement, tout se
passe dans une facilité bienheureuse comme dans une lumière dorée.
Nous sommes dans le monde de la Grâce ! Tout s'anime aux propositions
d'une douceur irrésistible. La création sous nos yeux n'était qu'un fait. La
voici qui, subjuguée par la prosodie, est devenue le paradis de la nécessité.
Le mythe d'Orphée s'est réalisé » (Pr. 56-57).

Telle est la portée initiatique de la poésie virgilienne : elle
transporte la réalité des choses, des êtres et de l'histoire dans cette
lumière paradisiaque de la sensation intellectuelle que Claudel rapproche, par analogie, de l'état des Bienheureux sur lequel il n'a
cessé de rêver ; le sujet poétique se trouve ainsi doué d'une plénitude ontologique que suggère la parole de louange qui le célèbre ;
par là se manifeste une christianisation de Virgile qui excède très
largement la christianisation « prophétique » de la IVe Églogue :
christianisation à la fois, et inséparablement, esthétique et théologique, que nous allons voir à l'œuvre dans la création poétique de
deux contemporains, Francis Jammes et Paul Claudel.

« Cette humble pastorale enfin divinisée »

« ces grandes et admirables vérités [...] entourées de mystères »

Francis Jammes, baptisé « notre Virgile » par Maurice Rostand,
publie au Mercure de France en 1906 un recueil poétique intitulé
Clairières dans le Ciel intéressant pour notre propos, car sa matière
composite marque bien le passage d'une esthétique symboliste
d'inspiration rustique à une esthétique chrétienne. Claudel, fort
bien placé puisqu'il fut en quelque sorte l'artisan de la
« conversion » de Jammes, qui se situe à l'articulation des deux cycles
de poèmes renfermés dans le recueil, « Tristesses » et « L'Église
habillée de feuilles », est aussi un observateur attentif de l'évolution, et pourrait-on dire, de la conversion stylistique de son ami :

> « Il fait en ce moment, écrit-il à Gabriel Frizeau, une œuvre toute
> chrétienne, et qui est de beaucoup supérieure à tout ce qu'il a fait jusqu'à
> présent. Son printemps un peu aigre est devenu un magnifique été. *Ecce
> odor agri pleni.* J'aurais bien voulu qu'il renonçât aux dernières traces du
> goût décadent, comme les " cantiques bleus ", etc. Mais vous savez qu'on
> ne peut rien dire à un poète. »

Le recueil, dans sa forme définitive, s'ouvre sur un superbe
poème intitulé « En Dieu » et consacré à une évocation mystérieuse

de deux autres poètes et repères virgiliens, Maurice et Eugénie de Guérin, pour qui Jammes avait une admiration profonde. Il s'agit en fait d'une promenade-pèlerinage au Cayla, la terre des Guérin en Quercy, auquel se superpose, comme en filigrane, un « autre Cayla », le même lieu, mais transfiguré, vu, à travers une projection en paradis, dans l'irradiation de la lumière béatifique qui donne à toute chose les contours de son ontologie pure. Très subtil, le poème est à la fois une description bucolique du domaine du Cayla, et une incursion dans « Ce Qui Est » — sorte de transcription, avec arrière-fond biblique et doctrinal, de la transfiguration bienheureuse que nous avons vu Claudel célébrer chez Virgile — comme si ce dernier, et c'est là la thèse de H. U. von Balthasar, avait pressenti une « Gloire du monde », « l'indication mystérieuse de toutes les hauteurs et profondeurs de l'être véritable ». La nature évoquée dans « Tristesses » semble d'abord se nier elle-même (refus d'un « réalisme » immédiat, naïf) :

> « Choses, je ne vous ai pas vues encore... »

au profit d'une vision autre, dont Jammes fait la requête auprès d'Eugénie morte et médiatrice, vision certes indicible, mais que la poésie, se renouvelant de l'intérieur, s'efforce de cerner :

> « Ô toi qui vois du Ciel comment ces choses sont :
> que je puisse les voir plus tard à l'unisson
> de ton cœur, en l'Été des Résurrections ! »

Superposant explicitement cette vie et l'autre, avec citations liturgiques à l'appui, soulignant par des italiques les termes porteurs de l'intention théologique (les verbes *être* et *passer*), Jammes dit ce que supposait l'orphisme virgilien, lu dans une perspective chrétienne et eschatologique. Le poème renferme d'ailleurs son propre art poétique, l'abandon d'une poésie purement descriptive ou suggestive au profit d'une poésie qui se situe d'emblée au paradis du langage, qui ne peut parler que de la béatitude :

> « Je vous reporterai, ô choses du Passé
> à qui ma poésie prêta tant de beauté,
> je vous reporterai où il faut que vous soyez !
>
> Je vous reporterai au Futur où vous êtes. »

« L'Église habillée de feuilles », que Jammes considère comme un seul poème en trente-huit fragments numérotés, rend compte de cette intention nouvelle. Délibérément installé dans le style bas de l'évocation rustique, le poète y introduit des motifs doctrinaux qui créent un élément d'étrangeté, lequel permet de relire l'ensemble dans cette perspective d'un texte filigrané, pénétré de l'intérieur par une signification plus haute. Ainsi par exemple, dans les vers suivants :

> « Dans la pâleur embaumée de ce soleil fou,
> la chapelle des champs, vêtue d'un petit bois,
> enferme le mystère de clarté et de joie.
> Son clocher, comme un épi blanc mûr en Août,
> tout poudroyant de la farine eucharistique,
> domine les vallons bleus comme des cantiques. » (1),

l'adjectif « (farine) eucharistique » retentit-il sur le « soleil fou », prêtant à cette trouvaille toute moderne, outre le réalisme de l'intensité, la connotation paulinienne de la folie de la croix. L'usage consommé de ce « nouveau style élevé » qui, selon Erich Auerbach, caractérise une stylistique chrétienne ancrée dans la paradoxale théologie de l'homme-Dieu bafoué et victorieux, se retrouve dans le choix des rimes qui allient une réalité humble à une vérité théologique : « ô suprême Être / errant sous les hêtres » (17). La rime baudelairienne « soir / Ostensoir » passe de l'esthétisme raffiné du suggestif pantoum (« Harmonie du soir ») à une évocation humble, en mineur, non seulement d'une diffuse poétique du catholicisme, mais d'une affirmation de la Présence réelle discrètement indiquée par le renversement de la rime, la majuscule (puissant outil jammesien, comme il l'est chez Léon Bloy, de théologisation du quotidien), le pluriel universalisant et liturgique, le dialogue suggéré entre le poète et Dieu, la référence implicite à la Trinité :

« Et c'est ainsi que Dieu répondait au poète
qui se sentait saisi dans la chapelle en fête
de ce souffle venu d'on ne sait quelle tempête
ce souffle des fins-fonds des matins et des soirs
qui vit réellement au cœur de l'Ostensoir. (3) »

« Chaque fleur s'évapore ainsi qu'un encensoir ;
Les sons et les parfums tournent dans l'air du soi›

On aura noté le vers faux, qui oblige à élider l'« e » muet de « quell(e) tempête » : intonation familière, de la langue parlée, qui rompt la raideur de l'alexandrin et l'apparente au vers libre symboliste, ou à l'impair verlainien ; c'est un procédé fréquent dans ce recueil, et qui n'avait pas échappé au sens rythmique de Claudel : « Je note tel moyen, comme d'introduire dans le vers comme une portion étrangère, qui le rend non pas interminé, mais interminable. » Ainsi le lecteur, pris par cette « variation syllabique », hésitant souvent entre diérèse et synérèse, se laisse-t-il prendre au charme bougé de cette poésie aux antipodes de la déclamation, discours intime, à voix basse, fluide, qui semble transcrire la joie émerveillée devant une source intérieure nouvelle qui transfigure le monde visible sans le transformer. Une dernière remarque s'appliquera à l'itération dans ce long poème fragmenté de l'isotopie eucharistique : les blés mûrs de l'été 1905 habitent le simple et somptueux paysage qui entoure une petite église de l'Armagnac, et ils sont en même temps « l'ineffable blé » qui devient à son tour allégorique d'un travail poétique métamorphosé de l'intérieur, d'une relation au monde et au langage qui se fait désormais en trois dimensions :

> « L'homme voit peu de choses et mal. Il est cloîtré
> dans son argile où la lumière est mesurée.
> Dans son œil trouble rien d'abord ne se précise :
> L'homme croit voir une Arche avant de voir l'Église. » (28)

Or justement, la conversion aura essentiellement modifié ce regard :

> « Car maintenant, nourri d'un ineffable blé,
> il semblait qu'à ses yeux s'ouvrît un nouveau monde :
> l'oiseau, l'arbre, la pierre avaient une clarté
> qu'il ne connaissait pas, et la tuile frappée
> par le soleil tombant était profonde et nette.
> Ce n'était plus ce cauchemar fou et grotesque
> où les choses ont l'air surprises d'exister :
> Maintenant chaque chose était telle qu'elle est. » (7)

Le vers de Jammes, dit encore Claudel, « est une chose d'histoire naturelle, pareil au cri enragé de la cigale » ; mais il est aussi ce vers, selon une formule très mallarméenne, qui « n'est plus arrêté par le silence, mais par le temps nécessaire à son épuisement dans l'inaudible » : vers qui n'a de résolution que dans le mystère, un Mystère (« dans les Lettres ») dans lequel nos deux poètes voient l'expression nécessairement approximative d'une réalité totalement indicible, celle du sacrement. Ainsi, sur un arrière-fond bucolique et géorgique, est-ce un nouveau visage de « Virgile sous la Vigne » qui se dessine : à la vigne orphique et dionysiaque qui se profile dans certaines lectures séduisantes des *Bucoliques* (Jeanmaire, Desport, Brisson) s'ajoute et se superpose la Vigne christique. C'est ce que nous allons voir, superbement exprimé, dans les diverses faces de la poésie claudélienne.

« Voici que sue du vin l'arbre d'or »

Claudel présente cette particularité par rapport à Jammes de ne pas définir la poésie par la stricte forme versifiée et de baptiser « poëmes » aussi bien ses drames composés en longs vers libres que ses exégèses bibliques écrites dans une puissante prose poétique, rythmée, souvent très latine, collant au texte de la Vulgate qui lui sert de matrice et aussi imprégnée du modèle des Pères latins. Toujours dans la perspective d'une poésie eucharistique, nous prendrons un fragment de l'ouverture de *La Rose et le Rosaire*, où convergent admirablement motifs et réminiscences antiques, et transcription chrétienne et liturgique.

« Le quinze Août

Le quinze août marque le comble et le sommet de l'année, la Sainte Vierge monte au ciel, tenant entre ses bras une gerbe d'or : je veux dire qu'après cette courte séparation, pour elle le corps a été invité à rejoindre l'âme. La création une fois de plus est venue à bout de son fruit suprême, elle a confié à cette messagère les prémices pour une semaille nouvelle de l'espèce eucharistique. Maintenant ici-bas toute la journée du matin au soir est occupée par le ronflement de la batteuse, et pour six semaines encore de ces vacances solennelles il s'étend entre la moisson et la vendange quelque chose de ras, la véhémence est transformée en ferveur, cet azur précurseur de l'hyacinthe succède à l'or et se mélange à une évidence qui a cessé de nous convaincre : une pointe jaune, une teinte pensive dans le feuillage moins opaque, trahit le besoin de finir, et de tous côtés la voracité de ce qui naît est remplacée par l'exhalaison de ce qui s'éteint. Marie a monté au ciel et ses pieds en quittant la terre ont déterminé sur nous un éboulement de trésors. *Soutenez-moi avec des pommes !* dit l'Épouse défaillante du Cantique. Et pas seulement cette chair rustique en effet dans laquelle on mord à pleines mâchoires, mais le fruit splendide des Hespérides. Tout ce qui est rond entre les doigts, tout ce qui est bouchée pour la bouche ! Les prunes, les abricots, les poires, les pêches, les melons et les citrouilles démesurées qui sont soupe et tarte pour tout un bataillon ! » (*op. cit.* XXI, 168)

Drôle de leçon d'Assomption, dira-t-on, qui tourne à la plantureuse nature morte de Rubens, avant de s'expliciter par l'allégorèse chrétienne : dans un mouvement toujours aussi puissamment lyrique, les fruits de la terre vont devenir ceux de la Grâce, et la parole poétique qui les chante, à travers une citation d'une lettre de saint Augustin à saint Jérôme, sera à son tour l'allégorie de l'histoire du monde vue par le regard de Dieu : « Ainsi tout le cours du Monde serait aux oreilles de l'Éternel comme une espèce de modulation » (*Epistulae* 166, 13, *Patrologia latina* 33, 726). Le texte repose sur une superbe imagerie mythologique : la *Virgo assumpta* est une Cérès « tenant entre ses bras une gerbe d'or », les pommes d'or des Hespérides se superposent aux pommes du Cantique des Cantiques, dans une volonté de style haut, très orné, à la mesure de la sublimité de la fête célébrée. L'imprégnation antique est d'ailleurs plus profonde, et subtile : la très belle évocation poétique de cet entre-deux où l'automne déjà s'annonce imperceptiblement sous les couleurs triomphante de l'été pourrait être une réminiscence de la fin des *Thalysies* de Théocrite :

Πάντ᾽ ὦσδεν θέρεος μάλα πίονος, ὦσδεν δ᾽ ὀπώρας.
Ὄχναι μὲν πὰρ ποσσί, παρὰ πλευραῖσι δὲ μᾶλα
δαψιλέως ἁμῖν ἐκυλίνδετο. τοὶ δ᾽ ἐκέχυντο
ὄρπακες βραβίλοισι καταβρίθοντες ἔραζε.

« Tout exhalait l'odeur de la belle saison opulente, l'odeur de la saison des fruits.
Des poires à nos pieds, des pommes à nos côtés
roulaient en abondance ; et des rameaux surchargés
de prunes étaient affaissés jusqu'à terre » (trad. Ph. E. Legrand).

Le beau terme d'ὀπώρα a du reste frappé Claudel qui le cite ailleurs. Et la Cérès initiale ressemble bien à la Déméter Haloïs (des Aires) qui clôt les Thalysies, « les deux mains pleines de gerbes et de pavots » (δράγματα καὶ μάκωνας ἐν ἀμφοτέραισιν ἔχοισα). On pourrait peut-être mentionner un intercesseur en la personne de Sainte-Beuve, attentif tant à l'exquisité du *molle atque facetum* virgilien qu'au sentiment de plénitude exprimé par l'idylle de Théocrite :

« " Tout sentait en plein le gras été, tout sentait le naissant automne " [...] Quelle royale et plantureuse abondance ! quelle plus magnifique définition de cette saison des anciens (ὀπώρα), qui n'était pas le tardif automne comme à l'époque déjà embrumée de nos vendanges, et qui résumait plutôt le radieux été dans la plénitude des fruits ! On se rappelle irrésistiblement, à l'aspect de cette riche peinture, Rabelais et Rubens ; mais ici on a de plus la pureté des lignes et la sérénité des couleurs » (*Portraits littéraires*, « Théocrite »).

La grande originalité de Claudel est bien sûr de christianiser ce texte, en l'insérant en filigrane, sans référence explicite, dans le grand « poëme » resté inachevé *Assumpta est Maria*. La triple superposition, dans ce tableau théologico-bucolique, de la réminiscence littéraire, de la contemplation de la campagne dauphinoise dans sa splendeur, et de la méditation eucharistique lui donne cette profondeur poétique où la « couleur » antique (l'« hyacinthe » et l'or) a fonction d'*ornatus*, rehaussant la progression triomphale des blés aux raisins, et illustrant somptueusement l'idée de la complétude surnaturelle de l'Eucharistie, exprimée au moyen de son analogué dans la nature ; s'y ajoute une discrète note affective, d'un romantisme léger, dénonçant l'étreinte nostalgique du temps qui passe, le puissant syndrome de l'automne. Enfin, et c'est très souvent le cas pour les pages les plus denses de Claudel, nous y lisons de surcroît un fragment d'art poétique, avec la théorie des couleurs complémentaires qui métaphorise celle, développée dans *Art poétique*, des sons complémentaires, « le rapport d'une grave et d'une aiguë » (Po 143), qui constitue — nous allons y revenir — le fameux « ïambe » claudélien ; c'est l'actualisation, dans un autre chromatisme, du pin et de l'érable de Chuzenji (Po 143), mais il semble que justement la familiarisation de plus en plus grande avec l'Écriture ait fixé cette loi des complémentaires dans le type parfait, transcendant et eucharistique du jaune et du bleu ; enfin, la « pointe jaune », la « teinte pensive dans le feuillage moins opaque » ajoutent une autre idée esthétique plusieurs fois exprimée (notamment dans *Introduction à la peinture hollandaise*), celle de la nécessité de l'irruption, dans le cours de la vision naturelle ou du développement logique, du minuscule élément inattendu voire saugrenu, en fait étroitement complémentaire et indispensable, qui joue le rôle de révélateur du surnaturel. L'Assomption, fête chère entre toutes au cœur de Claudel, lui fournit l'occasion de cette incursion au paradis du langage, idiome polysémique qui célèbre à la fois la nature et la surnature, qui explicite le lien qui les unit (l'eucharistie pour le chrétien en est la figure idéale), convoquant toutes les ressources de la beauté du discours, renouvelant en profondeur l'usage de ce trésor de lieux communs décoratifs qu'offre la mythologie à la rhétorique moderne. C'est une manière de proclamer — et l'on comprend pourquoi Balthasar aimait Claudel — que le poète chrétien se doit d'exprimer une théologie de la Beauté.

Nous reviendrons pour finir sur cette difficile question de l'« ïambe », selon la conception que s'en fait Claudel, avec quelques-uns de ses contemporains, comme pierre de touche d'une poésie spirituelle moderne. L'« ïambe » est une machine de guerre lancée contre l'alexandrin, ou le vers régulier d'une manière générale : à une structure « mécanique », arithmétique, rapidement figée et correspondant à une « étiquette » à la fois psychologique, sociale et intellectuelle, répond une pulsation pneumatique (au sens de Jankélévitch), vitale, « L'ïambe fondamental, un *temps* faible et un *temps* fort » (Pr 5). Cette définition n'est pas à prendre au sens étroit et strict, encore moins arithmétique. Claudel sait très bien que le mètre ïambique antique, c'est-à-dire fondé sur un système de syllabes longues ou brèves, est rarement pur et admet des substitutions : il est rythme plutôt qu'isosyllabie ; c'est d'ailleurs là tout ce qui importe à Claudel, qui ne se préoccupe pas autrement de l'exactitude scientifique de ses dires ; son modèle déclaré sera :

> « Le vers libre ou soumis à des règles prosodiques extrêmement souples : c'est le vers des Psaumes et des Prophètes, celui de Pindare et des chœurs grecs, et aussi somme toute le vers blanc de Shakespeare ou discours divisé en laisses d'un nombre approximatif de dix syllabes. (Il y aurait beaucoup à dire sur le vers des derniers drames shakespeariens dont l'élément prosodique principal paraît être l'enjambement, *the break*, le heurt, la cassure aux endroits les plus illogiques, comme pour laisser entrer l'air et la poésie par tous les bouts [*Réfl. et Prop.*]). »

Deux idées se conjoignent ici, que nous pouvons d'abord considérer séparément. La première est celle-ci : il s'agit de se délivrer du carcan de l'alexandrin, d'un vers qui, aux yeux de Claudel, n'a plus de respiration, pour imiter, du vers antique, le rythme naturel et la souplesse, tout en adaptant le système au français qui ne connaît ni les quantités antiques, ni même l'accent fort d'autres langues modernes. Il faudra donc trouver des substitutions, des « ïambes métaphoriques », pourrait-on dire, qui épousent le génie propre de la langue française. Claudel nous en fournit quelques exemples, glanés dans la littérature française : « ïambe de timbre » dans une citation (fausse) de Pascal :

> « ...la célèbre exclamation de Pascal [...] à la manière d'une étoile double jaune et or :
>
> *Que de royaumes — nous ignorent !*
>
> Combinaison très délicate et très simple à la fois d'un atome foncé et d'un atome clair, la note la plus élevée en timbre servant élégamment de résolution à la note la plus basse. La gravité de l'*au* et l'éclat de l'*o* sont encore accentués par les consonnes qui les suivent. »

Mais le grand maître en la matière est Rimbaud, et nous découvrons là une des raisons profondes de l'immense admiration que lui vouait Claudel :

> « *Et par une route de dangers ma faiblesse me menait aux confins du monde et de la Cimmérie, patrie de l'ombre et des tourbillons* (*Une Saison en Enfer*, Délires II. Alchimie du Verbe).
>
> Je n'ose profaner ce texte superbe par des accentuations scolastiques et je laisse au lecteur le plaisir d'en découvrir toutes les beautés de consonances, d'allitérations, de mouvements et de dessin » (Pr. 37).

On voit là se rejoindre, dans ce que Claudel appelle « vers », l'« ïambe » moderne ou « rapport d'une grave et d'une aiguë » (Po 143) et les beautés de la prose d'art antique (Norden), celles-là même que Claudel salue sous la plume de Bossuet.

Dans la perspective de cette recherche, on comprendra que le lecteur un peu éclectique de Pindare, de Shakespeare et de

Rimbaud, et surtout de la Vulgate, se soit passionné pour ces modèles intermédiaires que sont les hymnes, proses et séquences liturgiques, où se marque le passage d'un système prosodique et métrique à un autre : toutes proportions gardées, c'est à un passage comparable que se situe Claudel, lorsqu'il s'agit de recréer une poésie française dans toute sa fraîcheur, délivrée du carcan classique et de ses catégories mutilantes : « la poésie et la prose sont arrivées aujourd'hui à un point de développement où elles gagneraient à marier leurs ressources » (Pr. 43). Or cette fusion, ou cette confusion, Claudel, qui certes n'a pas le regard de l'érudit, la trouve d'instinct dans ces textes qu'il lit dans son missel et dans son bréviaire, qu'il appelle indifféremment hymnes, proses et séquences, et qui vont lui servir de modèles autour de l'année 1910, lors de la composition du *Processionnal pour saluer le siècle nouveau*, ainsi présenté à André Suarès :

> « Pour répondre à votre demande, je vous dirai que mon *Processionnal* est à la fois sur le rythme de la séquence et du long vers anglais employé par Tennyson et Swinburne, c'est-à-dire une couple de lignes d'une longueur indéterminée finissant par des syllabes qui riment plus ou moins. [...] J'ai de temps en temps introduit un troisième vers ou supprimé la rime, pour éviter la monotonie et imiter le flottement de la procession » (*CS* 1908, 125).

Même flottement générique, au même moment, à propos de *Corona benignitatis anni Dei* :

> « Je me trouve lancé dans une série d'hymnes liturgiques, où j'essaie de reprendre la tradition de Nottker (*sic*), d'Adam de Saint-Victor, et de Prudence » (à Gide, 1908, *CG* 89).

Le spécialiste aura beau jeu de rétorquer à Claudel que Prudence et Adam de Saint-Victor sont séparés par environ huit cents ans, que seul le premier a écrit des hymnes qui sont des poèmes de forme fixe en mètres antiques alors que les séquences ne le sont pas nécessairement, fondées qu'elles sont sur « des allitérations, des recherches de mots, des rimes et des assonances finales ou intérieures [qui] seules [leur] donnent un air de poème » (Gourmont, *Le Latin mystique*) : absence d'isosyllabie qui les a fait ressentir au Moyen Âge comme des « proses », par opposition aux poèmes réguliers ; mais justement c'est ce flottement qui intéresse Claudel ; consciemment ou pas, il assimile le français de son époque à ce latin chrétien en évolution sur des siècles, à partir de l'hymne ambrosienne (la plus représentée au Bréviaire) contemporaine de Prudence, composée de huit quatrains dont les dimètres ïambiques (c'est-à-dire quatre ïambes) presque absolument réguliers forment en même temps un octosyllabe à quatre accents, et peuvent donc se lire de deux façons, à l'antique et à la manière médiévale ; comme l'écrit J. Fontaine, « ce mètre a déjà comme un versant médiéval, dont le faciès n'est pas niable : isosyllabie, correspondance fréquente entre ictus métrique et accent, allitérations et assonances en marche vers la rime ». Prenons comme exemple les *incipit* des Heures canoniales, que Claudel ne pouvait que connaître :

> *Ætérne rérum cónditór*
> *Splendór patérnæ glóriæ'* (Dim. Laudes et Lundi Laudes)

On y voit combinés le rythme antique de l'ïambe (avec ses substitutions possibles) et l'isosyllabie qui contribue à créer cette impression « processionnelle » que recherchait Claudel. Ce qui est fascinant, c'est de le voir considérer le français comme une matière souple, évolutive, adaptable à une spiritualité neuve que trois siècles de littérature laïcisée auraient stérilisée. Il n'est pas faux de dire, comme l'a fait récemment M. Banniard, que le traitement poétique de la langue française à la fin du XIXᵉ siècle par Claudel est analogique de celui de la langue latine par saint Jérôme rompant le vieux latin classique aux exigences d'une spiritualité jaillissant d'ailleurs et coulée dans une langue — l'hébreu — aux rythmes et aux images fondamentalement étrangers à un latin qui va devoir, dans la traduction de la Vulgate, les absorber de l'intérieur.

Aussi s'étonnera-t-on moins, dans cette « langue du Paradis » élaborée par Claudel, de rencontrer divers modèles *a priori* contradictoires ; nous avons déjà vu la séquence médiévale voisinant, dans son imaginaire prosodique et métrique, avec le « free verse » du XIXᵉ siècle anglais (grand lecteur des poètes antiques) ; mais on y rencontre aussi le verset hiéronymien, les chœurs d'Eschyle et le vers de Pindare. Où est l'unité de cet ensemble à première vue hétéroclite ?

Un propos très ancien, datant de l'époque où Claudel traduit *Agamemnon* peut nous mettre sur la voie :

> « C'est un texte quasi oraculaire, avec des sous-entendus d'une obscurité sacrée, plein de ruines et de trous, avec des épithètes et des régimes suspendus dans le vide » (A Pottecher, 1893, *Cahier Paul Claudel I*, p. 80)

Oracle, obscurité, trous, syntaxe « aérée » : on sent bien proche l'influence de Mallarmé ; par là, nous retrouvons Pindare et même Virgile dont Claudel écrira :

> « Virgile ou Pindare, grâce aux facilités que leur donnait leur langage, peuvent délicieusement juxtaposer des mots qui n'ont aucun rapport logique » (*Réfl. et Prop.*).

Magie des langues anciennes, qui ignorent l'esclavage syntaxique de l'ordre des mots, qui peuvent faire l'économie d'articles, de prépositions, de pronoms sujets indispensables à l'intelligibilité des langues modernes — du moins dans leur « fonction de numéraire facile et représentatif » (Mallarmé, « Avant-dire ») ! Cette audace qu'il admire et veut imiter, Claudel la retrouve dans la poésie japonaise qu'il découvre avec délectation :

> « Et voici, de quelques mots, débarrassés du harnais de la syntaxe et rejoints à travers le blanc par leur seule simultanéité, une phrase faite de rapports ! »

Mais surtout, le modèle par excellence en sera le latin de la Vulgate, que Claudel considère comme un grand poëme : sorte de langue parfaite, parce qu'il s'agit, transposée dans l'idiome de Virgile, de la voix même de Dieu ; le poète se fait particulièrement attentif à ses effets puissamment poétiques :

> « ces violences grammaticales qui fracturent, pour ainsi dire, le langage humain pour y faire passer la majesté du Verbe (à propos de *principium, qui et loquor vobis*, Ioh. 8, 25), qui réintroduit, aux dépens de la syntaxe, l'acteur formidable du premier verset de la Genèse et du premier verset de l'Évangile de saint Jean » (« Du sens figuré de l'Écriture »).

C'est encore cet exemple pris chez le prophète Amos :

> « *[Dominus] qui subridet vastitatem* (Amos 5, 9) ; la Vulgate emploie une expression étonnante. Au verbe sourire elle attache un accusatif — Dieu sourit. Il sourit la dévastation » (*O. C.* XXVII, p.73).

ou même l'arrêt enthousiaste devant ce bel objet que peut être, pour un œil et une oreille formés par le mouvement symboliste, un beau mot :

> « Devant un mot comme *advesperascit*, mon français se dérobe sous moi (*Psaumes* ; Luc 24, 29, *Mane nobiscum, quoniam advesperascit, et inclinata est jam dies*). »

D'où la conclusion :

> « Tout le vocabulaire de l'Écriture n'est fait que de termes concrets, que de mots tout prêts, dans l'appel qu'ils font à d'autres mots, à apprendre ce qu'ils veulent dire. Images de Dieu qui ne demandent qu'à consommer à ses pieds un sacrifice de significations » (*J'aime la Bible*).

Une hiérarchie s'établit ainsi, où le latin de la Vulgate, prolongé par celui des offices, se pose en langue idéale, tandis que les autres modèles, chœurs grecs, Virgile, poésie japonaise, Rimbaud, s'y subordonnent :

> « Le lecture de l'Office des Morts, de celui de Noël, le spectacle des jours de la Semaine Sainte, le sublime chant de l'*Exultet* auprès duquel les accents les plus enivrés de Sophocle et de Pindare me paraissaient fades, tout cela m'écrasait de respect et de joie, de reconnaissance, de repentir et d'adoration ! Peu à peu, lentement et péniblement, se faisait jour dans mon cœur cette idée que l'art et la poésie aussi sont des choses divines » (« Ma conversion »).

Mais ne nous y trompons pas : loin d'être récusés dans une sorte d'iconoclasme que Claudel abandonne avec mépris à ceux qu'il appelle les « jansénisants » (et justement, ces lignes le montrent, la conversion est aussi une conversion de la conception commune de l'art à une « esthétique théologique »), ces autres modèles entourent la révélation de l'art suprême d'une sorte de précieuse couronne de beauté inspirée, non point pour des raisons purement formelles et plastiques, mais parce qu'animés d'un souffle spirituel qui se confond, justement, avec leur structure poétique même. La « critique » claudélienne est ici parlante, qu'il s'agisse de l'« obscurité sacrée » d'Eschyle, de la « création transfigurée » chez Virgile, de cette « aile qu'est l'éventail, toute prête à propager le souffle » d'une poésie japonaise elle-même vibrant de « l'acceptation spontanée d'une supériorité inaccessible à l'intelligence », ou du miracle rimbaldien, « décantation spirituelle des éléments de ce monde » (Pr. 517).

Il est intéressant pour finir de voir Claudel consonner dans cette perspective avec ce grand penseur qu'il n'a pu lire, mais qui, lui, l'a médité et somptueusement traduit. Il s'agit de Hans Urs von Balthasar qui, dans le tome de *La Gloire et la Croix (Herrlichkeit. Eine theologische Æsthetik)* intitulé *Le Domaine de la métaphysique*, se livre à une admirable analyse de quelques grands auteurs antiques — Homère, Hésiode, Pindare, Eschyle, Virgile — comme précurseurs esthétiques de cette Gloire qui allait se manifester pleinement avec le Christ : leurs œuvres, dans une commune expression du bien, du vrai et du beau (le *cosmos* comme épiphanie du divin ; la justice d'institution divine ; la profondeur métaphysique du *Kalon*) contiennent comme le pressentiment d'un mystère qui les dépasse ; elles sont comme les raisons séminales (une expression qui plaisait à Claudel) de la splendeur ontologique qui se cristallisera dans la figure du Christ et qu'il appartiendra ensuite à l'art chrétien, s'il ne faut pas à sa mission, d'essayer de transcrire ; c'est, par exemple, chez Eschyle, une intelligence de la gloire authentique qui s'exprime à travers la douleur et trouvera son achèvement dans la gloire du Christ ; c'est « le splendide scintillement du monde pindarique » — puissance de l'ode — qui « chez le vainqueur fait rayonner l'incarnation même du divin », en attendant de « s'approfondir jusqu'au Dieu-Homme embrassant dans son triomphe la mort comme la vie » (p. 73 et 77). Et pour revenir à Virgile, n'est-ce pas exactement l'intuition esthétique de Claudel que développe théologiquement Balthasar lorsqu'il écrit :

> « Dans l'Arcadie de Virgile et son pur monde de symboles, poétique et esthétique, le cadre de ce paysage idéal éclate de toutes parts et n'est plus que l'indication mystérieuse de toutes les hauteurs et profondeurs de l'être véritable » (p. 212).

N'est-ce pas là la raison profonde de cette fascination mallarméenne chez Claudel pour l'énigme des « blancs » chez les grands Anciens, d'un Claudel qui notait dans son *Journal*, la douant d'un sens théologico-esthétique, cette phrase de Voiture :

> « Ces concisions et ellipses mènent tout droit au langage des anges » (J1, 101).

*
* *

L'Antiquité de Claudel ne coïncide pas avec celle, académique et pédagogique, que la troisième République avait érigée en modèle politique. Moins violent que Bloy vitupérant le mythe révolutionnaire et républicain du « Grand Romain », Claudel, guidé par ses goûts personnels, conseillé par ses amis, porté par les hasards d'une vie itinérante, se constitue une bibliothèque idéale étonnamment cohérente en dépit de sa variété : c'est que chez un génie aussi intelligemment captateur, les lectures les plus chères parce que les plus délectables ne cessent de nourrir un art poétique qui, perçu par intuition dès les débuts du poète, continuera de s'illustrer et de se trouver des justifications, jusqu'à celle, suprême, de la Bible que l'exégèse révélera comme modèle absolu. Disciple de Mallarmé, fasciné par Rimbaud, Claudel est incontestablement un moderne : il l'est par ses goûts, sa contestation des modèles académiques, la fantaisie de son invention poétique ; mais il est un moderne qui sait admirer, et qui ne prétend nullement se libérer des grands Anciens ;

simplement, il refuse de porter sur eux un regard scolaire ; il va droit
au contraire à deux catégories, l'obscur et le délectable, ou si l'on
préfère, le mystique et le sensuel, qui trahissent bien son appartenance symboliste. Il est en outre un moderne qui peut dire, avec
Péguy, observant ses contemporains : « Ces modernes manquent
d'âme. Mais ils sont les premiers qui manquent d'âme. Le monde
antique ne manquait point d'âme [...] Il était plein, il était nourri de
l'âme la plus pieuse, la plus pure, il faut dire le mot, la plus sacrée. »
C'est cette âme précieuse, dans sa fraîcheur, que Claudel, après
d'autres, trouve chez Virgile, dévoile à Jammes, poursuit inlassablement dans ses recherches rythmiques, dans l'espoir de rechristia-
niser, aux profondeurs, la poésie — ou, si l'on préfère, de recréer
une poésie chrétienne forte, tonique, à la fois neuve et immémoriale,
qui dise toute l'étrangeté superbe de la Révélation. Le scribe de
l'« Élysée prosodique », comme la Fiancée du Cantique et le maître
de maison de l'Évangile, « tire de son trésor du neuf et de l'ancien »,
nova et vetera.

BIBLIOGRAPHIE

F. JAMMES, *Clairières dans le Ciel*, Mercure de France, 1906.
P. CLAUDEL, *Œuvres en prose*, Gallimard, Bibliothèque de la Pléiade (ici *Pr*) :
    — « Réflexions et propositions sur le vers français » [1925] ;
    — « La poésie est un art » [1952] ;
    — « Conversation sur Jean Racine » [1955] ;
    — « Arthur Rimbaud. Préface » [1912] ;
    — « Ma conversion » [1913] ;
    — « Un regard sur l'âme japonaise » [1923].
ID., *Œuvre poétique*, Gallimard, Bibliothèque de la Pléiade (ici *Po*) :
    — *Art poétique* [1907] ;
    — *Cinq Grandes Odes*, « Les Muses » [1905] ;
    — *Processionnal pour saluer le siècle nouveau* [1910] ;
    — *Corona benignitatis anni Dei* [1914-1915] ;
    — *Cent Phrases pour éventails*, Préface [NRF, réédition de 1942].
ID., *Œuvres complètes*, Gallimard, 29 vol., 1950-1986 :
    — vol. XXI, « Du sens figuré de l'Écriture » [1938] ; *La Rose et le
    Rosaire* [1946] ; *J'aime la Bible* [1955].
ID., *Correspondances* :
    — *Correspondance Claudel-Gide*, Gallimard, 1949 ;
    — *Correspondance Claudel-Suarès*, Gallimard, 1951 ;
    — *Correspondance Claudel-Jammes-Frizeau*, Gallimard, 1952.
E. AUERBACH, *Mimesis. La représentation de la réalité dans la littérature occi-
    dentale*, Gallimard, 1968 [Berne, 1946].

H. U. VON BALTHASAR, *La Gloire et la Croix*, III, *Le Domaine de la Métaphy-sique, Les Fondations*, Aubier, 1981 [*Im Raum der Metaphysik*, Ein-siedeln, 1965].

A. CHÉNIER, « Le commentaire de Malherbe », dans *Œuvres complètes*, Biblio-thèque de la Pléiade.

M. DESPORT, *l'Incantation virgilienne. Virgile et Orphée*, Bordeaux, Imprimerie Belmas, 1952.

R. DE GOURMONT, *Le Latin mystique*, Mercure de France, 1892.

Th. HAECKER, *Virgile, Père de l'Occident*, Ad Solem, Genève, 1994 [orig. alld. 1931].

J. FONTAINE, *Études sur la poésie latine tardive, d'Ausone à Prudence*, Belles Lettres, 1980.

ID., *Naissance de la poésie dans l'Occident chrétien*, Études augustiniennes, 1981.

A. MICHEL, In Hymnis et Canticis. *Culture et Beauté dans l'hymnique chrétienne latine*, Louvain-Paris, 1976.

D. MILLET-GÉRARD, *Le Chant initiatique. Esthétique et spiritualité de la Buco-lique*, Ad Solem, Genève, 2000.

EAD., « Résonances virgiliennes chez André Chénier », *Cahiers de l'Asso-ciation internationale des Études françaises* 53, mai 2001, p. 213-234.

EAD., « Claudel hymnode et séquentiaire. Le secret de l'" ïambe " », à paraître dans *Paul Claudel 18*, éd. des Lettres modernes, Minard.

Dominique MILLET-GÉRARD

LES LETTRES ANTIQUES DANS L'ÉDUCATION
ET LA CULTURE MODERNES

Au terme des différents exposés qui nous ont été présentés au cours de ce Colloque, je voudrais remercier leurs auteurs pour leurs contributions si amicales et si généreuses, qui nous honorent beaucoup, puis revenir sur les résultats d'ensemble et d'abord sur des suggestions et des questions qui me paraissent essentielles par rapport aux sujets qui ont été traités.

Je parlerai donc du rôle des lettres antiques dans l'éducation actuelle. Il s'agit bien de notre temps et de la place que l'Antiquité tient aujourd'hui dans la culture. Elle intervient assurément dans la totalité des disciplines, mais surtout dans la formation linguistique et littéraire. Nous n'avons cessé d'affirmer l'intérêt de ces domaines de pensée et de création. Les littératures, celles d'hier et d'aujourd'hui, semblent parfois mises en question par notre temps et dépassées par le monde moderne. Nous avons pourtant voulu marquer leur présence et leur intérêt fondamental. Nous sommes tous à des titres divers des éducateurs. Nous souhaitons contribuer à faire l'homme et pour cela parler à la jeunesse et l'intéresser. Le public lettré ne peut qu'y gagner.

Il s'agit en somme de dominer le temps pour dire l'*humanitas*. Toutes les disciplines se trouvent confrontées dans cet esprit, qui est l'Esprit d'encyclopédie, c'est-à-dire des cercles plus ou moins concentriques du savoir. Nous avons traité d'histoire ou de politique ou de société et cherché au-delà des enquêtes techniques la culture qui façonne les âmes comme des plantes vivantes, qui résume les sciences dans leur universalité et qui les transcende dans la parole, dans le beau, dans l'amour de la sagesse. J'évoquerai donc d'abord les approches de la parole, « honneur des hommes, saint langage », puis la beauté qu'elle exprime et atteint, enfin la sagesse qu'elle cherche dans les sciences, dans les mots, dans l'être et dans ses mystères. Tout cela nous a permis chaque fois de revenir aux Anciens, de passer à la Renaissance et de redécouvrir notre temps, dans ses métamorphoses et ses fidélités.

Nous parlerons d'abord des mots et des choses. Ils sont à la mode grâce à Michel Foucault et à quelques autres. L'écho des querelles qui se produisent entre les différents spécialistes se répercute parmi les pédagogues et les chercheurs. D'une part on se défie de la technicité dans le langage et on proclame les vertus de la langue parlée, qui est vivante, donc proche en théorie de la culture véritable (Platon le disait déjà, qui se défiait de l'écrit). Mais on s'aperçoit d'autre part que le parlé est souvent pire que l'écrit : il ne permet guère que d'exprimer des idées banales et reçues, son vocabulaire est pauvre et il utilise copieusement les stéréotypes. Il se sert volontiers du franglais (qui remplace l'analyse des différences par des analogies sommaires), des abréviations (souvent confuses) et des images du type utilisé dans la circulation, qui n'atteignent jamais à la dignité et à la complexité des idéogrammes (quiconque étudie aujourd'hui les signes d'écriture le sait fort bien). Même si elles semblent attentives à la vie, ces formes d'écriture paraissent de plus en plus envahies par l'abstraction et par les clichés, qu'elles favorisent sans s'en apercevoir. Du même coup, les rapports entre l'écrit et l'oral se dégradent. On choisit l'un ou l'autre en les séparant, sans voir qu'ils sont nécessairement complémentaires.

Pour bien parler, il faut bien lire, et pour bien lire, il faut savoir parler, car la langue écrite ne nous indique ni les tonalités, ni les gestes, ni les silences : elle ne porte pas en elle le style de la parole. Il faut comprendre les mots, tous les mots, avec leurs nuances, pas seulement ceux du journal (écrit ou parlé), mais surtout ceux qui portent entre eux la plus grande somme d'originalité et de vie. Les modernes ne le comprennent pas toujours. Au nom de la vie, ils veulent faire lire le journal aux enfants. Mais ils négligent Molière et Racine, qui se servent bien sûr de toutes les figures du langage (comme le veulent aujourd'hui les instructions ministérielles) mais qui les utilisent pour obtenir plus de clarté et en évitant toute affectation : la rhétorique semble alors mise en œuvre pour se dissimuler elle-même. Il faut donc lire Racine et le journal (en n'abusant pas du second). Depuis l'Antiquité, les grammairiens enseignent que le pur et l'impur existent dans le langage. L'un et l'autre peuvent s'accorder dans ce qu'on appelle le bon usage. Racine le savait aussi bien que Molière, et tous deux s'inspiraient à la fois de Lysias et de Platon. On pouvait aussi introduire une *copia uerborum*, une abondance qui favorise toute invention. Je pense à Rabelais, à son usage ironique et joyeux du jargon de la médecine, mais aussi à Mallarmé, ou à Raymond Queneau. Zazie joint continuellement l'usage populaire et la critique spontanée des stéréotypes. Les bons écrivains, les

poètes sont à la fois les élèves du peuple et ses maîtres. Ils parti-
cipent à la vie du langage, donc à son passé en même temps qu'à son
avenir. Ils l'enrichissent ou le critiquent sans le détruire, puisque le
présent englobe les deux aspects.

C'est en ce sens qu'il faut apprécier et même justifier le succès
qu'obtiennent aujourd'hui auprès des créateurs et des enseignants
la linguistique, le rhétorique et la poétique. La linguistique fait
connaître la vie des langages. Elle réfléchit sur les origines (nature
et convention), sur la grammaire (dire et ne pas dire), sur la prag-
matique (c'est-à-dire sur les moyens de persuader ou de contester).
La grande question, qui vient des Anciens, de Pythagore et de
Platon dans le *Cratyle*, est celle du formalisme. Peut-on théoriser le
langage sans parler du sens ? Cela est à la fois nécessaire et impossible. On reste en suspens entre dogmatisme et scepticisme ou,
comme on dit, entre nominalisme et réalisme : les mots veulent tout
dire et ils ne disent rien. Mais leur rôle véritable est de réduire
l'obscur, et d'approcher le sens, en sachant toujours qu'ils ne le
connaissent que partiellement. Cicéron savait après Platon que la
vie des mots réside dans leur adaptation probable et progressive au
mystère des idées. Cette expérience appartient surtout aux poètes.
« Filles du long désir, idées » disait déjà Mallarmé qui « donnait un
sens plus pur aux mots de la tribu ».

En réalité, on ne peut séparer les idées et les formes. C'est dans
leur rencontre créatrice que réside la beauté littéraire et artistique.
C'est elle qui suscite cette prise de conscience dans le langage
même. Les mots qu'il utilise sont, dit-on, des signifiants, des formes
qui indiquent la signification, l'essence. Mais le signe n'est pas
complet si on se borne à cela. Il faut aussi se demander s'il renvoie
à l'existence, à l'être, autrement dit quel est son référent. On aboutit
à la théorie des « formes symboliques ».

En somme, la beauté est le nœud, le *nexus* entre la réalité et
l'être dans le langage. Nous pouvons particulièrement le comprendre dans le lieu où nous sommes réunis, dans cette Villa
Kérylos dont le fondateur fut, à tous les sens du terme, un archéologue, un maître de culture, dans l'espace, dans le temps et dans leur
unité profonde, où la Méditerranée accorde ensemble la Grèce,
l'Italie, la France et l'Europe. Nous voici au plus vivant de la culture
méditerranéenne, au cœur de sa beauté. L'une de ses pièces est
dominée par la reproduction d'un tombeau du Céramique, figurant
actuellement au musée d'Athènes. et témoignant du moment le plus
pur du classicisme grec. C'est bien l'image de la mort, c'est-à-dire de

l'instant unique où l'éternité rencontre le temps, où la jeunesse, dans sa grâce, dit adieu à la vie, aux amours, aux amitiés. La beauté qui va s'effacer reste calme ; la jeune femme sourit avec tendresse et douceur, avant de se voiler de solitude et de mystère.

Les rhéteurs, qui sont déjà présents à Athènes, pourraient sans doute parler ici d'une litote plastique. En disant si peu, l'artiste enrichit infiniment son silence. La figure apparemment formelle que je viens d'évoquer, parle plus que beaucoup de mots. Elle réalise ainsi, par la rhétorique ou plutôt par la poétique, les buts majeurs qu'on lui assignait : prouver ou montrer, émouvoir, plaire. Mais toute cette technique de présentation ne serait rien si elle ne s'accordait d'abord au mystère de l'être, c'est-à-dire à la rencontre de la vie et de la mort dans la paix du beau.

Platon, vers le même moment, méditait sur l'amour et l'immortalité. Avant lui, Pindare avait joint l'obscurité des mots à la splendeur de la lumière. Platon était expert en pureté. Il avait défini le beau comme la splendeur du vrai. Aristote revenait sur l'idée de *catharsis*, en recourant à la fois à la musique et à la pitié pour purifier la beauté tragique.

Mais, à travers les siècles et dès le début, les poètes étaient allés plus loin. Ils avaient décrit la rencontre des passions et des dieux. On s'en apercevait surtout chez Homère, auprès d'Apollon, dieu des poètes et « semblable à la nuit ». Hésiode avait médité sur les abîmes et sur d'autres dieux, enfants de la nuit. Dionysos était venu, maître du vin et des drogues, des illusions, des délires, des folies artificielles et des beautés de théâtre. On allait vers Virgile qui, plus encore qu'au tragique, mêla l'épopée au lyrisme élégiaque et accorda, dans un platonisme éclectique, la mélancolie et la tendresse humaine, la douceur et la douleur.

A partir de ces œuvres, les différentes conceptions du beau se distinguent ou se combinent à travers l'histoire. Le Moyen Âge médite, à propos du *delectare*, sur les formes diverses du plaisir ou, plus souvent, sur la joie mystique de l'esprit, découvrant Dieu par la beauté de la nature et par la *uia negatiua* de l'indicible divin. La Renaissance et le classicisme exalteront soit l'imagination baroque, soit un humanisme de style sévère.

Entre la nature et l'amour, entre Montaigne et Pascal, on revient de plus en plus au platonisme augustinien. Le beau n'est plus seulement la splendeur du vrai mais aussi la splendeur de Dieu, approchée par l'amour que sert l'esprit au plus profond, comme saint Augustin l'a compris. Depuis les Platoniciens de Byzance et le pseudo-Denys l'Aréopagite, méditant au Vᵉ-VIᵉ siècle sur la hiérarchie des anges et des mystères, on découvre dans la lumière du divin ou de l'absolu une obscurité plus éblouissante encore. Tels sont les miracles du beau : il associe le tout et le rien dans l'infini de l'idéal.

Il ne reste qu'à découvrir que cet infini est présent dans le cœur de l'homme. Pétrarque s'en avise après Dante et la poésie courtoise. Il semble que toutes les formes de l'absolu, élévation et *subtilitas*, sublime, grâce, humilité se réunissent et se purifient lors de la Renaissance et après elle. Ainsi dialoguent les genres littéraires ou les disciplines illustrées par les arts. A partir des liturgies et des complaintes médiévales, on va vers Bach, qui équilibre la mystique et l'humanité, vers les baroques italiens, anglais, allemands, vers Mozart qui accorde tout dans le sourire, la passion et la mort. Les peintres découvrent l'être dans la lumière, les couleurs, les ténèbres et le clair-obscur.

Nous arrivons à la sagesse, qui constitue notre troisième point. Car c'est d'abord elle qu'on trouve quand on cherche. A vrai dire, la recherche est infinie, l'*inuentio* est incessante. Elle pose toujours de nouvelles questions. Nous rejoignons encore une fois Platon et son maître Socrate, qui ont enseigné l'art du dialogue et l'amour purifié. Aristote les suivait de près, qui enseignait la nature et les arts, la certitude logique, le doute dialectique, leur association dans l'être, dont l'évidence transcendante n'excluait pas le mystère. Personne, en ce temps comme dans le nôtre, n'oubliait les Présocratiques, qui avaient ouvert le chemin entre l'être et la pensée, et découvert aussi ses impasses, avant les Sophistes. En fin de compte, tout le vrai, tout le réel viennent de l'être, mais on ne sait pas ce qu'il est.

Au point où l'on arrive ainsi dès les derniers temps du classicisme grec et que les Modernes n'ont toujours pas dépassé, toutes les questions majeures restent posées et vivantes dans les écoles philosophiques, qui gardent leur dynamisme, puisqu'elles dialoguent et qu'elles cherchent ensemble. Plusieurs formes de l'idéal se définissent ainsi : il tend vers l'unité profonde en l'accordant à la multiplicité du tout. Ces conceptions resteront présentes dans l'esprit des éducateurs et dans leurs programmes.

D'abord, dans une culture vive, dont la nature, le dialogue et l'humanité sont les sources, il faut monter vers l'idéal et l'être, probablement sans jamais s'arrêter, en marchant, en avançant, en hésitant parfois mais en trouvant toujours. Des synthèses s'accomplissent ainsi entre les doctrines antiques, notamment entre l'épicurisme et le stoïcisme, qui se rejoignent quelquefois dans la pensée moderne, mais qui s'unissent plus ou moins dans la joie platonicienne chez Cicéron, Virgile, Sénèque et jusqu'à Plotin.

Une grande idée se forme alors. Elle apparaît dans les *Tuscu-lanes* de Cicéron, puis chez Sénèque et saint Augustin dans leurs traités de la vie heureuse, avant de s'épanouir au temps de la Renaissance. La sagesse, c'est-à-dire la connaissance des choses divines et humaines, nous donne le bonheur en nous enseignant le vrai, le beau et le bien. Pourtant une inquiétude risque d'annuler ce bonheur. En effet, bien souvent, une telle vertu se présente comme un manque et non comme la plénitude qu'elle devrait être ou engendrer. Une semblable expérience existe encore chez les poètes, les moralistes, tous les penseurs. N'est-elle pas celle de l'angoisse ? Cicéron, et Augustin après lui, répondent qu'il ne s'agit pas d'un manque ou d'une privation mais d'un élan joyeux vers des connaissances plus grandes et plus pures. Pythagore déjà, au VIe siècle, parlait en ce sens d'un amour : la philosophie, amour de la sagesse.

Certes, dans notre civilisation, qui s'abandonne de plus en plus au confort matériel et à l'efficacité facile, ce bonheur risque de se perdre dans diverses confusions. Il nous appartient de préserver à la fois la recherche et l'amour, l'humilité et l'espérance. Nous n'avons pas, comme on le dit, à « défendre » les lettres antiques ou le Parthénon. Mais nous devons tous préserver cette forme élevée de bonheur qui résulte de la lecture d'Homère et de Platon, de Virgile et d'Augustin, ou de la vue de la beauté. Il faut seulement faire taire au plus tôt les canons de lord Elgin et tout ce qui leur ressemble. Il faut, comme disait Rimbaud, « faire la magique étude du bonheur que nul n'élude ». Tel est notre devoir d'hommes et, puisque nous sommes tous des éducateurs, il nous faut accomplir aussi notre devoir envers les enfants. Ils nous demandent l'infini, dont ils sont capables, si on les aide avec une exigence qui doit être aussi infinie. Mais ils sont aussi faibles et limités comme nous-mêmes et nous leur devons également une compréhension infinie, faite de tolérance et de respect. Comme ils devront penser à tout, nous devons tout leur apprendre en leur montrant les beautés, en leur donnant la liberté de choisir entre elles et de connaître aussi, pour leur espoir et leur consolation, celles dont ils ne feront pas métiers. Cela suppose qu'on aille d'abord à l'essentiel, qu'on ne le néglige pas, qu'on évite le pédantisme et la vaine curiosité. Certes, la spécialisation est toujours nécessaire, mais le point de vue de l'universel ne doit pas être négligé à son profit. La spécialisation, nécessaire dans son ordre, ne doit pas conduire au fanatisme, à l'ignorance ou au sectarisme.

Les études littéraires nous protègent contre ces dangers, si on les prend dans le droit fil de leur histoire. Elles favorisent en effet un dialogue constant, qui s'établit dans le temps et qui dépasse ce que les dialectiques ont de trop étroit tout en préservant le dialogue véritable. Elles préservent ce que les créations humaines ont d'unique, tout en mettant en lumière leurs échanges et leur complémentarité. C'est ainsi que Victor Hugo méditait sur les *Mages*. Péguy disait dans le même sens qu'on ne « dépasse » pas Platon. Il écrivait dans le Cahier *Louis de Gonzague* ce texte admirable :

> « Héritiers autant que nous le pouvons et plus que nous ne le méritons de la discipline antique... Platoniciens, nous saurons toute notre république et nous saurons toutes nos lois, Kantiens ou héritiers des — nouveaux — Kantiens, nous saurons toutes nos obligations morales. Mais nous demanderons aux anciens que ces obligations morales demeurent belles, nous demanderons aux chrétiens que ces obligations morales demeurent saintes, demeurent charitables, aux messianiques nous demanderons qu'elles demeurent ardentes, aux cartésiens nous demanderons qu'elles demeurent distinctes et claires, aux bergsoniens nous demanderons qu'elles demeurent profondes et intérieures et vivantes, mouvantes et réelles. »

La diversité des génies ne s'est pas arrêtée avec les temps modernes. Déjà avec Baudelaire, nous avions retrouvé toute notre nuit et, avec les maîtres qui les ont suivis, le surréel, le réalisme et l'inexpugnable liberté. Nous avons appris à reconnaître, comme disait René Char, « les puissants termes opposés » et à les « fondre dans un inexplicable limon ». Quelle puissance de paix ! L'expérience littéraire comprend ensemble la parole, prosaïque et poétique, la philosophie, doute et lumière, la morale, raison pure et critique du dogmatisme, l'humanisme, où l'homme est avec Dieu, comme le disait déjà Rabelais à Thélème ; elle répond à ces exigences multiples qui existaient déjà chez Homère et les Tragiques, chez Pétrarque, Montaigne, Érasme et Guillaume Budé, chez Molière et Racine, chez les Romantiques et les Symbolistes.

Bien entendu nous n'oublions pas les sciences exactes ou naturelles. Elles font sans doute plus qu'on n'a jamais fait pour le bonheur humain. Mais, pour éviter de trahir l'esprit, qui est leur fin suprême, elles doivent éviter les limitations, les conflits de compétences et les exclusions. Elles savent désormais, comme l'ont montré leurs principaux maîtres, qu'elles exigent la culture générale et que les *artes*, les différentes disciplines, doivent se répondre et se comprendre mutuellement. Elles ne doivent pas abuser de ce qu'on appelle « l'obstacle épistémologique » pour mépriser leur passé. La science a existé même avant le nouvel esprit scientifique et il en est des sciences comme de toutes les formes de pensée : elles ne peuvent se comprendre et se connaître que dans le temps. Après tout, Hippocrate fournit encore aux médecins une déontologie et des principes de discussion. Nous sommes arrivés à des conclusions semblables en parlant des écrivains modernes, du théâtre, du roman (qui ne peut manquer d'être roman de culture) et de la poésie.

Sans doute puis-je clore ce Colloque avec quelques citations. La première est d'Arthur Rimbaud : « Il faut être absolument moderne ». Je dis bien : absolument, car cela implique qu'on ait retrouvé, dans le temps lui-même, l'éternité.

Ensuite, je reviendrai au XIIᵉ siècle de notre ère, à Hugues de Saint-Victor, qui parlait latin pour dire : « Le livre est le cœur de l'homme. » Il entendait par là qu'en lui s'unissaient toutes pensées : le cœur et l'esprit ; toutes vertus aussi, comme l'indiquait, au XIIIᵉ siècle, saint Bonaventure lorsqu'il parlait de la *deiformitas*, la forme divine qui est à la fois l'essence de l'homme et sa fin.

Si je rejoins notre temps, qui fut à travers les guerres celui de l'exclusion et de la tragédie, je citerai la prière juive d'Elie Wiesel, qui demandait à Dieu de ne pas perdre la mémoire :

> « Dieu d'Abraham, d'Isaac et de Jacob, n'oublie pas leur fils qui se réclame d'eux. Tu sais bien, Toi, source de toute mémoire, qu'oublier c'est abandonner, oublier c'est répudier : ne m'abandonne pas, Dieu de mes pères, puisque je ne t'ai jamais répudié... Dieu d'Auschwitz, comprends que je dois me souvenir du passé... Toi qui partages notre souffrance, Toi qui participes à notre attente, ne t'éloigne pas de ceux qui t'ont invité dans leur cœur et dans leur demeure. »

Je finirai avec Edmond Jabès, qui fut juif à Alexandrie, qui mourut à Paris, qui connut donc à la fois toutes les horreurs de la vie moderne et aussi toute sa difficile joie. Sa très belle œuvre poétique est tout entière une méditation sur le langage, ses vocables et les formes symboliques qui le constituent :

> « Tout ouvrage est une invalidation des ténèbres, hymne d'outre-mémoire à la mémoire ensorcelée. La beauté est le don de la mort à la vie vulgaire pour qu'elle vive en beauté. Abandonner le livre, c'est se laisser suspendre au vœu du livre à venir. La moindre faiblesse nous cloue sur place. L'azur est environné de nids d'où prennent leur envol des oiseaux dont le vol m'est un émerveillement. L'heure tient dans nos yeux. Je m'étonne de ce qui me déchire sans plus songer à la déchirure... Je me souviens d'une fin d'après-midi où, seul dans le désert, j'ai vu l'ombre étoiler l'espace avec un aiguille si fine que j'ai cru dans ma naïveté que le ciel était peuplé de pleureuses qui, à chaque piqûre, poussaient un cri de feu dont on ne pouvait dire avec exactitude s'il était celui d'une femme en transes ou de l'univers transpercé. »

Nous n'avons pas cessé d'entendre les pleureuses, toutes les pleureuses, et de contempler aussi l'envol des oiseaux sublimes.

ESQUISSE BIBLIOGRAPHIQUE

E. CASSIRER, *La philosophie des formes symboliques*, trad. française I-III, Paris, 1972.

M. FUMAROLI dir., *Histoire de la rhétorique dans l'Europe moderne (1450-1950)*, Paris, 1999.

P. LAURENS, *L'abeille dans l'ambre,* Paris, 1989.

A. MICHEL, *Rhétorique et philosophie chez Cicéron*, Paris, 1960.

ID., *La parole et la beauté*, 2ᵉ éd., Bibliothèque de l'Évolution de l'Humanité, Paris, 1994.

ID., *Théologiens et mystiques au Moyen Âge*, Folio classique, Paris, 1997.

C. NATIVEL, éd., trad. et comm. de Franciscus Junius, *De pictura veterum, I*, Genève, 1996.

J. PIGEAUD, *La maladie de l'âme*, Paris, 1981.

G. SAURON, Quis deum ? *L'expression plastique des idéologies politiques et religieuses à Rome*, Rome-Paris, 1994.

Alain MICHEL

LES PARTICIPANTS

Michel AUTRAND	Professeur émérite à l'Université de Paris IV-Sorbonne
Jacqueline DANGEL	Professeur à l'Université de Paris IV-Sorbonne
Gilles DECLERCQ	Professeur à l'Université de Paris III-Sorbonne Nouvelle
Paul DEMONT	Professeur à l'Université de Paris IV-Sorbonne
Jean-Louis FERRARY	Correspondant de l'Académie des Inscriptions et Belles-Lettres, Directeur d'études à l'École pratique des Hautes Études, IVe section
Véronique GÉLY	Professeur à l'Université de Reims
Fernand HALLYN	Membre de l'Académie royale des Sciences, des Lettres et des Beaux-Arts de Belgique
Jean IRIGOIN	Membre de l'Académie des Inscriptions et Belles-Lettres, Professeur honoraire au Collège de France
Pierre LAURENS	Professeur émérite à l'Université de Paris IV-Sorbonne
Jean LECLANT	Secrétaire perpétuel de l'Académie des Inscriptions et Belles-Lettres, Conservateur de la Villa Kérylos, Professeur honoraire au Collège de France
Pierre MAGNARD	Professeur émérite à l'Université de Paris IV-Sorbonne
Alain MICHEL	Membre de l'Académie des Inscriptions et Belles-Lettres, Professeur honoraire à la Sorbonne
Dominique MILLET-GÉRARD	Professeur à l'Université de Paris IV-Sorbonne
Colette NATIVEL	Maître de conférences à l'Université de Paris I-Panthéon Sorbonne
Marie-Pierre NOËL	Professeur à l'Université Paul Valéry-Montpellier III
Gilles SAURON	Professeur à l'Université de Dijon

TABLE DES MATIÈRES

LES CAHIERS DE KÉRYLOS

N° 2. — Colloque de l'automne 1991, « Les Grecs et l'Occident » — Rome 1995 – 14 €

J. LECLANT, *In memoriam*

G. VALLET, Avant-propos

P. LÉVÊQUE, Les Grecs en Occident

V. TUSA, Greci e Punici

J. DE LA GENIÈRE, Les Grecs et les autres. Quelques aspects de leurs relations en Italie du Sud à l'époque archaïque

J.-P. MOREL, Les Grecs et la Gaule

E. SANMARTI-GRECO, La présence grecque en péninsule Ibérique à l'époque archaïque

E. GRECO, Sulle città coloniali dell'Occidente greco antico

P. ROUILLARD, Les *emporia* dans la Méditerranée occidentale aux époques archaïque et classique

M. GRAS, La Méditerranée occidentale, milieu d'échanges. Un regard historiographique

P. ORLANDINI, L'arte in Magna Grecia e in Sicilia. Aspetti e problemi

A. STAZIO, Monetazione dei Greci d'Occidente

G. VALLET, Quelques réflexions en guise de conclusion

N° 3. — Colloque du 29-30 octobre 1992, « Architecture du Rêve » — Paris 1994 — épuisé

M. QUERRIEN, Introduction : Pourquoi ce colloque ?

P. PINON, Vu de Kérylos : réappropriation des monuments et changement de signification

F. REINACH, Le Rêve de Théodore Reinach : la vie à Kérylos de la construction de la Villa à l'ouverture du Musée

A. GALL, Le Château enchanté de la Napoule

M. GALL, Un labyrinthe du Présent : la Fondation Maeght

M. SALTET, La villa Ephrussi de Rothschild : témoin d'une vision, d'un rêve et d'une imagination passionnée

A. ROUVERET, Le manifeste dans l'architecture antique et néo-classique de Délos à Kérylos

J.-Cl. DELORME, Maisons de rêves ou machines à habiter

B. LASSUS, Organisation du paysage et réutilisation d'éléments anciens

V. HARTMANN, La civilisation du Leurre

M. QUERRIEN, Synthèse et clôture du colloque

N° 4. — Colloque du 30 septembre-3 octobre 1993, « Le Romantisme et la Grèce » — Athènes 1994 — 14 €

E. Moutsopoulos, Fuite et nostalgie romantique de la Grèce

A. Thivel, Prométhée, personnage romantique

J.-M. Galy, Le romantisme des premiers lyriques grecs

A. Pigler-Rogers, La *Penthésilée* de Kleist

A. Villani, Hölderlin et la question du centre

J.-L. Vieillard-Baron, Hegel et la Grèce

A. Lang, Le pessimisme romantique et le pessimisme dionysiaque des Hellènes selon Nietzsche

R. Tschumi, Résurgences grecques au fil du romantisme anglais

Ph. Antoine, De l'*Itinéraire* à la *Note sur la Grèce*. Évolution et constantes de l'attitude de Chateaubriand face à la Grèce

R. Garguilo, D'Atala à Athéna. L'itinéraire poétique et politique de Chateaubriand

A. Santa, Stendhal et la Grèce

A. Court, Lamartine et la Grèce

J. Guichardet, Edgard Quinet, chantre de « La Grèce moderne »

J.-M. Gabaude, Le romantisme de M. de Guérin et la Grèce

X. Goula-Mitacou, Flaubert en Grèce

R. Richer, Le romantisme grec

E. Moutsopolos, Considérations rétrospectives

N° 5. — Colloque du 6-9 octobre 1994, « Entre Égypte et Grèce » — Paris 1995 — 14 €

J. Leclant, Préambule

F. Reinach, Avant-propos

N. Grimal, L'Égypte et le monde égéen préhellénique : entre commerce et histoire

A. Laronde, Mercenaires grecs en Égypte à l'époque saïte et à l'époque perse

F. Chamoux, L'Égypte d'après Diodore de Sicile

S. Amigues, Les plantes d'Égypte vues par les naturalistes grecs

J. Ducat, Grecs et Égyptiens dans l'Égypte lagide : hellénisation et résistance à l'Hellénisme

J. Sirinelli, Un regard sur la Bibliothèque d'Alexandrie

P. Arnaud, Naviguer entre Égypte et Grèce : les principales lignes de navigation d'après les données numériques des géographes anciens

V. KARAGEORGHIS, Chypre entre l'Égypte et l'Égée

M. DEWACHTER, Un grec de Louqsor collaborateur de Champollion et Lepsius : Ouardi-Triantaphyllos

R. RICHER, La communauté grecque d'Alexandrie aux XIXᵉ et XXᵉ siècles

N° 6. — Colloque du 6-7 octobre 1995, « L'Académie des Inscriptions et Belles-Lettres et l'Académie des Beaux-Arts face au message de la Grèce ancienne » — Paris 1996 — 14 €

J. LECLANT, Préambule

R. VIAN DES RIVES, Avant-propos

S. Excellence D. MACRIS, ambassadeur de Grèce, La Grèce éternelle et la Grèce d'aujourd'hui : un survol de la diachronie grecque

J. DE ROMILLY, Des philologues au grand public : le renouveau des textes sur la Grèce antique

B. ZEHRFUSS, De Pergame à Kérylos, l'esprit grec

J. MARCADÉ, De Délos à Beaulieu

F. CHAMOUX, L'homme Socrate

J. IRIGOIN, Dom Bernard de Montfaucon

R. TURCAN, Le symbolisme funéraire à l'Académie des Inscriptions et Belles-Lettres

J. DE LA GENIÈRE, L'immortalité d'Héraclès : voyage d'un mythe grec

H. METZGER, Perspectives nouvelles offertes à l'étude des vases grecs et de leurs images

J.-L. FLORENTZ, A l'écoute de la Grèce antique

P. CARRON, L'Omphalos, centre du monde

A. PONCET, L'influence de la Grèce antique sur la sculpture contemporaine

C. ABEILLE, La Grèce toujours recommencée

N° 7. — Colloque du 4-5 octobre 1996, « Regards sur la Méditerranée » — Paris 1997 — 14 €

J. LECLANT, R. VIAN DES RIVES, Préambule

J. LECLANT, Allocution d'accueil

J.-R. PITTE, Un regard géographique sur la Méditerranée

F. CHAMOUX, Le monde égéen et l'Afrique

J. DESANGES, Regards de géographes anciens sur l'Afrique mineure

M. REDDÉ, Rome et l'Empire de la mer

M. H. Fantar, La Tunisie et la mer

P. Pomey, L'art de la navigation dans l'Antiquité

M. Provost, La carte archéologique des départements français du littoral méditerranéen

P. Toubert, L'homme et l'environnement dans le monde méditerranéen : le regard du médiéviste

J. Richard, La Méditerranée des Croisades

X. de Planhol, Les musulmans sur la Méditerranée

M. Mollat du Jourdin, La Méditerranée, mère (et mer) de l'Europe

P. Cabanel, André Siegfried et la Méditerranée : le travail empaysagé et le chasseur de frontières

N. Aziza, Pour un remembrement intellectuel des héritages en Méditerranée, au-delà des fractures

N° 8 — Colloque du 3-4 octobre 1997, « Le théâtre grec antique : la tragédie » — Paris 1998 — 18 €

J. Leclant, Allocution d'accueil

J. Jouanna, Présentation

J. de Romilly, La prévision et la surprise dans la tragédie grecque

F. Jouan, La tétralogie des Danaïdes d'Eschyle : violence et amour

A. Moreau, Portraits des humbles dans le théâtre d'Eschyle (le messager thébain, le veilleur, le héraut et la nourrice d'Argos)

Ch. Mauduit, Les murs auraient-ils des oreilles ? Contribution à l'étude du palais dans les tragédies de Sophocle

R. Dumanoir, Les mondes virtuels de Sophocle

M. Fartzoff, Pouvoir, destin et légitimité chez Sophocle : d'*Œdipe Roi* à *Œdipe à Colone*

J. Jouanna, Le lyrisme et le drame : le chœur de l'*Antigone* de Sophocle

F. Chamoux, Le théâtre grec en Libye

J. Assaël, La Muse d'Euripide : définition d'une inspiration tragique

A. Lebeau, Le camp des Grecs en Troade dans la tragédie grecque

A. Billault, Les romanciers grecs et la tragédie

A. Pasquier, A propos d'un nouveau cratère phlyaque au musée du Louvre

Ph. Brunet, Mettre en scène aujourd'hui le théâtre grec : *A quand Agammemnon ?*

C. Constant, Scènes du théâtre antique chez les peintres romantiques philhellènes

N° 9. — Colloque du 2-3 octobre 1998, « Alexandrie : une mégapole cosmopolite » — Paris 1999 — 18 €.

S. Exc. Pierre HUNT, Adresse : L'année France-Égypte 1998

J. LECLANT, Allocution d'accueil

M. CHAUVEAU, Alexandrie et Rhakôtis : le point de vue des Égyptiens

G. LE RIDER, Le monnayage d'or et d'argent frappé en Égypte sous Alexandre : le rôle monétaire d'Alexandrie

J.-Y. EMPEREUR, Travaux récents dans la capitale des Ptolémées

F. BURKHALTER-ARCE, Les fermiers de l'arabarchie : notables et hommes d'affaires à Alexandrie

N. GRIMAL, L'Un et les autres

B. MEYER, Les *Magiciennes* de Théocrite et les papyrus magiques

F. CHAMOUX, Le poète Callimaque et le rayonnement culturel d'Alexandrie

A. LARONDE, Alexandrie et Cyrène

Cl. NICOLET, Alexandrie et Rome : peut-on comparer ?

J. MÉLÈZE MODRZEJEWSKI, Espérances et illusions du judaïsme alexandrin

M. PHILONENKO, La Bible des Septante

G. DORIVAL, Les débuts du christianisme à Alexandrie

A. LE BOULLUEC, La rencontre de l'hellénisme et de la « philosophie barbare » selon Clément d'Alexandrie

J. SIRINELLI, Cosmopolitisme et œcuménisme à Alexandrie

D. ROQUES, Alexandrie tardive et protobyzantine (IVe-VIIe s.) : témoignages d'auteurs

R. SOLE, La « Place des Consuls » à Alexandrie

N° 10. — Colloque du 1er-2 octobre 1999, « Le théâtre grec antique : la comédie » — Paris 2000 — 18 €

J. LECLANT et R. VIAN DES RIVES, Préambule

J. LECLANT, Allocution d'accueil

J. JOUANNA, Présentation du colloque

J.-M. GALY, Les moyens de la caricature dans les comédies d'Aristophane

I. RODRÍGUEZ ALFAGEME, La structure scénique dans les *Nuées* d'Aristophane

P. THIERCY, L'utilisation dramaturgique du chœur dans les comédies d'Aristophane

E. MOUTSOPOULOS, La musique dans l'œuvre d'Aristophane

F. JOUAN, Les tribunaux comiques d'Athènes

N° 11. — Colloque du 13-14 octobre 2000, « Histoire et historiographie dans l'Antiquité » — Paris 2001 — 18 €

N° 12 — Table ronde du *LIMC* du 8-9 juin 2001, « Rites et cultes dans le monde antique » — Paris 2002 — 12 €

V. Lambrinoudakis, Rites de consécration des temples à Naxos

G. Camporeale, Sui culti dell'abitato etrusco dell'Accesa (Massa Marittima)

R. Olmos, Rites d'initiation et espace sacrificiel en Ibérie pré-romaine

P. Linant de Bellefonds, Sanctuaires et asylie : à propos d'un relief figuré d'époque antonine à Aphrodisias de Carie

E. Simon, Lychnouchos Platonikos

Achevé d'imprimer sur les presses de :

LAVAUZELLE graphic   F-87350 Panazol – N° d'Imprimeur : 2066103-02 – Dépôt légal : Septembre 2002